HENRY BRADSHAW SOCIETY

Founded in the Year of Our Lord 1890
for the editing of Rare Liturgical Texts

VOLUME CXIX

ISSUED TO MEMBERS FOR THE YEAR 2007
AND
PUBLISHED FOR THE SOCIETY
BY
THE BOYDELL PRESS

ENGLISH MONASTIC LITANIES OF THE SAINTS AFTER 1100

VOLUME I
ABBOTSBURY – PETERBOROUGH

Edited by
Nigel J. Morgan

LONDON
2012

First published for the Henry Bradshaw Society 2012
by The Boydell Press
an imprint of Boydell & Brewer Ltd
PO Box 9, Woodbridge, Suffolk IP12 3DF, UK
and of Boydell & Brewer Inc,
668 Mt Hope Avenue, Rochester, NY 14620–2731, USA
website: www.boydellandbrewer.com

ISBN 978–1–90749–726–1

ISSN 0144–0241

A CIP catalogue record for this book is available
from the British Library

Papers used by Boydell & Brewer Ltd are natural, recyclable products
made from wood grown in sustainable forests

Printed and bound in Great Britain by
CPI Group (UK) Ltd, Croydon, CR0 4YY

CONTENTS

PUBLICATION SECRETARY'S PREFACE

To those who are not in the know, it may seem strange to rejoice, as we do, over the publication of a book of lists; for the litany of the saints was precisely that, a list of saints who are being asked to pray on behalf of the petitioner, and then a list of petitions. It was a highly versatile and powerful form of prayer which could be used on a variety of occasions, and was flexible in form, so that individuals or institutions could add to the list, or contract it, at will, to reflect local interests and needs. There came to be a well-established core-list of the apostles, early martyrs, virgins and confessors, to which additions running to any possible length might be made. The same flexibility applied to the list of petitions; in the monastic context from which our material derives, these petitions lie at the heart of the business of those whose work was to pray, and to pray not just for themselves but for society in general beyond the walls of the cloister. The litanies edited in the current volume are those found accompanying psalms and canticles in breviaries and psalters, rather than the quite distinct kind of litany used on various special occasions, and may be presumed to have been in regular everyday use. Representing the simplest and most direct form of prayer – mortals enlisting the support of those deemed immortal in their approach to the Almighty for everyday needs (peace, health, safety, godly living) – litanies are thus of great value to scholars interested in medieval religion and spirituality. Moreover, for those concerned with the cult of the saints they offer the chance to trace the growth and spread of the veneration of one particular saint. Analysis of the additional saints occurring in a litany can also afford palaeographers useful evidence for localizing the manuscript containing that litany. Over many years of extraordinarily painstaking work, Professor Nigel Morgan has transcribed litanies from more than a hundred manuscripts and early printed books, deriving from English Benedictine, Carthusian, Cluniac and Cistercian houses and those of the Order of Fontevrault, datable from 1100 onwards. The chronological division mirrors that of Francis Wormald's sadly incomplete edition of the English Benedictine calendars after AD 1100 (HBS LXXVII and LXXXI). Armed with the fruits of Professor Morgan's labours, along with Professor Michael Lapidge's earlier volume for the Society, on the litanies of the saints in Anglo-Saxon manuscripts (HBS CVI), itself mirroring Wormald's edition of the English Benedictine calendars from before 1100 (HBS LXXII), we shall be well on the way to having a complete picture of the extent to which any saint was venerated in medieval England. Professor Morgan's edition will appear in two parts: the present volume (CXIX) will cover Abbotsbury to Peterborough, as well as including an account of all the manuscripts that have been consulted. Volume two, to be published next year, will contain a general introduction to both volumes and will then present the litanies of the remaining houses, Pontefract to York (and the litany from Dumfermline abbey, in an appendix), as well as offering a brief account of all the less familiar saints included in the litanies, along with various indices. The layout of litanies and the fact that for some houses there are two or more textual witnesses mean that a large page format has been chosen for these volumes, in the interests of visual clarity. It is with very great pleasure, then, that the Society issues Professor Morgan's first volume for the year 2007.

Rosalind Love,
on behalf of the Publications Committee.
Feast of St Ælfheah, archbishop and martyr, 19 April, 2012

PREFACE

These litanies, which will be presented in two volumes, comprise those of the communities of the Benedictine Order in England, including the nunneries, and also those of the Carthusians, Cluniacs, Cistercians and of the Order of Fontevrault.[1] No monastic litanies survive from Wales, but one, Dunfermline, does from Scotland, and this will be included as an Appendix to the second volume.[2] Volume I contains the 60 litanies from Abbotsbury to Peterborough, with collation of the texts for those houses for which more than one text survives. Volume II will contain the remaining 50 litanies from Pontefract to York and Dunfermline (LXI–CX) together with a General Introduction and indexes of the saints and of the liturgical forms. The General Introduction in Volume II will contain a full commentary on the saints significant for each religious house, and on variants and developments in the liturgical forms of the petitions. There will also be a listing with notes of those saints which occur in these litanies who had cults in the British Isles, or in other ways are significant. Saints of particular significance in the litanies will be briefly commented upon in the introductory notes on the manuscripts used for the text editions for the individual houses, but discussed in more detail in this list in Volume II.

The litany texts in these two volumes are restricted to the 'standard' litanies found at the end of the psalms and canticles in Breviaries and Psalters, and do not include the litanies on Holy Saturday at the Blessing of the Font in Missals and Manuals, those at the Dedication of a Church and at Ordinations in Pontificals, or that recited at the Commendation of the Soul in Manuals. The Holy Saturday litany hardly ever occurs in monastic Missals, nor the other litanies in any Manuals or Pontificals which in rare instances may have belonged to monastic houses. There are some rare instances of private devotional litanies occasionally found in monastic prayer books.[3] These have also been excluded because they do not usually contain the saints specific to a particular religious house or order. Also excluded are litanies in books with monastic calendars in which the litany is clearly not of monastic use.[4] All efforts have been made to track down these English monastic litanies, but doubtless a few others will

1 The Benedictine nunneries, were, for inexplicable reasons, not included by Francis Wormald in his editions of the English Benedictine Calendars, to which, in respect of the Benedictines, these volumes on the litanies are a companion. The few surviving nunnery calendars will be published in the continuing volumes completing Wormald's *English Benedictine Kalendars after 1100*. There are very few surviving litanies from the English houses of monastic orders other than the Benedictines – 6 Carthusian, 3 Cistercian, 7 Cluniac and 3 of the Order of Fontevrault. In view of these small numbers it seemed worth while to include these other monastic litanies in a volume originally planned only to contain those of the Benedictines.

2 A Scottish Benedictine priory, Coldingham (Berwicks), is included in Vol. I because it was a cell of Durham, and has the litany of Durham.

3 Examples would be the first litany in a Carthusian prayer book probably from Sheen, Lincoln, Cathedral Library Lib. 64, the litany in a Carthusian prayer book at Downside Abbey 48253, and one in a prayer book from the Cistercian house of Thame, Cambridge, University Library Ii.6.36. The other litany in the Lincoln Cathedral manuscript is a proper Carthusian litany and will be included.

4 e.g. the Psalter, Cambridge, University Library Add. 851, which contains a Cistercian calendar, but a litany which lacks any Cistercian saints save for Bernard.

come to light in future years. In one case (Whitby) the cuttings from the now dismembered manuscript are in private collections which cannot be located, and only brief comments on this litany can be gleaned from the description of it in sale catalogues.

Nigel John Morgan
All Saints Day 2011

LIST OF CONTENTS

VOLUME I: LITANIES I–LX

VOLUME II: LITANIES LXI–CX

Unidentified houses

Appendix – A Litany of a Scottish Benedictine Abbey

Dunfermline, Benedictine Abbey of the Holy Trinity

NOTES ON THE MANUSCRIPTS

Abbotsbury, Benedictine Abbey of St Peter

I London, Lambeth Palace Library 4513, fols. 181r–182v
Breviary c. 1400

In 2004 the bookseller Quaritch acquired an English monastic Breviary whose calendar on Oct. 12th records *'Dedicatio ecclesie s. petri apostoli abbodesbur(ie)'*, and the book was subsequently acquired by Lambeth Palace Library. The saints in its calendar closely resemble those in the calendar of London, British Library Cotton Cleopatra B.IX, which also has the same entry for the dedication of the church on Oct. 12th,[1] and thus confirms that the book at Quaritch was a Breviary of the Benedictine Abbey of Abbotsbury. In the calendar are the obits of Orc or Urki (Nov. 21st) and his wife Tola (June 26th), the Anglo-Saxon founders of Abbotsbury. The calendar and litany contain the rarely found Dorset saints, Wlsinus (Jan. 8th) and Juthwara (July 13th) whose relics were at Sherborne Abbey, Edwold (Aug. 12th) whose relics were at Cerne Abbey, and Cuthburga (Aug. 31st) whose relics were at Wimborne Minster.[2] Other rare Welsh or west country saints in the litany are Corentin, Iltut, Winwaloe, Petroc and Cadoc among the confessors, and Sativola among the virgins.[3] The Breviary has twenty-five full or partial illuminated borders of c. 1400 date, several including a wheel, the symbol of St Katherine. As Katherine is the only saint other than Anne to be given a double invocation in the litany, this ornamental feature might suggest that the Breviary was intended for use in the chapel of St Katherine at Abbotsbury. This chapel, of the late fourteenth century, still survives.[4] The litany on ff. 181r–182v follows the canticles at the end of the Psalter section of the Breviary.

Bibliography: Luxford 2005, pp. 4, 135, 183, pl. 39.

II New Haven, Yale University, Beinecke Library 578, fols. 127v–131v
Psalter and Hymnal c. 1400–25

This Psalter and Hymnal was acquired by the Beinecke Library of Yale University in 1975,

1 Wormald 1938, pp. 1–13.

2 In Volume II of this publication there will be a catalogue of all saints of particular significance in these litany texts. This catalogue will provide further details on their cults than is given in these notes on the individual manuscripts. On Juthwara see Orme 1992, pp. 143–4, Blair 2002, pp. 542–3, and on Cuthburga, Fletcher 1911 and 1913, Rushforth 2000, and Blair 2002, p. 522. For Wlsinus (Wulfsige) and Edwold see Talbot 1959, Grosjean 1960, Blair 2002, pp. 530, 562, and Licence 2006.

3 On Cadoc, Corentin, Petroc, Sativola and Winwaloe see Orme 1992, pp. 122–3, 124–5, 164–5, 170–2, 178–9, and Orme 2000, pp. 79–82, 96, 214–19, 234–5, 256–9. Also on Cadoc see Grosjean 1942, Doble 1960–70, IV, pp. 55–66, Brooke 1963, and Corner 1985; on Petroc see Doble 1939, Grosjean 1956, Doble 1960–70, IV, pp. 132–66, and Jankulak 2000, and on Sativola, Förster 1938 and Blair 2002, p. 554. On Iltut see Doble 1944a. On Corentin see Doble 1960–70, II, pp. 45–53, and on Winwaloe, Doble 1960–70, II, pp. 59–108.

4 VCH *Dorset II*, pp. 3–4, pls. 60–61.

having formerly belonged to Sir Sydney Cockerell, Mr C. H. St John Hornby and Major Roland Abbey. The calendar has long been recognised to be of a Benedictine priory that was a cell of Tewkesbury Abbey as its Calendar contains several rare saints found in the calendars of Tewkesbury, Cambridge, University Library Gg.3.21 and London, British Library Royal 8 C.VII.[5] On the basis of this calendar it has been suggested that this book might have belonged to Deerhurst, but with the reservation that Deerhurst did not officially become a cell of nearby Tewkesbury until 1467, and that the Psalter dated from some fifty years before. Until the discovery in 2004 of the Abbotsbury Breviary the litany was unlocalisable, but clearly had nothing to do with Tewkesbury. It is indeed an Abbotsbury litany almost identical to that in Lambeth 4513. A likely provenance of the book might be the priory of Cranborne in Dorset which was a cell of Tewkesbury. The Psalter text, Litany and Hymnal were evidently derived from an Abbotsbury text, and were provided with the Tewkesbury derived calendar of Cranborne which is added by a different perhaps slightly later scribe than the main text. The litany on ff. 127v–132r is placed after the canticles at the end of the Psalter. Monastic canticles follow the litany. The Hymnal is Benedictine, containing a hymn for the Translation of Benedict (f. 170r), and with the hymn for the Dedication of the Church (f. 172r) between those for St Michael (Sept. 29) and All Saints (Nov. 1), which almost certainly relates to the feast of the Dedication of Abbotsbury on Oct. 12th. The endleaf is a fragment from an eleventh-century Gospel Book in Anglo-Saxon containing part of St Mark's Gospel.

Bibliography: Ker 1957, p. 1; Sotheby 25th March 1975, lot 2955; Cahn and Marrow 1978, p. 182; Morgan 1981, p. 156.

Abingdon, Benedictine Abbey of the Blessed Virgin Mary

III Cambridge, University Library Dd.1.20, fols. 84v–86v
Psalter and Hymnal c. 1450

This large size choir Psalter with elaborate illumination has long been recognised as containing Abingdon texts, although is not listed as belonging to the abbey in Ker 1964 or Ker and Watson 1987, doubtless because only its litany, monastic canticles, Office of the Dead and Hymnal are of Abingdon use, whereas the calendar is Sarum, not of Abingdon as would be expected. Clearly, with the exception of the calendar, the text model was from Abingdon, but probably the book was made for a patron outside of the abbey community. In the litany there is a double invocation for Vincent, important relics of whom belonged to the abbey.[6] St Edmund Rich, who was born at Abingdon, is also given a double invocation, Ethelwold, who was for a time abbot of Abingdon, and of whom the abbey possessed relics,[7] is among the confessors, and Frideswide of nearby Oxford is among the virgins. Also in the Hymnal there is a hymn for Vincent (ff. 103v–104r). The litany on ff. 84v–86v follows the canticles after the psalms, and precedes the monastic canticles.

Bibliography: Hardwick and Luard 1856–67, I, p. 27; Frere 1894–1932, no. 795; Mearns 1913, pp. xiii, 98 *et al.* (siglum E.14); Mearns 1914, p. 83; Tolhurst 1942, p. 238 *et passim*

[5] These calendars and their relationship with that of Beinecke 578 will be discussed in my forthcoming volume III of *English Benedictine Kalendars after 1100*.

[6] Wormald 1938, p. 16, and Thomas 1974, pp. 150–51.

[7] Thomas 1974, p. 154, for Abingdon's possession of the relics of Ethelwold's arm and shoulder-blade.

(siglum AB); Gneuss 1968, p. 249; Korhammer 1976, pp. 12 n. 8, 20, 120–21 (siglum Ab1); Scott 1996, II, p. 294; Roper 1993, p. xxvii (siglum CU Dd.1.20); Binski and Zutshi 2011, p. 238, no. 257.

IV Cambridge, Emmanuel College S.1.4.6 (pr. bk.), fols. 145r–46v
Breviary, Pars Aestivalis 1528

This printed Breviary came from the press of the Oxford printer, John Scolar, as recorded on f. 354v. It contains the summer season from Easter Sunday until the Twenty-Fifth Sunday after Pentecost in the Temporal, and from Tiburtius and Valerian (Apr. 15th) to Saturninus (Nov. 29th) in the Sanctoral. The title implies printing at the monastery itself, but more likely it was done in Oxford. There are some differences from the litany of Cambridge, University Library Dd.1.20 of some fifty years earlier. Double invocations are now given to Vincent, and to Edward the Martyr of whom Abingdon possessed important relics,[8] and to Ethelwold, refounder and abbot of Abingdon in the tenth century. David, Declan, Forannan, Osmund, Patrick, Anthony and Bede were added among the confessors. Five of these additions are quite understandable in the late Middle Ages, but why the quite rare Irish saints, Declan and Forannan, were added is puzzling. Severa and Winifred are added among the virgins. Winifred was increasingly popular in late medieval England, but the reason for adding Severa is unclear.[9] The litany on ff. 145r–146v follows the canticles which are at the end of the psalms in the Psalter part of the Breviary.

Bibliography: Gordon Duff 1912, pp. 99–100; Watts 1915, p. 23; Wormald 1939, pp. 15–30; Tolhurst 1942, p. 242 *et al.*; Hohler 1956, pp. 159, 186 (siglum Abb); Brady 1963, p. 20 *et passim*; Ker 1964, p. 2; STC, II, p. 70 (STC 15792); Gneuss 1968, p. 249; Roper 1993, pp. 110, 296 (siglum Cec S1.4.6).

V Oxford, Exeter College 9M 15792(2) (pr. bk.), fols. 7r–7v
Breviary, Pars Psalterii et Hymnale 1528

This is another copy of the printed Breviary of c. 1528 from the press of the Oxford printer, John Scolar, containing the calendar, litany, of which more than half is lacking, the text beginning only towards the end of the virgins, Office of the Dead, monastic canticles and Hymnal. It is bound together with a 1554 paraphrase of the Song of Songs 15792(1) printed in Louvain. As in no. III there is a hymn for St Vincent, of whom Abingdon possessed relics, and also a hymn for the Dedication of the Church between Michael (Sept. 29th) and All Saints (Nov. 1st) – the dedication of the monastery church of Abingdon was Oct. 23rd. The end of the book on f. 34v has the colophon: *'Psalterium cum hymnis secundum morem et consuetudinem nigrorum monachorum Abendonensis monasterii explicit. Anno salutifere nativitatis domini M. D. vicesimo octavo pridie idus septembris'*. This colophon does not specifically imply printing at the monastery itself.

[8] Wormald 1938, p. 16, and Thomas 1974, pp. 152–3.
[9] Holweck 1924, p. 904, lists two saints of that name, the first an Early Christian martyr, and the second the seventh-century foundress of the nunnery of Villeneuve, near Bourges.

Bibliography: Wormald 1939, p. 15; Ker 1964, p. 2; STC, II, p. 70 (STC 15792); Roper 1993, p. 110 (siglum Oec 9M); Pfaff 2009, p. 551.

Amesbury, Benedictine Priory of the Blessed Virgin Mary and St Melor (nunnery, Order of Fontevrault)

VI Imola, Biblioteca Comunale 100, pp. 346–357
Psalter c. 1204–10

This luxury illuminated Psalter was probably made for a person connected with Amesbury, for although its litany is of Amesbury-Fontevrault use, its calendar is not. Amesbury had been founded as a Benedictine house c. 979, but in 1177 was refounded by Henry II as a priory of the Order of Fontevrault, as one of the four English houses of that order, the others being Grovebury, Nuneaton and Westwood. The former nuns of Amesbury were sent to other Benedictine houses and twenty-four nuns brought from Fontevrault to populate the refounded priory. The litany in the Imola Psalter, which follows the canticles, represents the text closest to the mother house of Fontevrault,[10] and during the thirteenth, fourteenth and fifteenth centuries this text was evidently revised, as comparison with the two later texts makes apparent. Amesbury possessed the relics of the martyr, Melor, so he is high in the list of martyrs.[11] The litany of Amesbury-Fontevrault is the longest of all the English monastic houses, and contains many unusual saints and petitions. Some of the saints of West France and the Poitou region derive from Fontevrault and are not otherwise found in English litanies or calendars: Eutropius of Saintes and Supplicianus (Simplicianus) of Poitiers among the martyrs, Gerald de Sales Cadouin (a disciple of Robert of Arbrissel), Porcharius, Iovinus and Robert of Arbrissel, the founder of the Order of Fontevrault, among the confessors, and Disciola and Abra among the virgins. Mention should be made of Thaïs among the virgins, which is unique to the litanies of Amesbury.[12]

Bibliography: Galli 1940–41; Morgan 1981, pp. 133, 153, 157, 167, 168, 169, 170; Morgan 1982, pp. 74–5, no. 26 (for other bibliography up to 1982), figs. 93, 101, 102; Morgan 2004, p. 320.

VII Cambridge, University Library Ee.6.16, fols. 64r–67v
Breviary Offices c. 1275–1300

The contents of this book of select offices and prayers from the Breviary, simply decorated with penwork initials in red and blue, were recognised by Frere as indicating Amesbury provenance, with the significant inclusion of the Office of St Melor, the saint whose relics were at Amesbury. The calendar, added in the fifteenth century, is also of Amesbury-Fontevrault

[10] The Fontevrault litanies used for comparison are Chantilly, Musée Condé 10 and Melun, Bibliothèque municipale 6. The relationship of the Amesbury-Fontevrault litany to that of Fontevrault itself will be discussed in more detail in the General Introduction in Volume II.

[11] On Melor see Doble 1960–70, III, pp. 20–52, Diverres 1984, Orme 1992, p. 153, and Orme 2000, pp. 185–7. These are mostly concerned with his cult in Brittany and Cornwall.

[12] For the Anglo-Norman life of Thaïs see Perman 1961, pp. 280–86, and Battifol 1903. for her legend in general.

use.[13] The largest text sections are the Hours of the Virgin and the Office of the Dead, both of Amesbury use, the usual constituents of a Book of Hours, and there are also many other offices and prayers in Anglo-Norman and Latin.

Bibliography: Hardwick and Luard 1856–67, II, pp. 262–63; Frere 1894–1932, no. 781; Ker 1964, p. 3; Sinclair 1979, nos. 2496, 2718, 2929, 2650; Rézeau 1983, p. 612; Bell 1995, p. 103; Dean and Boulton 1999, nos. 820, 825(1), 834, 838 (5), 920, 930, 964; Kerr 1999, pp. 118, 120–21; Scott-Stokes 2006, pp. 30, 111–12, 115–16; Pfaff 2009, p. 344 n. 7.

VIII Cambridge, University Library Kk.6.39, fols. 195r–203v
Psalter and Prayer Book c. 1400–25 and c.1475

This book, with early fifteenth-century illumination of reasonable quality, was evidently made for Winchester Cathedral Priory, and contains a litany of that house (Litany I on ff. 34r–40r). In the second half of the fifteenth century it passed to Amesbury as evidenced by the addition of a second litany (Litany II on ff. 195v–203v) perhaps c. 1475. The original text contains psalms, the Office of the Dead and Commendation of the Soul, and prayers to the Winchester saints, Birinus, Alphege of Winchester, Ethelwold, Hedda, Brinstan and Frithestan.[14] The Amesbury litany places Melor at the head of the martyrs after Stephen, and has the other Fontevrault characteristics of the two thirteenth-century texts of the Amesbury litany. The last page or two is lacking containing the remaining 'ut' petitions and the concluding petitions. As in the previous two litanies there is a petition for the abbess of Fontevrault and prioress of Amesbury *'Ut abbatissam et priorissam'*.

Bibliography: Hardwick and Luard 1856–67, III, p. 731; Frere 1894–1932, no. 798; Binski and Zutshi 2011, pp. 193–95, no. 207.

Barking, Benedictine Abbey of the Blessed Virgin Mary and St Ethelburga (nunnery)

IX Cambridge, University Library Dd.12.56, fols. 157r–164r
Book of Hours c. 1450

This Book of Hours, simply decorated with gold, blue and pink initials, lacks a calendar, but its litany contains the characteristic Barking and London saints, Ethelburga, Hildelitha, Wulfhilda, Tortitha, Erkenwald and Roger of London.[15] Another indication of Barking provenance is that the psalm incipits are of the Roman Psalter, an archaic idiosyncrasy of the use of Barking being the retention from Anglo-Saxon times of that text, rather than the Gallican

[13] This calendar will be printed in my forthcoming volumes of *English Benedictine Kalendars after 1100*.

[14] On Winchester saints' cults and relics see Thomas 1974, pp. 132–7, 187–96. They will be commented on in more detail for the Winchester litanies in Volume II.

[15] For Barking saints see Tolhurst 1926–7, I, pp. vi–vii. Bishop Roger Niger of London (d. 1241) was considered as a saint in late medieval England although never officially canonised. He is exceedingly rarely found in liturgical texts. In the c. 1394–1404 calendar in the Barking Ordinal, Oxford, University College 169, his obit is recorded on Oct. 1st. His heart was at the Premonstratensian Abbey of Beeleigh (Essex), perhaps because he was supposedly born near Beeleigh. On him see Round 1923.

text used by everybody else in England in the late Middle Ages.[16] The litany contains the petition for the abbess *'Ut abbatissam nostram'*. Several different scribes are involved, and there are corrections and rewriting. The text content is the Office of the Virgin, the Office of the Dead, both of Barking use, Graces for meals, Commendation of the Soul, Gradual and Penitential Psalms, and various hymns and prayers.

Bibliography: Hardwick and Luard 1856–67, I, p. 498; Binski and Zutshi 2011, pp. 228–29, no. 245.

Bromholm, Cluniac Priory of St Andrew

X Oxford, Bodleian Library Ashmole 1523, fols. 183v–187r
Psalter c. 1310–20 and c. 1440–60

This elaborately illuminated Psalter of the early fourteenth century contains the dedication of Bromholm in its calendar on June 15th. Its ornamental decoration was left incomplete and from f. 169r was illuminated c. 1440–60. This illuminator also added ornamental decoration to initials from f. 77r in the part decorated in the early fourteenth century. Also part of the text was incomplete, and at the same time as the decoration was added in the mid fifteenth century the litany, which follows the canticles, was written. There seems little reason to doubt that this litany was provided when the book was still in the possession of Bromholm. It contains Pancras after Stephen at the head of the martyrs because he was the dedicatory saint of the important English Cluniac foundation of Lewes. The Cluniac saints Odo, Maiolus, Odilo and Hugh of Cluny are among the confessors, and Florentia and Consorcia, whose relics were at Cluny, are among the virgins.[17] As might be expected for a priory directly dependent on Cluny, the English saints in the litany are few, restricted to Thomas of Canterbury, Edmund the martyr, Dunstan, Edmund of Abingdon, Gilbert of Sempringham and Etheldreda.[18] The original illumination is closely related to that of the Ormesby Psalter (Oxford, Bodleian Library Douce 366) and the book was probably made in the Norwich region. The fifteenth-century illumination, although of good quality, is difficult to localise, and might have been done by artists working at Bromholm itself.

Bibliography: Black 1845, cols. 1430–31; Frere 1894–1932, no. 182; Mearns 1913, p. xiii (siglum E.18); Mearns 1914, p. 83; Cockerell and James 1926, pp. 32–33, 39–46, pl. X; van Dijk 1951, II, p. 22; Ker 1964, p. 13; Gneuss 1968, p. 116; Lasko and Morgan 1973, p. 20, no. 22; Korhammer 1976, pp. 34, 54; Sandler 1986, pp. 51–2, no. 44 (for other bibliography up to 1986), figs. 99–101; Ottosen 1993, pp. xxiv, 149, 401, 419; Nichols, Orr, Scott and Dennison 2000, 44, no. 86; Pfaff 2009, p. 247.

[16] Tolhurst 1926–7, I, p. ix, notes that on f. 209r of the Ordinal it is specifically stated that the psalter at Barking was that of the Roman Curia.

[17] On the saints and litanies of Cluny see de Valous, I, pp. 420–23.

[18] The occurrence of English saints in English Cluniac litanies will be discussed in the General Introduction in the second volume.

Bury St Edmunds, Benedictine Abbey of St Edmund the Martyr

XI Stockholm, Kungliga Biblioteket Holmiensis A.49, fols. 1r–2v
c. 1125–50

This substantial fragment of a twelfth-century litany of Bury St Edmunds was recently discovered by Bolton and Hedström as flyleaves of a fifteenth-century collection of devotional and didactic texts, perhaps once belonging to the Bridgittine house of Vadstena in Sweden. Like other twelfth-century monastic litanies (e.g. from Ely and Peterborough) it is less closely related to later examples than the texts surviving from the period from the thirteenth to the early sixteenth century, which, as for most other houses, are very similar. As in the cases of their calendars, English Benedictine houses seem to have revised their litanies in the late twelfth and thirteenth centuries into forms which remained little changed to the end of the Middle Ages. As no post-1100 calendar has survived from Bury the existence of four litanies spanning the period from the mid-twelfth to the mid-fifteenth century is particularly fortunate. In the Stockholm fragments, as expected, Edmund the Martyr, whose shrine was at Bury, is placed after Stephen at the head of the martyrs. Botulph[19] and Jurmin, of whom the abbey also possessed relics, are among the confessors.[20] Also among the confessors is Saba, introduced by Anselm of Bury, formerly abbot of St Saba in Rome before becoming abbot of Bury in 1121.[21] The Ely saints Etheldreda, Sexburga, Withburga and Ermenilda are among the virgins.

Bibliography: Bolton and Hedström 2010.

XII London, British Library Harley 5309, fols. 129v–132v
Psalter c. 1250

The placing of St George with a double invocation after Stephen at the head of the martyrs in this otherwise Bury St Edmunds litany suggests that the book was made for the Benedictine priory of St George, Thetford, a cell of Bury. It had been a cell since the eleventh century, but a decline in the number of the monks resulted in their transfer to Bury c. 1160 and refounding as a nunnery populated by nuns transferred from Ling (Norfolk) and remaining dependent on Bury. On f. 124v is an ownership inscription of a nun named Margery. The script and simple penwork decorated initial B for psalm 1 of this very small book are difficult to date with any precision, and the mid-thirteenth century is suggested. The book must date from after the canonisation of Edmund of Abingdon in 1247 because he is included among the confessors. The litany in its order of saints and petitions compares well with both the Stockholm fragments of over a century earlier, and also with the two Bury litanies of the fifteenth century, all containing the significant Bury saints mentioned in the previous entry.

Bibliography: *Catalogue of Harleian Manuscripts* 1808–12, p. 259.

19 The controversy over the identity of this Botulph will be discussed in the general introduction in Volume II. It has been considered by some, probably wrongly, that this Botulph of Bury was a different person than the famous Botulph, the relics of whose head were at Ely and the body at Thorney. A good summary of the issues is given by Blair 2002, pp. 518–19.

20 See Thomas 1974, pp. 157–63, for relic cults at Bury, and Blair 2002, pp. 538–9, for Jurmin.

21 James 1895a, pp. 137–8, 180. A chapel dedicated to him was in the abbey church.

XIII Bury St Edmunds, West Suffolk Record Office E5/9/608.7 (formerly Bury Grammar School), fols. 223r–226r
Psalter and Hymnal c. 1410–20

This finely illuminated Psalter with ornamental borders and historiated initials has long been recognised as probably being made in Bury itself. Its illumination is stylistically related to Lydgate's Life of St Edmund and St Fremund, British Library Harley 2278, and to a Book of Hours, Cambridge, Fitzwilliam Museum 3–1979. The Hours was made for a member of the guild of the Translation of St Nicholas at Bury, and is later in date than the Psalter, probably of c. 1430–40. The artists of the Hours are closely related to those of Harley 2278, made c. 1434–39. The Psalter probably represents the beginnings of this distinctive Bury style of illumination some fifteen years earlier. Although its litany is of the Abbey of Bury, unfortunately its original calendar, very probably once also of the Abbey, has been substituted by a Sarum-Norwich diocese calendar later in the fifteenth century. The litany is close to that in the mid-fifteenth-century Bury Breviary Offices, British Library Harley 5334, containing the characteristic features of Edmund with a double invocation after Stephen among the martyrs, Botulph with a double invocation, Saba and Jurmin among the confessors, and Sexburga, Withburga and Ermenilda among the virgins. The Office of the Dead and Hymnal are also of Bury use, the latter containing the hymn *'O mundi pater unice'* for the feast of the Translation of Edmund the Martyr

Bibliography: Dewick 1895; James 1895a, pp. 93–95; Mearns 1913, pp. xii, 103 (siglum E.7); Mearns 1914, p. 83; Tolhurst 1942, p. 238 *et passim* (siglum BU2); Ker 1964, p. 16; Gneuss 1968, pp. 81, 114, 249; Lasko and Morgan 1973, p. 34, no. 46; Korhammer 1976, pp. 12 n. 8, 16–17, 44, 48 n. 40, 55, 119–22, 123, 124, 146 (siglum Bu); Ker 1977, pp. 218–19; Scott 1996, I, pp. 41, 53, 77 n. 47, and II, pp. 34, 75, 107, 108, 130, 151, 205, 296, 338, 378, no. 44, figs. 187–89; Rogers 1987, pp. 241–3, figs. 15–17; Pfaff 2009, p. 194.

XIV London, British Library Harley 5334, fols. 87r–91r
Breviary Offices for the Sick and Dead c. 1450

Few liturgical books of Bury have survived, and this is the only one to contain parts of the Breviary, but restricted to the sections concerned with the sick, dying and dead. The only significant decoration is an illuminated ornamental initial and border on f. 44r. The first part of the book (ff. 1r–39r) is concerned with the Last Rites and the Commendation of the Soul. Then follows the Office of the Dead (ff. 39r–66v), the Burial Service (ff. 66v–86v) and finally the litany. It is a fortunate survival of the monastic liturgy of death as practised at Bury. Most of the litany is close to that in no. XIII but, as happens for other Benedictine houses in the second half of the fifteenth century, there are additions of saints, mostly difficult to explain: Panteleimon and Adrian among the martyrs, and several virgins, including Gertrude, Dorothy, Winifred, Frideswide, Modwenna and Brigid of Sweden (Birgitta).[22] An inscription on f. 94r records that the book was given by the monk John Fenyngham.

[22] Of these, Dorothy, Winifred and Frideswide were increasingly popular throughout late fifteenth-century England, but the reasons for the inclusion of the others are unclear.

Bibliography: *Catalogue of Harleian Manuscripts* 1808–12, p. 261; James 1895a, pp. 89–90; Ker 1964, p. 20; Pfaff 2009, pp. 194, 197.

Canterbury, Benedictine Cathedral Priory of the Holy Trinity (Christ Church)

XV Oxford, Bodleian Library Ashmole 1525, fols. 137v–140r
Psalter and Hymnal c. 1210–20

This Psalter is extensively illuminated but has regrettably been mutilated with several pages missing and many of the illuminations cut out. An unusual aspect of the decoration is that it has an historiated initial for each psalm, not only for the psalms of the liturgical divisions as is usual in Psalters. It contains a calendar of St Augustine's, Canterbury, but a litany of Christ Church. This hybrid nature may reflect the period of the Interdict (1208–13) when the monks were exiled by King John from Christ Church and monks were transferred from St Augustine's. Panayatova, on the evidence of unusual iconographic themes in the psalm initials, has suggested the possibility that this luxury book was commissioned by the abbot Alexander of St Augustine's in 1213 as a gift to his friend, King John (d. 1216), at the time of reconciliation after the ending of the Interdict. The Psalter was evidently at Christ Church in the fourteenth century when a Christ Church Hymnal was added, so if intended for the king it probably never reached him. Other texts in the book are the unusual inclusion of collects for each psalm and an Office of the Dead of Christ Church use. The litany of Christ Church places the saints whose relics were at the cathedral in special positions. Thomas of Canterbury is placed after Stephen at the head of the martyrs, and Alphege, a little further down after George, is given a double invocation, and he is followed by Salvius, a North French saint whose body was enshrined at the cathedral. Among the confessors are Dunstan, whose shrine was at Canterbury, Odo, archbishop 942–59, Audoenus whose body was enshrined there, and Fursey whose head reliquary was at Canterbury.[23] In the second half of the century the litany was updated with English saints canonised in the thirteenth century, Edmund of Abingdon, Wulfstan, Richard of Chichester and Hugh of Lincoln. A peculiarity, resulting from Canterbury being the church of an archbishop, is the petition for the archbishop: *'Ut archipresulem nostrum et gregem sibi commissum conservare digneris'*.

Bibliography: Black 1845, cols. 1436–37; Frere 1894–1932, no. 172; Mearns 1913, p. xiii (siglum E.19); Mearns 1914, p. 83; Tolhurst 1942, p. 238 *et passim* (siglum CC2); Wormald 1939, pp. 47–62; van Dijk 1951, II, p. 15, and V, p. 183; Ker 1964, p. 37; Gneuss 1968, pp. 241, 250; Korhammer 1976, (siglum Cc2); pp. 5, 12 n. 8, 24, 119, 121; Morgan 1982, pp. 81–3, no. 33 (for other bibliography up to 1982), figs. 114–18; Roper 1993, p. xxix (siglum Ob 1525); Morgan 2004, p. 321; Panayotova 2005.

XVI Paris, Bibliothèque nationale de France lat. 770, fols. 201r–204v
Psalter c. 1210–20

This Psalter is contemporary with XV and has illumination stylistically related to it, but is not

[23] Wormald 1939, pp. 65–7, lists several other saints in the calendar and litany whose relics belonged to the cathedral, and Thomas 1974, pp. 56–71, gives further detailed discussion of them. On Audoenus (Ouen) at Canterbury see Wilmart 1938.

quite so elaborately decorated. Both the calendar and litany are of the use of Christ Church, and also the Office of the Dead, but the calendar has been modified by a contemporary hand for Cluniac use. This, as in the case of XV, probably also reflects the situation at Canterbury Cathedral at the time of the Interdict (1208–13). When the Christ Church monks were exiled, not only were St Augustine's monks transferred there, but also some from Faversham. Faversham had been founded by King Stephen from Cluniac Bermondsey in the twelfth century, but was an exceptional case in being independent of Cluny itself. In the reign of Henry III it was, however, referred to as Cluniac.[24] The Cluniac additions to the Calendar very probably result from the presence of Faversham monks at Canterbury during the Interdict. The very unusual programme of iconography has a political agenda in which evil rulers are depicted. This may suggest it was commissioned by the monks of Christ Church after the end of the Interdict and possibly after the death of King John in 1216, whose enmity they had so bitterly experienced. Possibly it was given to Faversham with its illustrations making clear to the monks of that house the bad ways of the king. By the end of the thirteenth century it had passed into the lay ownership of the d'Estouteville family. The Christ Church litany is almost identical to XV, but lacks the additions of saints canonised in the thirteenth century.

Bibliography: Wormald 1939, pp. 64–79; Leroquais 1940–41, II, pp. 52–4 no. 294; Ker 1964, p. 39; Korhammer 1976, pp. 24, 119–21 (siglum Cc5); Caviness 1979; Morgan 1982, pp. 83–4, no. 34 (for other bibliography up to 1982), figs. 119–21; Avril and Stirnemann 1987, pp. 52–3, no. 79, pl. D, figs. XXV, XXVI; Ottosen 1993, pp. xxvii, 110, 245; Dean and Boulton 1999, no. 378; Morgan 2004, p. 321.

XVII Eton, College Library 78, fols. 123r–126r
Psalter and Hymnal c. 1230–50

The next Christ Church litany in date is of the latter part of the second quarter of the century. It follows the Athanasian Creed at the end of the canticles. The scribe still writes above the top line which suggests that the book was produced before the mid-century.[25] It is decorated with large illuminated initials containing tight foliage coils on gold grounds for the liturgical divisions, but for most of them their pages have been cut out with only those of psalms 80 and 97, and that at the beginning of the Hymnal, remaining. The remaining psalms have simpler ornamental initials in red, blue, green and brown, without use of gold. The litany closely resembles XV and XVI but all the double invocations were added later in the thirteenth century, as also were Edmund of Abingdon, Wulfstan, Richard of Chichester and Hugh of Lincoln, as in XV. Erasmus, Ethelbert and Edburga were added at a later date. Some of these are corrections rather than additions.

Bibliography: James 1895b, pp. 26–7; Ker 1964, p. 35; Gneuss 1968, pp. 241, 250; Korhammer 1976, pp. 5 n. 17, 12 n. 8, 24, 119–21, 145, 147 (siglum Cc3); Ker 1977, pp. 694–95; Morgan 1988, pp. 69, 177; Morgan 2004, p. 320.

24 Knowles and Hadcock 1971, p. 65.
25 See Ker 1960 for the observation of this change of scribal practice from c. 1230 onwards.

XVIII Canterbury, Cathedral Library Add. 6, fols. 34v–36r
Breviary c. 1340

This large illuminated Breviary, the only Breviary to survive from Christ Church, has been in large part destroyed by a fire in 1670, and is now foliated as if in two volumes, although originally it probably was as one. The large part of the section foliated as volume two survives as a section of the bottom third of the page of ff. 32r–359v still attached to its binding, and as a number of loose fragmentary leaves which are kept in folders. The bound part contains the Litany, Offices of the Sick and Dead, the Sanctoral and Common of the Saints. The loose leaves in folders contain part of the Psalter and Canticles (foliated as ff. 1–34v of volume two, the bound part), and the Temporal, Office of the Virgin and Calendar (foliated as ff. 1r–87v of volume one). The litany in the bound part of course is only of the bottom third of the page, so its text is very fragmentary. Those parts which do survive correspond closely to other Christ Church litanies with the double invocation marks being in rubric. Also in rubric is a new invocation not in the thirteenth century litanies, *'Pro aeris serenitate'*, which is also found in the early fifteenth-century litany XIX.

Bibliography: Wormald 1939, pp. 65–79; Phillips 1949, pp. 18–26; Hohler 1956, pp. 159, 188–89 (siglum Ccb); Brady 1963, p. 20 *et passim*; Ker 1964, p. 34; Gneuss 1968, p. 249; Ker 1977, pp. 303–5; Hughes 1982, pp. 399–400 *et al.* (siglum B50); Roper 1993, pp. 118, 300 (siglum CA); Pfaff 2009, pp. 121, 242.

XIX London, Lambeth Palace Library 558, fols. 169r–173r
Psalter and Hymnal c. 1400–25

The calendar, litany, hymnal, Office of the Dead, Office of the Virgin and monastic canticles of Christ Church are included among other early fifteenth-century liturgical additions to a Franco-Flemish Psalter with miniatures of c. 1275. The original thirteenth-century scribe wrote the Psalter text up to psalm 123 on f. 139v, but the remaining psalms, canticles, litany, monastic canticles and hymnal, are in the early fifteenth-century hand which wrote the calendar when the text was adapted to Christ Church use. The litany contains the characteristic Canterbury features already defined, but all the entries of English saints canonised in the thirteenth century are now in the original text. Ethelbert, who was added to XVII, is lacking, but Frideswide is included at the end of the virgins. As in XVIII there is the rubric *'Pro aeris serenitate'* introducing *'Ut aeris serenitatem'*. There is another rubric for the special *'ut'* petition to be used during an interregnum of the archbishops which is unique in all the extant Christ Church litanies: *'Tempore vacationis debet dici iste versus pro electo archiepiscopo futuro'*. This is analagous to the special liturgical texts in the Roman Rite directed to be used during the interregnum of popes. An inscription on f. 14r records the ownership of the monk, John Holyngborne, who entered the priory in 1510.

Bibliography: Frere 1894–1932, no. 4; Mearns 1913, p. xiii (siglum E.16); Mearns 1914, p. 83; James 1932, pp. 761–65; Tolhurst 1942, p. 238 *et passim* (siglum CC3); Ker 1964, p. 37; Gneuss 1968, pp. 241, 250; Korhammer 1976, pp. 5, 12 n. 8, 24, 119, 121 (siglum Cc4); Roper 1993, pp. 118, 119, 312–13 (siglum Llp 558).

XX Canterbury, Cathedral Library 62 (Lit. E.17), fols. 52v–61v
Breviary Offices c. 1450

This small book belonged to one of the monks whose name has been erased in the ownership inscription on f. 1r. It is difficult to date with any precision but must postdate the early years of the fifteenth century and some parts of its text were added much later in the century. On f. 8r there is an ornamental illuminated initial with full decorative border which suggests a dating late in the second quarter of the century. It contains a collection of offices, collects and psalms, mostly for Prime and Vespers, and lacks any texts for Matins and Lauds. The litany is close to XIX but does contain Ethelbert among the confessors, and has Ursula rather than Frideswide at the end of the virgins. It lacks the petitions in XIX for the time of the election of a new archbishop and that *'Pro aeris serenitate'*.

Bibliography: Woodruff 1911, p. 34; Frere 1894–1932, no. 546; Ker 1964, p. 34; Ker 1977, p. 288.

Canterbury, Benedictine Abbey of St Augustine

XXI New York, Pierpont Morgan Library G. 53, fols. 144r–147r
Psalter c. 1320

This luxury illuminated psalter was evidently made for the monk Richard of Canterbury (b. 1281) whose name and kneeling figure is set beside the first of the Gradual Psalms on f. 115v. This monk gave several books to the abbey, and was still living in 1334. The Psalter is illuminated by the famous artist, the Queen Mary Master, whose major work is the Queen Mary Psalter, London, British Library Royal 2 B.VII, and has large historiated initials and decorative borders for the psalms of the liturgical divisions. The book contains a calendar, litany and Office of the Dead of St Augustine's Canterbury. Both contain the many saints whose relics were at St Augustine's, including many early archbishops of Canterbury: Augustine of Canterbury, Laurence of Canterbury, Mellitus, Justus, Honorius, Deusdedit, Theodore of Canterbury, Letardus, Jambert (written as Lambert), Ethelbert of Kent, and Mildred, whose body was transferred to St Augustine's from Minster in Thanet in 1035, with a double invocation.[26] As expected, Augustine of Canterbury is given a double invocation, placed after Gregory at the head of the confessors. Also with double invocations are Benedict and Adrian of Canterbury, a seventh-century abbot of St Augustine's. In contrast to the litany of Christ Church this litany does not contain the *'ut'* petition for the archbishop, but only the general petition for bishops and abbots.

Bibliography: Warner 1920, I, pp. 57–59, no. 14, pls. XXI–XXII; Wormald 1939, p. 47 (at that time in the Dyson Perrins Collection); Ker 1964, p. 45; Emden 1968, 8; Plummer 1968,

[26] On the c. 1410–13 drawing (Cambridge, Trinity Hall 1, f. 77r) of the east end plan of the abbey church with drawings of the shrines of most of these saints see Skelton and Harvey 1986, pp. 107–17, and Binski and Panayotova 2005, pp. 254–5, no. 115. The shrines of Augustine of Canterbury, Laurence of Canterbury, Mellitus, Justus, Honorius, Deusdedit, Theodore of Canterbury, Jambert, Adrian of Canterbury and Mildred were placed around the east end of the church, and that of Ethelbert was placed above the high altar. Before the Norman extension of the east end, completed c. 1091, their bodies were placed in the nave: on this see St John Hope 1917. For the St Augustine's relics see Wormald 1939, pp. 48–50, and Thomas 1974, pp. 218–24.

pp. 28–9, no. 36; Sandler 1986, pp. 66–7, no. 57 (for other bibliography up to 1986), figs. 142–3; Stanton 2001, pp. 20, 23, 37 n. 42, 147, 148; Barker-Benfield 2008, pp. lxiii, lxiv, 381, 399, 1740, 1741–42, 1800.

XXII Oxford, Bodleian Library Barlow 32, pp. 254–61
Manual and Prayer Book c. 1325–50

This is a rather unusual liturgical book for monastic ownership, containing the services of Baptism, the Blessing of Holy Water, and for the sick and the dead, which are normally contained in the Manual. A section of prayers on pp. 47–70 was added later to the book, and this includes the devotional Litany of the Virgin. On pp. 71–92 are the Ordinary and Canon of the Mass. At the end of the book is a litany of St Augustine's providing evidence of ownership by the abbey, which is supported by an inscription on f. 2r recording its ownership as a *'Liber sepulture'* by Randulph of London, perhaps one of the monks, and that it is *'liber sancti Augustini Cantuariensis'*. It can probably be identified with a book indexed as *'Sepulture'* in the c. 1375–1420 catalogue of the library, but this is not absolutely certain as the liturgical section of this catalogue is lacking and the title is only given in the index. The litany is almost identical to XXI, as would be expected given the closeness in date of the two books, with only the *'Ut inimicos sancti dei ecclesie'* petition lacking.

Bibliography: Frere 1894–1932, no. 324: Madan 1895–1953, 2 pt 2, no. 6479, pp. 1060–61; Tolhurst 1942, p. 238 *et passim* (siglum CA1); van Dijk 1951, III, p. 42; Ker 1964, p. 45; Barker-Benfield 2008, pp. 55, 1743, 1800.

XXIII Cambridge, Corpus Christi College 284, fols. 179r–183r
Prayers and Meditations of St Anselm, Psalms, Offices and Litanies
c. 1380–1400 and c. 1425

This litany of St Augustine's is part of a section of liturgical texts (ff. 135v–184v) which is placed at the end of the Prayers and Meditations of St Anselm. It contains the Office of the Dead, the Penitential and Gradual Psalms and the Psalter of St Jerome, texts normally found in Books of Hours. There are illuminated ornamental initials and borders at the beginning of each text section. The litany on ff. 179r–183r is the only one of these liturgical texts which is of St Augustine's use, and it is added by a different scribe and is of a later date, perhaps c. 1425 or later. Some of the other texts are of Sarum use. There are two other litanies, one of Sarum, and the other, not monastic, is rather characterless. This seems to be a book originally destined for a secular patron which was acquired by St Augustine's, and a litany of their own use added. It is the most complete text of its litany containing additional archbishops of Canterbury whose relics belonged to the abbey, which are not in XXI and XXII, that is Brithwald, Nothelm and Tatwin.[27] Also included who are not in XXI and XXII are Edward the Martyr, Livinus among the martyrs, Aldhelm, Wulfstan, Egwin and Bernard among the confessors, and Anne, Barbara and Ursula among the virgins. Double invocations in rubric are given to Peter, George, Augustine, Jambert, Benedict, Adrian of Canterbury, Mildred and

[27] The shrines of these three saints are also depicted in the diagram in the Trinity Hall manuscript.

Ursula. There is an additional *'ut'* petition to the other two litanies: *'Ut nos sacramentorum tuorum in extremis participes digne efficias'*.

Bibliography: Frere 1894–1932, p. 136; James 1912, pp. 49–50; Ker 1964, p. 41; Barker-Benfield 2008, pp. 634, 828, 832, 833, 1743, 1782.

Carrow, Benedictine Priory of the Blessed Virgin Mary (nunnery)

XXIV Madrid, Biblioteca Nacional 6422, fols. 184r–187v
Psalter c. 1250–70

The Carrow provenance of this illuminated Psalter is evident from the obit of a prioress of Carrow, A. de Monte Kensi in the calendar, which is Benedictine containing the Octave of the Translation of Benedict on July 18th, a feast only observed by the Benedictines. Benedictine nuns with their chaplain Robert, whose obit is designated as 'our chaplain' in the calendar, are depicted in the historiated initial for Psalm 109, which gives support to attributing the book to the priory. Carrow is situated on the outskirts of Norwich. The calendar, but not the litany, contains Bonitus and Felix of Dunwich, the first a French saint of whom Norwich Cathedral may have possessed relics, and the second the apostle of East Anglia. The illumination is rich but of average quality. As might be expected for a small nunnery, on the evidence of this litany and calendar it seems to have no important relics. The Benedictine provenance of the litany is certain from the double invocation for Benedict. The saints are mainly those common to the whole country, but Botulph among the confessors and Osyth among the virgins are saints with strong East Anglian connections. The only special features are double invocations for Nicholas, Mary Magdalene and Katherine and the inclusion of Honorina, a Normandy saint quite rarely found in England. The double invocations are probable because these saints are universally the most popular amongst male and female saints. The inclusion of Anne and Susanna, rare in the thirteenth century, probably results from the intended destination for a nunnery. This Carrow Psalter is not to be confused with the more famous illuminated Carrow Psalter, Baltimore Walters Art Museum W. 34, which, although having an ownership inscription of Carrow, has a calendar and litany neither Benedictine nor connected in any way with the Madrid manuscript. The Baltimore manuscript was evidently a secular Psalter given to the priory.

Bibliography: Janini and Serrano 1969, pp. 87–8, no. 65; Morgan 1988, pp. 90–91, no. 120 (for other bibliography up to 1988), figs. 108–12; Morgan 2004, p. 321; Pfaff 2009, p. 345.

Chertsey, Benedictine Abbey of St Peter

XXV A. Oxford, Bodleian Library lat.liturg.e.6, fols. 10r–11v
(originally fols. 307r–308v)
Breviary fragment c. 1310–20
B. San Francisco, University of San Francisco, Gleeson Library BX 2033 A2, fol. 72r
Breviary fragment c. 1310–20

The Breviary of Chertsey Abbey, extensively illuminated with historiated initials and ornamental borders by the artists close to the Queen Mary Psalter Master, was cut up in the nineteenth century and parts of the manuscript survive in several libraries, although the largest part is in the Bodleian Library, Oxford, in this and other manuscripts there. The litany survives complete, the large part in Oxford and the last leaf in San Francisco. The calendar is also in Bodleian lat.liturg.e.6, but lacks November and December which may no longer exist. The founder of the abbey, Erkenwald, bishop of London, is given a double invocation and is placed at the head of the confessors. Erkenwald's sister, Ethelburga, is among the virgins. In the tenth century the abbey was refounded by St Ethelwold, populating it with monks from Abingdon. The Winchester saints, Ethelwold, Swithun, Birinus, Judoc, Grimbald and Edburga, are among the confessors and virgins. Adrian of Canterbury is at the end of the confessors, probably introduced by the early thirteenth-century abbot Adam, who was monk of St Augustine's, Canterbury, before becoming abbot of Chertsey.[28] The Chertsey litany also contains some very unusual saints which are not in its calendar, and whose presence is difficult to explain: Beccanus, Edor, Aicadrus. There are several Irish saints with the name of Beccan, but the connection of any of them with Chertsey has yet to be identified. Edor is a mystery, unless it is a version of the name Hedda, bishop of Winchester, who is in the calendar, and was probably introduced during the refoundation by Ethelwold. Aicadrus is a variant spelling of Achardus, a seventh-century abbot of Jumièges, whose relics were at Hapres in the diocese of Cambrai. It has not been possible to identify any connection of this saint with Chertsey. A chapel dedicated to St Aycadrus was on the island of Alderney and is mentioned in 1352 documents of Edward III's reign, and he is in the calendar and sanctoral of Abingdon, but not in its litany.[29]

Bibliography: Frere 1894–1932, no. 428; Madan 1895–1953, 6, no. 32558, p. 168; Wormald 1939, pp. 81–93; van Dijk 1951, III, p. 114; Ker 1964, p. 49; Gneuss 1968, p. 250; Knowles, Brooke and London 1972, p. 38; Alexander 1974; Korhammer 1976, pp. 11, 25, 38, 40, 52, 55, 119–21, 240 (siglum Ch); Sandler 1983; Sandler 1986, pp. 70–71, no. 62a; Smith and London 2001, 32; Pfaff 2009, p. 492 n. 146.

Chester, Benedictine Abbey of St Werburga

XXVI Oxford, Bodleian Library Tanner 169*, pp. 83–86
Psalter, Masses and Breviary Offices c. 1170–90 (possibly 1192–93)

This book contains a miscellany of liturgical material. It begins with a calendar of Chester Abbey with obits of the abbots and the earls of Chester. The bulk of the text is a Psalter followed by canticles and a litany. Then follows the Office of the Dead of Chester use, the burial service, prayers and hymns, a selection of Masses, including the Canon, and finally excerpts from a Breviary. Bannister interpreted marks in the calendar as dating the book 1192–93, but this is open to interpretation, although assuredly the book is datable to the final decades of the twelfth century on the basis of its illustrations and ornament. It must postdate 1185 because the Invention of Patrick, Columba and Bridget is in the original hand of the calendar on March 24th.[30] The manuscript contains five illustrations, including a framed Crucifixion at the beginning of the Canon Prayer in the Missal section. The litany of Chester

28 On Chertsey saints cults and relics see Wormald 1939, pp. 81–3.
29 *CPR Edward III*, 9, p. 241; Wormald 1939, pp. 17, 27.
30 Wormald 1939, 97. Their bodies were discovered in Downpatrick in that year.

has its dedicatory saint, Werburga, with a double invocation after Mary Magdalene and Mary of Egypt at the head of the virgins, followed by her mother, Ermenilda, and Milburga, whose relics were at Much Wenlock in Shropshire. Other unusual saints are Barloc, a rewritten entry in the thirteenth century among the confessors, and Modwenna of Burton-on-Trent among the virgins.[31] Barloc, of whom little is known, is the dedicatory saint of Norbury in Derbyshire.[32] All these are also in the calendar which contains several other unusual saints which are not found in the litany.

Bibliography: Napier 1892, pp. 181–85; Frere 1894–1932, no. 266; Bannister 1910, p. 145; Taylor 1912; Madan 1895–1953, 3, no. 9995, p. 86; Tolhurst 1942, p. 239 *et passim* (siglum CH); Wormald 1939, pp. 95–111; van Dijk 1951, II, p. 13, and V, p. 97; Ker 1964, p. 50; Ayres 1969; Knowles, Brooke and London 1972, p. 39; Korhammer 1976, pp. 20, 240; Watson 1984, no. 705, pp. 116–17; Ottosen 1993, pp. xxv, 147, 247, 290; Roper 1993, p. xxix (siglum Ob 169*).

Coventry, Charterhouse of St Anne

XXVII Cambridge, Peterhouse 276, fols. 103v–105v
Prayers and Psalter c. 1450

This Psalter has illuminated ornamental initials and large borders at the psalms of the liturgical divisions, and still retains its medieval chemise binding. The initial on f. 32r has the Sacred Monogram IHC on a heart. On f. 1r a fifteenth-century inscription records the ownership of the Charterhouse of St Anne, Coventry. Preceding the Psalter on ff. 1v–16r are prayers, some of them indulgenced, and some added ones in English. The Carthusian litany, which follows the Athanasian Creed, in its saints seems to represent the fairly standard Carthusian text among its English houses, although the petitions vary slightly between the houses. In this case Anne is given a double invocation in view of the dedication of the house. Characteristic is the double invocation for Hugh among the confessors, probably signifying petition to both Carthusian Hughs, of Grenoble and of Lincoln. Added in the margin among the confessors is Bruno, who was never officially canonised, but his cult among the Carthusians was given papal approval in 1514, although doubtless he was venerated by them long before that date. The only other unusual feature is Blandina among the virgins, a saint only venerated in England by the Carthusians. Her cult was centred on Lyons and perhaps was introduced into the primitive Carthusian liturgy of the Grande Chartreuse near Grenoble which was influenced by the rite of Lyons.[33] Unusual among the petitions is *'Ut spacium vere penitencie et emendationem vite nobis dones'*.

Bibliography: Frere 1894–1932, p. 147; James 1899, pp. 348–51; Ker 1964, p. 55; Gribbin 1995, p. 74; Pfaff 2009, p. 270 n. 83; Luxford 2008, p. 235; Luxford 2011, pp. 257–62, figs. 18, 20, pls. XVII, XVIII.

[31] Wormald 1939, pp. 95–9, for cults and relics of saints at Chester.
[32] On him see Blair 2002, pp. 513–14.
[33] Gribbin 1995, pp. 4, 5.

Durham, Benedictine Cathedral Priory of St Cuthbert

XXVIII London, British Library Harley 4664, fols. 175r–176v
Breviary c. 1270–80

This Breviary of a cell of Durham, Coldingham (Berwickshire), with illumination including a full-page miniature of a Benedictine monk kneeling before the Virgin and Child, is the earliest witness of the litany. The other decoration is the historiated and ornamental initials to the liturgical divisions of the psalms. It has been suggested that the book may have been made in Durham. The calendar contains the dedications of the altars of Sts Michael and Ebba at Coldingham, and the dedication of the church on Oct. 15th. The book may have passed to Durham in the fifteenth century because the obits of the bishops and priors of Durham were added at the foot of each page in the calendar. On f. 333r a note records it was given by Hugh Whitehede, last prior of Durham, in 1521, to Richard Crosby, monk of Durham. Its litany is identical to XXIX, a late fifteenth-century Durham Book of Hours. The litany of Durham is characterised above all by Cuthbert placed with a double invocation at the head of the confessors, and Oswald the King placed after Stephen at the head of the martyrs, both of whose relics were at Durham.[34] Other special characteristics are Oswin among the martyrs, Aidan, Wilfrid, John of Beverley, William of York, Carilef, Boisil, Benedict (Biscop) of Wearmouth, Bede and Godric among the confessors, and Hilda and Ebba among the virgins. The Margaret among the virgins might be intended as Margaret of Scotland, whose feast day and translation are both in the calendar. There were relics of Ebba at both Coldingham and Durham. An unusual petition is *'Ut episcopum nostrum'* specifically for the bishop of Durham, as well as the more usual general petition *'Ut episcopos et abbates nostros'*.

Bibliography: Mearns 1913, p. xii (siglum E.4); Mearns 1914, p. 83; Tolhurst 1942, p. 238 *et passim* (siglum C); Wormald 1939, pp. 162–79; Hohler 1956, pp. 160, 188–9 (siglum Dub); Brady 1963, p. 20 *et passim*; Ker 1964, p. 73; Gneuss 1968, pp. 115, 250, 253; Knowles, Brooke and London 1972, p. 43; Korhammer 1976, pp. 12 n. 8, 20, 119–21 (siglum Co); Hughes 1982, pp. 364 *et al.* (siglum B14); Morgan 1988, pp. 178–80, no. 176 (for other bibliography up to 1988), figs. 371–2; Roper 1993, pp. 113, 310–11 (siglum Lbl 4664); Smith and London 2001, p. 38; Lapidge 2003, pp. 107, 204; Hiley 2004, pp. 201, 203–10 (siglum COL); Pfaff 2009, pp. 163 n. 17, 223–24, 225, 283 n. 33; Holmes 2011, pp. 142–43.

XXIX London, British Library Harley 1804, fols. 90v–96v
Book of Hours c. 1495–1500

This book contains the usual contents of Book of Hours, Calendar, Hours of the Virgin, Penitential Psalms, Litany and Office of the Dead, all of the monastic use of Durham. On ff. 13r–15v are the obits of the bishops and priors of Durham, closely related to those added to the calendar of XXVIII. These contain in the original hand of the scribe the obit of John Aukland, prior of Durham who died in 1494. The decoration consists only of simple red and blue penwork initials. The litany, apart from spelling differences, is identical to XXVIII.

[34] The head reliquary of Oswald was the most important of the Durham relics after the shrine of Cuthbert. Wormald 1939, pp. 164–7, discusses the characteristic saints and relics. On the Durham saints see also Thomas 1974, pp. 73–88.

Bibliography: Tolhurst 1942, p. 239 *et passim* (siglum D3); Wormald 1939, pp. 163–79; Hohler 1956, pp. 185, 186 (siglum Dus); Ker 1964, p. 73; Knowles, Brooke and London 1972, p. 43; Roper 1993, p. 309 (siglum Lbl 1804); Smith and London 2001, pp. 37–40; Smith 2008, pp. 38–9.

Ely, Benedictine Cathedral Priory of St Peter and St Etheldreda

XXX Trier, Stadtbibliothek 9, fols. 61v–64v
Psalter c. 1100–25

This is one of the earliest extant post-1100 litanies, and the scribe still uses several Anglo-Saxon characters and spellings, and writes in an Anglo-Caroline hand. The Psalter begins imperfectly in psalm 25. In a late medieval hand St Meinard is inserted in the confessors between Martin and Hilary, and there is also a prayer to him. He is a very rare saint whose relics were in Riga in Latvia, where he was the first bishop, and possibly this book was at some time in Latvia before reaching Trier. It is decorated with plain red and green initials, but psalms 51 and 101 of the threefold division have larger initials with foliage coils populated by birds, lions and a naked figure holding a basket. The litany follows the canticle, Te Deum. As it is so early this litany is not as full as later Ely litanies. Peter is given a double invocation as in all subsequent Ely litanies because he is the dedicatory saint of the priory. Etheldreda, spelt Athelthrytha, as the second dedicatory saint, is the only saint in capitals. Birinus, Ethelwold, Wilfrid, Botulph and Neot are among the confessors as in all the other Ely litanies. The other saints whose relics were at Ely, Sexburga, Withburga and Ermenilda, are among the virgins.[35]

Bibliography: Keuffer 1888, pp. 9–10; Ker 1964, p. 79.

XXXI London, British Library Arundel 233, fols. 160r–163r
Psalter c. 1280, c. 1300 and c.1375–1400

The litany of Ely in this Psalter has not previously been recognised. Unfortunately, the original litany of the second half of the thirteenth century has rewritten entries (put in italics in the edition of the text) by hands of two periods – Hand I (c. 1300) up to Silvester in the confessors, and Hand II (c. 1375–1400) from Martial to the end. Notwithstanding this corrected text the litany compares well with the other fifteenth-century examples of the Ely litany. A significant difference from XXX is the double invocation given to Alban. A controversy existed between Ely and St Albans about some of the relics of Alban which came to Ely from St Albans in the eleventh century, which Ely claimed to be authentic and St Albans to be false.[36] There was a shrine of Alban at Ely, and to the end of the Middle Ages the authenticity of these relics was still maintained. Guthlac, Edward the Confessor and Edmund of Abingdon are now included among the confessors. Etheldreda and Withburga now head the virgins with double invocations, followed by Sexburga and Ermenilda, and their contemporary Ethelburga of Barking is now included, as also are Austroberta, Erken-

[35] For the cults and relics of saints at Ely see Wormald 1946a, pp. 3–7, and Thomas 1974, pp. 88–94.
[36] On this controversy see Thomas 1974, pp. 92, 210–11.

gota and Werburga. The *'ut'* petitions are somewhat reordered from XXX. These changes from XXX in the order of saints and petitions, which are the same as in the two fifteenth-century litanies, suggest that between c. 1125 and c. 1275 there was a standardisation of the Ely litany, of which this manuscript is an important witness.

Bibliography: *Catalogue of Arundel Manuscripts* 1834, p. 69.

XXXII London, British Library Add. 33381, fols. 182r–184r
Prayer Book c. 1250 – c. 1425

The text is a miscellany of various dates from c. 1250 to c. 1450. The litany section from its penwork decoration looks to be c. 1400–25. The book also contains a calendar of Ely of the same date as the litany. Other texts include obits of the bishops and priors, the Meditations and Prayers of St Anselm, other prayers, some indulgenced, including some to St Etheldreda, the Office of the Passion, and propers for special votive Masses. Apart from spellings there are no differences in the litany text from XXXI. Evidently, after its revision in the thirteenth century the Ely litany remained the same until at least the middle of the fifteenth century.

Bibliography: *Catalogue of Additions* 1894, pp. 9–11; Tolhurst 1942, p. 239 *et passim* (siglum E1); Wormald 1946a, pp. 1–19; Ker 1964, p. 78; Smith and London 2001, p. 40; Smith 2008, p. 39.

XXXIII Cambridge, Trinity College B.11.6, fols. 154r–158r
Psalter c. 1445–60

The calendar of this Psalter is of Sarum use, and the book was evidently made for a patron in the secular church. The original litany has been removed and a litany and Office of the Dead of the monastic use of Ely have been substituted when the book evidently came into the possession of the cathedral priory. There is an illuminated historiated initial of David harping for psalm 1 with a decorative border, but for the other psalms of the liturgical divisions only ornamental illuminated initials with partial borders. The added Ely texts have ornamental decoration of poor quality. The litany text is almost identical to XXXII.

Bibliography: James 1900–04, I, pp. 341–2; Scott 1996, I, pp. 54, 72 nn. 14, 17.

Evesham, Benedictine Abbey of the Blessed Virgin Mary and St Egwin

XXXIV London, British Library Add. 44874, fols. 219v–223v
Psalter c. 1250–60

This luxury illuminated Psalter may have been made for the abbot of Evesham who kneels at the bottom of a full-page Crucifixion. However, the added shield of Richard of Cornwall suggests that shortly after its production it passed into his ownership, and was given to his foundation of Hayles Abbey, which also bore these arms. Perhaps this happened after the Battle of Evesham in 1265. Large historiated initials are placed at the liturgical divisions of the Psalter. It contains a calendar, litany, Office of the Dead and Commendation of Souls of the use of Evesham, with the litany following the canticles and the Athanasian Creed at the end of the psalms. There are also several private prayers, hymns and monastic canticles added in a fourteenth-century hand. The Evesham litany contains a number of rare saints, some of whom have a cult restricted to this abbey: Canute and Wistan (with a double invocation) among the martyrs,[37] Egwin (with a double invocation), Odulf, Vigor and Credanus among the confessors,[38] and Milburga and Edburga of Winchester among the virgins – their relics were at Much Wenlock and nearby Pershore. Hilda is also included probably because the first abbot of Whitby when it was refounded in 1078 came from Evesham.[39] Also among the virgins in this Evesham litany is Venera(nda), perhaps a Sicilian saint, venerated in the eastern Church under the name of Parasceve. She appears in no other Evesham litanies, or in any other English litanies, and the reason for her inclusion is a mystery. It is noteworthy that Anne heads the virgins, because she only becomes generally introduced in the fourteenth century. Her cult in England began at nearby Worcester in the second quarter of the twelfth century, and probably Evesham was influenced from that place.[40]

Bibliography: Tolhurst 1942, p. 239 *et passim* (siglum EV1); Wormald 1946a, pp. 21–38; Ker 1964, p. 80; Turner 1964; Gneuss 1968, p. 250; *Catalogue of Additions* 1970, pp. 16–23; Korhammer 1976, pp. 11, 25, 40, 46, 52–53, 113, 119,121, 144, 240, 323 (siglum Ev1); Morgan 1978, pp. 92–4, pls. XIX A, B; Morgan 1988, pp. 76–8, no. 111 (for other bibliography up to 1988), figs. 67–71: Ottosen 1993, pp. xviii, 149; Morgan 2004, pp. 311, 320; Pfaff 2009, pp. 218–19.

XXXV Evesham, Almonry Museum, fols. 152r–155r
Psalter c. 1320–30

This Psalter, with modest illumination with historiated initials and borders at the liturgical divisions of the psalms, has a calendar and litany of Evesham. The litany follows the Athanasian Creed. There are two minor differences from the litany of XXXIV; Edmund of Abingdon, recently canonised when XXIV was made, is moved from the bottom of the confessors to a higher position, and Venera is no longer included among the virgins. In other respects it is almost identical to XXXIV.

Bibliography: Wormald 1946a, pp. 21–38 (then in the Prideaux-Brune collection); Ker 1964, p. 80; Ker 1977, p. 799; Michael 1987, pp. 198–205; Luxford 2005, p. 107.

37 Canute, king of Denmark, was martyred in 1086 at Odense. The Benedictine monastery of Odense was founded from Evesham. Wistan, son of Wimund, king of Mercia, was martyred in Shropshire c. 850, and his relics, first at Repton, were translated to Evesham during the reign of Canute, king of England (1017–35). On Wistan see Blair 2002, pp. 558–9.

38 Wormald 1946a, pp. 21–26, explains the Evesham connections of some of these saints. The relics of Egwin, Odulf and Credanus were at Evesham, and Vigor was venerated at nearby Worcester. On the Worcester saints, including Vigor, see *Antiphonaire Worcester* 1922, pp. 29–46. Also among the confessors are the Winchester saints Swithun, Ethelwold and Judoc. On Evesham saints and relics see also Thomas 1974, pp. 163–9.

39 Wormald 1946a, p. 25.

40 Wormald 1946a, p. 24.

XXXVI Oxford, Bodleian Library Barlow 41, fols. 239r–240v
Breviary (Pars Hiemalis) c. 1350–75

This winter part of the Breviary of Evesham has relatively simple ornamental illuminated initials and borders. It contains a calendar, litany and Office of the Dead of the abbey, the litany being almost identical to XXXV.

Bibliography: Frere 1894–1932, no. 99; Madan 1895–1953, 2 pt. 2, no. 6481, p. 1061; Bannister 1910, p. 146; Mearns 1913, p. xiii (siglum E.20); Mearns 1914, p. 83; Tolhurst 1942, p. 239 *et passim* (siglum EV); Wormald 1946a, pp. 21–38; van Dijk 1951, II, p. 264; Brady 1963, p. 20 *et passim*; Ker 1964, p. 81; Gneuss 1968, p. 250; Pächt and Alexander 1973, no. 664, p. 60; Korhammer 1976, pp. 11, 12 n. 8, 25, 40, 46, 113, 119, 121, 240, 323 (siglum Ev1); Hughes 1982, pp. 400 *et al.* (siglum B51); Roper 1993, p. xxix (siglum Ob 41).

Fountains, Cistercian Abbey of the Blessed Virgin Mary

XXXVII London, British Library Burney 335, fol. 32r
Breviary c. 1325–50

This Cistercian Breviary has no significant decoration, having a plainness appropriate for the austerity of the Cistercians. As their liturgy is more or less standard for all houses of the order it is always difficult to attribute a liturgical book to a particular house. Cistercian calendars, however, often contain some local saints and that in this Breviary contains the York diocese saints, William of York and Wilfrid. It could have been made for any of the Cistercian houses in Yorkshire but some arguments, albeit not strong, have led to the attribution of this book to Fountains, but Byland, Meaux or Rievaulx remain as possibilities.[41] The litany, which follows the Athanasian Creed and precedes the unusual inclusion in a Breviary of the Preface and Canon Prayer of the Mass, is in an abbreviated form considerably reducing the numbers of saints invoked compared with Benedictine litanies, although in this manuscript the absence of the virgin saints and the *'ab'*, *'per'* and *'ut'* petitions is exceptional. Possibly they were expected to be committed to memory by the monks, or were available in other choir books used at the abbey. The Cistercian characteristics are the inclusion of Malachy of Armagh, William of Bourges, Bernard and Robert of Molesme among the confessors. The same abbreviated listing of apostles, martyrs and confessors occurs in the 1510 printed Cistercian Breviary (Cambridge, University Library F 151.c.4.3), but that text also lists five virgins and a very limited number of *'ab'* (2), *'per'* (4) and *'ut'* (7) petitions.

Bibliography: *Catalogue of Burney Manuscripts* 1840, p. 91; Mearns 1913, p. xii (siglum E.2); Mearns 1914, p. 83; Korhammer 1976, pp. 34, 57; Chadd 1986, p. 312; Pfaff 2009, p. 259; Carter 2009, p. 133.

[41] Chadd 1986 speculates that it is a Fountains book. It should be noted that Chadd erroneously states that Wilfrid is not in the calendar – he is on Oct. 18th with a twelve lesson grading.

Glastonbury, Benedictine Abbey of the Blessed Virgin Mary

XXXVIII London, British Library Add. 64952 (formerly Upholland College 98), fols. 221r–229r
Psalter c. 1460–80

This Psalter contains the calendar, litany and Office of the Dead of Glastonbury, both being the only survivors of these liturgical texts from this abbey.[42] On f. 24r the name of John Taunton M.G is written on a scroll, and he was probably the original owner. The inclusion of Osmund among the confessors dates the book to after his canonisation in 1456. Although the book is only decorated with penwork initials in red, blue and green, their quality is fine. The calendar contains a number of unusual saints, most of them particular to Glastonbury:[43] as a disciple of the Lord, Joseph of Arimathea, among the martyrs, Indract and Besilius, among the confessors Dunstan is given a double invocation, and Aidan, Patrick, Benignus, Ethelwold, Osmund, Winwaloe, Ceolfrid, Cadoc and Gildas are included.[44] Among the virgins are Hilda, Frideswide and Winifred, although the cults of the latter two in the second half of the fifteenth century are widespread throughout England. Similarly Apollonia among the virgins probably results from her great popularity at that time. The body of Indract, son of an Irish king who was murdered by brigands, was at nearby Shepton Mallett according to William of Worcester, and Besilius is a child martyr about whom almost nothing is known except that Glastonbury possessed relics of him.[45] The relics of Glastonbury are listed twice in John of Glastonbury's *Chronica*, and they include Aidan, Patrick, Winwaloe, Cadoc and Gildas. There is a third relic list in British Library Cotton Titus D.VII, ff. 2r–13v.[46]

Bibliography: Ker 1964, p. 91; Wormald 1971; *Catalogue of Additions* 1993, p. 195; Pfaff 2010, p. 59 (as formerly Upholland College).

Gloucester, Benedictine Abbey of St Peter

XXXIX Oxford, Bodleian Library lat.bibl.d.9, fols. 319r–320r
Litany added at the end of a Bible c. 1300–25

This Gloucester litany is appended at the end of a thirteenth-century Bible with a Franciscan calendar, subsequently adapted to Dominican use. The many differences in the petitions from XL may suggest a cell of Gloucester, either Bromfield, Hereford St Guthlac, or Ewenny, although there are of course two hundred years between the two manuscripts and the Gloucester litany might well have been changed in this period. Presumably the Bible passed

42 Pfaff 2010 has recently published a detailed account of the surviving eight leaves of a twelfth-century Collectar of Glastonbury used as flyleaves in the *Liber Rubus* of Wells cathedral. Two of these leaves contain the Sanctoral from Aug. 31st to Oct. 28th, which includes some of the saints associated with Glastonbury which occur in the calendar and litany: Aidan, Ethelwold, Ceolfrid.

43 Most of these saints, with the notable exception of Besilius, are commented upon in Wormald 1971 accompanying his edition of the calendar of this manuscript which contains them all. For Indract, a pilgrim martyred at Shapwick near Glastonbury, see also Doble 1942, Lapidge 1982, Orme 1992, pp. 141–2, and Blair 2002, p. 540.

44 On relics and cults at Glastonbury see Doble 1944b, Thomas 1974, pp. 169–87, Abrahams 1993 (for Patrick), Carley and Howley 1998, and Lagorio 2001 (on Joseph of Arimathea).

45 Apart from being in all the relic lists of the abbey he is mentioned in the *De Rebus Gestis Glastoniensibus* of Adam de Domerham (c. 1252–c. 1292), printed in Hearne 1797, I, p. 30.

46 Thomas 1974, pp. 486–514, and Carley and Howley 1998, for a transcription of the text.

in the early fourteenth century either to Gloucester Abbey or to one of these cells. These cells of Gloucester were either in Wales or close to the border, and the calendar and litany of Gloucester contain some extremely rare saints of Welsh origin. Three in this litany have so far not been identified and may be some latinate versions of Welsh names: Ambi and Gulbert among the martyrs, and Celumpna among the virgins (this cannot be intended as Columba the Virgin because she is included as a subsequent entry in the litany). Others, most of which also occur in the Gloucester calendar are known saints:[47] David, Godebert, Paternus of Llanbadarn Fawr, Teilo, Aldate, Gundleius (Gwynnllyw), Chanan (perhaps Cannan, Kananc or Kenan) and Ailwin (Eilwin) among the confessors. The litany also contains a few West Midlands and Winchester Saints: Kenelm among the martyrs, and Ethelwold, Swithun and Egwin among the confessors.

Bibliography: Ker 1964, p. 142 (when still in the possession of Neil Ker); Ker and Watson 1987, p. 52.

XL Oxford, Bodleian Library Rawl.liturg.f.1, fols. 134v–141v
Book of Hours c. 1450

This Book of Hours by a North French artist and scribe was commissioned for the use of Gloucester Abbey. It was probably made in French Flanders, and contains calendar, litany, Office of the Virgin and Office of the Dead of the use of Gloucester. How a text model of the Gloucester liturgy was available to a scribe in that region is certainly a problem. The litany is close to XXXIX with the saints in the same order, but with a few added: Ethelbert the Martyr, whose relics were at nearby Hereford, Richard of Chichester and Thomas Cantilupe among the confessors, and Catherine, Fidis, Barbara, Brigid, Arildis, Kyneburga of Gloucester and Milburga among the virgins.[48] The relics of Arildis were at Gloucester, Kyneburga was considered to be the first abbess of Gloucester, and Milburga, with relics at Much Wenlock in Shropshire, can be considered as a local saint in regard to Gloucester. The petitions are both more extensive and in a different order to those in XXXIX. This may suggest either a revision of the Gloucester litany between 1325 and 1450, or that XXXIX was the litany of a cell which had some differences in the petitions.

Bibliography: Madan 1895–1953, III, no. 15807, pp. 502–3; Tolhurst 1942, p. 239 *et passim* (siglum G1); Wormald 1946a, pp. 39–55; van Dijk 1951, IV-A, p. 4; Ker 1964, p. 92; Pächt and Alexander 1966, p. 54, no. 689; Roper 1993, pp. 80, 147, 152, 166, 315 (siglum Ob f.1); Luxford 2005, pp. 25, 107–8.

[47] For the connections of these saints with Gloucester see Wormald 1946a, pp. 40–43. In addition on Paternus see Doble 1940, on Teilo see Doble 1970, pp. 162–206, and on Aldate see Blair 2002, pp. 511–12. Chananus (perhaps Kenan) may be included because of a cult at the Augustinian Priory of Lanthony, near Gloucester. For the Mass and Office Propers for him at that place in British Library Lansdowne 387 see Hart 1869, pp. 15–17, 61–75. This is the Irish Kenan (Cianan), as the Office readings make clear, and it is difficult to understand why he was venerated in the Gloucester region. It is tempting to suggest that there may have been confusion with the very obscure Welsh saint, Cannen, brother of Cadoc, both sons of Gundleius (Gwynllyw). On these saints see Holweck 1924, pp. 188, 462. There is a Kananc listed by William Worcester among the children of Brychan, but it is not clear whether he was recognised as a saint as most of them were. On him see Doble 1930, pp. 2, 17.

[48] For the connections of these saints with Gloucester see Wormald 1946a, pp. 40–43. On Arildis see Blair 2002, p. 512. Kyneburga of Gloucester was also venerated at the Augustinian Priory of Lanthony, near Gloucester. For the Mass and Office Propers for her at that place in British Library Lansdowne 387 see Hart 1869, pp. 11–15, 38–61, 75–6.

Kirkstead, Cistercian Abbey of the Blessed Virgin Mary

XLI London, British Library Add. 88905 (formerly Beaumont College VI), fols. 135v–137v
Psalter c. 1300

This Psalter is much better known for containing a rare example of a local map than for its liturgical contents relating to Kirkstead. It contains a map of Wildmore Fen (Lincs.) where land belonged to Kirkstead Abbey, granted by Robert Marmion in 1163. The Psalter contains at the beginning, before the calendar of Kirkstead, documents relating to Wildmore Fen and its association with Kirkstead. Other than a calendar and litany the book contains the psalms, canticles, Office of the Dead, hymnal and select Breviary offices and prayers in Latin and French. On f. 20r there is an inscription of ownership by William de Wharrum. The litany follows the Athanasian Creed. This is a much longer litany than the other Cistercian litany no. XXXVII which has been attributed to Fountains. Of the Cistercian saints Malachy and Bernard are among the confessors, but surprisingly not William of Bourges or Robert of Molesme. As these two were not canonised until the thirteenth century this litany may derive from an old twelfth-century version of the text. Wilfrid, William of York and John of Beverley among the confessors supports the provenance of a Cistercian house in Yorkshire. Possibly the William listed is intended as William of Bourges, but as he is between Wilfrid and John of Beverley, William of York is more likely.

Bibliography: Webb 1938–40; Ker 1964, p. 107; Skelton and Harvey 1986, pp. 71–81; Morgan 2004, p. 320.

Lewes, Cluniac Priory of St Pancras

XLII Cambridge, Fitzwilliam Museum 369, fols. 55r–56r
Breviary and Missal c. 1275–1300

This combined Breviary and Missal may have been illuminated by a French artist perhaps working in England at Lewes. The illumination may be in two campaigns, the bulk of the book decorated c. 1275, although the historiated initials of the Psalter are of c. 1300 date or slightly later. Pancras, the dedicatory saint of the priory, follows Stephen at the head of the martyrs, and Milburga, whose relics were at the Cluniac house of Much Wenlock in Shropshire, is among the virgins. The characteristic Cluniac saints are:[49] Odilo, Hugh of Cluny, Maiolus, Philibert, and Gerald of Aurillac among the confessors, with Florentia and Consorcia among the virgins. Major English saints are included among the martyrs, confessors and virgins, as is usual in litanies of the English Cluniac houses.

Bibliography: Leroquais 1935; Brady 1963, p. 20 *et passim*; Ker 1964, p. 114; de Valous 1970, I, p. 421; Wormald and Giles 1982, pp. 370–74; Hughes 1982, pp. 404 *et al.* (siglum C2); Holder 1985; Steiner 1993, pp. 176, 198, 202–4; Gillingham 2008; Pfaff 2009, pp. 244, 245–46.

[49] For these see de Valous 1970, I, pp. 398, 420–23.

Malmesbury, Benedictine Abbey of the Blessed Virgin Mary and St Aldhelm

XLIII Sankt Gallen, Stiftsbibliothek Cod. Sang. 26, pp. 75–78
Psalter and Hymnal c. 1325–50

This Psalter contains a calendar and litany of the use of Malmesbury. It had reached the St Gall region by the late fourteenth century when saints connected with the abbey were added to the calendar (e.g. Wiborada, Othmar). It also contains both the weekday canticles and the monastic canticles. The Malmesbury calendar and litany are written by a different later scribe to the psalter text up to the middle of Athanasian Creed which is completed by the litany scribe. A third scribe writes the hymnal which contains no local saints. The psalter text is illuminated with ornamental initials and partial borders at the liturgical divisions of the psalms, and this part of the text with its decoration may date from before 1325. It seems that the text of the psalter came into the possession of Malmesbury c. 1325–50 at which time a new calendar and litany were added, replacing the original texts. On p. 79 there remains the final page of the original litany containing the litany collects by the psalter text scribe. The Malmesbury litany is characterised above all by placing its dedicatory saint, Aldhelm, at the head of the confessors – his shrine was at the abbey.[50] Other special saints included are: Ursinus of Bourges at the end of the apostles, Audoenus and Paternus of Avranches with a double invocation among the confessors.[51] Ursin had been promoted in the Bourges diocese as an apostle, just as Martial was at Limoges.[52] His unique appearance in an English litany among the apostles, must have been introduced by Peter Moraunt, Abbot of Malmesbury 1141–1158/59, who came from Bourges.[53] An important relic of Paternus of Avranches was given to Malmesbury by King Athelstan, and the abbey also possessed the head relic of St Audoenus, whose body was at Christ Church, Canterbury.

Bibliography: Korhammer 1976, pp. 20–22; Ker and Watson 1987, p. 48.

XLIV Oxford, Bodleian Library Rawl.liturg.g.12, fols. 190v–195r
Prayer Book c. 1521

This monastic prayer book, with similar texts to a Book of Hours, contains a calendar and litany of Malmesbury, the Office of the Virgin, psalms, hymns, prayers, the Psalms of the Passion, Penitential Psalms and Office of the Dead, all of Malmesbury use. The differences from the litany of the manuscript at St Gall of two centuries previous are relatively few: e.g. the inclusion of Andrew, who had been omitted among the apostles in the earlier book, Nectan and Erasmus at the end of the martyrs, Aldhelm here given a double invocation at the head of the confessors, and finally the rare Urith of Chittlehampton included at the end of the virgins.[54] Her presence has suggested to some that the book might have belonged to

50 On Malmesbury cults and relics see Wormald 1946a, pp. 75–8. He does not mention Ursin who is not in the calendar which he prints.
51 On the cult of Paternus of Avranches see Orme 2000, pp. 209–11.
52 On the cult of Ursin in the Bourges region see de Brimont 1884.
53 Knowles, Brooke and London 1972, p. 55. I thank Rodney Thomson for this information.
54 On the cult of Nectan see Doble 1930, Grosjean 1953, Doble 1960–70, V, pp. 59–79, Orme 1992, pp. 157–9, Orme 2000, pp. 197–200, and Blair 2002, pp. 546–7. On that of Urith of Chittlehampton see James 1902, Chanter 1914, Orme 1992, pp. 137–9, and Blair 2002, p. 557.

Pilton, a cell of Malmesbury close to Chittlehampton. An inscription on f. 295r dated 1521 identifies the scribe as Thomas Olston.

Bibliography: Frere 1894–1932, p. 46, no. 129; Madan 1895–1953, III, no. 15758, p. 484; Tolhurst 1942, p. 240 *et passim* (siglum MA); Wormald 1946a, pp. 75–90; van Dijk 1951, IV-A, p. 8; Ker 1964, p. 152; Korhammer 1976, p. 21; Watson 1984, no. 690, p. 114; Ottosen 1993, pp. xxv, 151, 292; Roper 1993, pp. 79, 94, 104, 112, 123, 124, 316 (siglum Ob g.12).

Muchelney, Benedictine Abbey of St Peter and St Paul

XLV London, British Library Add. 43406, fols. 87v–89v
Breviary c. 1300

This Breviary in two volumes on Jan. 7 in the calendar has the dedication of the church of Muchelney. Apart from an illuminated initial and border containing grotesques in vol. I (British Library Add. 43405) it has very simple decoration of red and blue initials. Both the calendar and litany contain the saints specially characteristic of the abbey. In the litany the dedicatory saint, Peter, is given a double invocation, among the martyrs is the local Somerset saint, Decuman, and among the confessors Edwold of Cerne (Dorset) and Congar whose relics were at Congresbury (Somerset).[55]

Bibliography: Schofield 1927; *Friends of National Libraries* 1932–1933, pl. I; Tolhurst 1942, p. 239 *et passim* (siglum M); Wormald 1946a, pp. 91–103; Hohler 1956, pp. 161, 188–9 (siglum Mub); Brady 1963, p. 20 *et passim*; Ker 1964, p. 133; *Catalogue of Additions* 1967, pp. 132–37; Gneuss 1968, p. 250; Korhammer 1976, pp. 23, 52, 54, 110–22, 133, 146, 240 (siglum Mu); Hughes 1982, p. 399 *et al.* (siglum B47); Roper 1993, pp. 112, 311–12 (siglum Lbl 43405–6); Luxford 2005, pp. 44, 46, 70; Pfaff 2009, pp. 225–27, 283 n. 33.

Norwich, Benedictine Cathedral Priory of the Holy Trinity

XLVI Oxford, Bodleian Library Rawl. G.18, fols. 98v–100v
Psalter c. 1250

This Psalter lacks a calendar, but contains the litany of Norwich. Space was left for illuminated initials but they were never executed. It has been suggested that the calendar in Bodleian Library lat.liturg.f.11 belonged to this Psalter (Van Dijk 1951, II, p. 46) but, although perhaps of the Norwich diocese, it is certainly not a calendar of the cathedral priory. Some poems in Anglo-Norman and Middle English were added at the end of the text during the second half of the thirteenth century. The saints characteristic of Norwich are: William of Norwich at the end of the martyrs, Taurinus of Evreux placed after Silvester and Martial at the head of the confessors, and Bonitus of Clermont-Ferrand among the confessors. The relics of William, a child considered to have been martyred by the Jews of Norwich in 1144, came to

[55] On the cult of Decuman see Armitage Robinson 1927–28, Doble 1960–70, II, pp. 25–33, and Orme 2000, pp. 104–5. On that of Congar see Armitage Robinson 1927–28, Doble 1945, Doble 1960–70, V, pp. 3–29, and Orme 2000, p. 94.

the cathedral in 1154.[56] The high ranking of Taurinus probably results from the introduction of the customs of Fécamp, where he was greatly venerated, by Herbert Losinga, bishop of Norwich 1090–1119, formerly prior of Fécamp, at the time of the foundation of the cathedral priory 1096–1101. Perhaps Bonitus was also introduced by Herbert Losinga, but he is not in the Fécamp calendar, so this seems unlikely. Maybe Norwich possessed a relic of him, but no relic list of the cathedral priory has so far been discovered.[57]

Bibliography: Frere 1894–1932, no. 173; Madan 1895–1953, III, no. 14751, p. 343; Carleton Brown 1932, pp. 80–82; van Dijk 1951, II, p. 46; Dean and Boulton 1999, no. 915; Boffey and Edwards 2005, p. 283, no. 4223.

XLVII Ushaw, St Cuthbert's College 7, fols. 93v–95v
Psalter c. 1300

This Psalter contains a calendar, two litanies and Office of the Dead of the use of Norwich. It must postdate 1278 when the cathedral was dedicated as commemorated in the calendar. On f. 1r it has the 'A.xlij' pressmark of Norwich. The book is simply decorated with red and blue penflourish initials and also line endings containing birds' heads and fish. The first litany is close to XLVI but contains a few special characteristic features not present in the earlier text. William of Norwich is given a double invocation, and Felix of Dunwich, apostle of East Anglia, is added as a marginal note among the confessors.[58] Only in this text, of all the Norwich litanies, is Leonard given a double invocation, and this suggests that the book was made for the priory of St Leonard in Norwich, a cell of the cathedral priory.[59] The second litany, not printed here, is in a very abbreviated form on fols. 125r–126v preceding the Commendation of the Soul. It is significant that among the only seven confessors listed Bonitus is included, and this may support the speculation that Norwich possessed a relic of him.

Bibliography: Ker 1964, p. 139; Ker and Piper 1987, pp. 513–14; Pfaff 2009, p. 206.

XLVIII London, British Library Harley 3950, fols. 162r–165v
Psalter and Hymnal c. 1300

This Psalter is simply decorated with penflourish initials in red and blue, and line endings containing birds' heads and fish as in the Ushaw Psalter. In addition to the psalms and hymns the text contains the canticles, litany, monastic canticles, Commendation of the Soul and Office of the Dead, all of the use of Norwich Cathedral Priory. The calendar, which contains the obits of the priors of Norwich, must postdate 1278 when the cathedral was dedicated as this feast on Sept. 24th commemorated in the calendar. The Hymnal has the hymn for the Dedication of the Church between those for the Nativity of the Virgin (Sept. 8th) and

[56] On his cult see Anderson 1964 and Shinners 1987/88.
[57] Thomas 1974, pp. 120–22, discusses the scanty evidence on relics at Norwich Cathedral Priory.
[58] The main relics of Felix were not in the Norwich diocese but at Ramsey Abbey where they arrived in 1026. On his cult there see Sandler 1974, pp. 121, 141 n. 34, 164.
[59] Knowles and Hadcock 1971, p. 72.

Michael (Sept. 29th), corresponding to its occurrence on Sept. 24th. As in XLVII, William of Norwich in the litany has a double invocation, and in this book Felix of Dunwich is in the hand of the original scribe. It seems that by c. 1300 the Norwich litany had reached the form which it has in all the remaining texts up to c. 1450, the date of the last.

Bibliography: Tolhurst 1942, p. 240 *et passim* (siglum NO2); Ker 1964, p. 138; Knowles, Brooke and London 1972, pp. 57–8; Korhammer 1976, pp. 20, 22, 120–21 (siglum Ly); Ottosen 1993, pp. xix, 149; Smith and London 2001, pp. 55–6; Morgan 2004, p. 321.

XLIX Oxford, Bodleian Library Douce 366, fols. 209v–211v
Psalter (Ormesby Psalter) c. 1320–25

This luxurious Psalter with very elaborate illumination, still in its original chemise binding, came to Norwich Cathedral Priory as a gift of the monk Robert of Ormesby for the use of the sub-prior, as recorded in an inscription on f. 1v. The book also has a press mark of Norwich Cathedral Library. An inserted leaf (f. 9v) of the beginning of psalm 1 has added portraits of Robert kneeling with a bishop, probably Bishop Salmon of Norwich (1299–1325). At the time of Robert's gift a new calendar was written for the use of the cathedral priory. The Psalter was made for secular patrons, possibly the man and woman of the Foliot and Bardolf families on the f. 9v page to which the portraits of Robert and the bishop were added later. The original litany is rather unspecific, and has no connection with that of the cathedral priory. The book was in production over a long period of time and there are four main artists ranging in date from c. 1300 to 1325, the last painting the inserted pictures of Robert Ormesby and Bishop Salmon, and David harping in the initial to the first psalm on f. 10r. The main decoration to the Psalter text by two artists working c. 1310–20 is of historiated initials to the psalms of the liturgical divisions with elaborate borders containing grotesques. The artist who does all these historiated initials except for psalm 38 is close to that of the Psalter made for the Cluniacs of Bromholm (litany no. X in this volume). After its acquisition by the cathedral priory a Norwich litany was added at the end of the book. Apart from the two very minor features listed its text is identical to XLVIII except for occasional spelling differences: a second 'Kyrieleyson' is included at the beginning of the litany, and the double invocation for Peter is omitted.

Bibliography: Cockerell and James 1926, pp. 1–37, pl. XXXIII; Madan 1895–1953, IV, no. 21941, pp. 607–8; Ker 1949, p. 12; van Dijk 1951, II, p. 17; Ker 1964, p. 139; Lasko and Morgan 1973, pp. 18–19, no. 21 (for other bibliography up to 1973); Sandler 1986, pp. 49–51, no. 43 (for other bibliography up to 1986), figs. 96–8; Pfaff 2009, p. 247.

L Oxford, Wadham College A.13.7 (formerly A.5.28), fols. 187r–192v
Psalter c. 1350

In contrast to XLIX this Psalter has modest illumination of ornamental initials with partial borders to the psalms of the liturgical divisions. It contains a calendar and litany of Norwich Cathedral Priory and the library pressmark 'A.x' on f. 7r. In addition to the psalms and canticles, the Seven Penitential Psalms are placed before the litany. Its text is identical to the previous two examples save for some differences in spellings and the following: the double invocation for Peter is omitted, and Fabian is included before Sebastian in the martyrs.

Bibliography: Ker 1964, p. 139; Ker 1983, pp. 721–22; Pfaff 2009, p. 206.

LI London, British Library Add. 49622, fols. 226v–227v
Psalter (Gorleston Psalter) c. 1300–20 and c. 1380–1400

Like XLIX this is a secular Psalter with very elaborate illumination that later came into the possession of Norwich Cathedral Priory. The original calendar of Sarum type contains on March 8th the feast of the Dedication of the Church of Gorleston (Norfolk) with which the owner must have had some connection. The most recent suggestion for the patron is John, Earl of Warenne (1286–1347), although Roger Bigod, Earl of Norfolk (d. 1306), has also been suggested. The original litany is unspecific, but is not a Sarum litany as the calendar would lead one to expect. The book also contains a Sarum Office of the Dead. The illumination is very extensive with borders on nearly every page, large historiated initials to the liturgical divisions of the psalms, and a full-page Crucifixion on a single leaf which must have been added to the book c. 1320 by a different artist after the rest of the illumination had been completed. A litany of the cathedral priory was added some seventy or eighty years after the original Psalter was made, by which time the monks of Norwich had acquired the book. The text is identical to nos. XLVIII, XLIX and L except for a few changes in spelling, and Anne is included with a double invocation after Mary Magdalene in the virgins. By the late fourteenth century the cult of Anne was widespread in England, and her inclusion is to be expected.

Bibliography: Cockerell 1907; Warner 1920, I, pp. 50–56, no. 13; Lasko and Morgan 1973, p. 18, no. 20; Sandler 1986, pp. 56–8, no. 50 (for other bibliography up to 1986), figs. 115–22; *Catalogue of Additions* 2000, pp. 134–39; Nishimura and Nishimura 2007.

LII Oxford, Bodleian Library lat.liturg.f.19, fols. 222v–228v
Psalter c. 1380–1400

This Psalter contains a calendar and litany of Norwich Cathedral Priory, and ends with a series of private prayers to the Holy Trinity (fols. 231v–242r) the dedication of the priory. It is simply decorated with red and blue penwork initials with only psalm 1 also having a decorative border. The litany is almost identical to LI except for a few differences in spelling.

Bibliography: van Dijk 1951, II, p. 25; Ker 1964, p. 139.

LIII Woolhampton, Douai Abbey 6, fols. 156r–160v
Psalter c. 1450

The calendar of this Psalter is lacking, but the litany and Office of the Dead are of the use of Norwich Cathedral Priory. At the end are Mass Propers for the Holy Trinity, and for Sts Sebastian, Benedict and John the Evangelist. The book is modestly illuminated with ornamental initials containing foliage and full or partial borders.The litany is almost identical to LI and LII except for a few differences in spelling.

Bibliography: Ker 1977, pp. 415–16.

Peterborough, Benedictine Abbey of St Peter, St Paul and St Andrew

LIV London, British Library Arundel 230, fols. 157v–160r
Psalter c. 1160–80

The Psalter and Canticles text contain an interlinear translation in Anglo-Norman.[60] The calendar is of Croyland Abbey whereas the litany is of Peterborough.[61] This is a rare case of a surviving twelfth-century monastic litany, which may date from before 1173 because Thomas of Canterbury, canonised in that year, is not among martyrs. The only others in this volume of earlier twelfth-century date are from Bury (no. XI) and Ely (no. XXX). It contains the following saints characteristic of Peterborough calendars and litanies: Oswald with a double invocation at the head of the martyrs after Stephen, Florentinus among the martyrs, Ethelwold with a double invocation high up among the confessors, and Kyneburga, Kyneswitha and Tibba high among the virgins. The relics of these saints, save for Ethelwold, were at Peterborough.[62] Ethelwold is given special veneration because he refounded the abbey c. 966. The abbey possessed the arm relic of Oswald the martyr, but it is not recorded when and how the monks obtained it, in spite of it being perhaps their most valued relic. Hugh Candidus says that it came from Bamburgh (Northumberland) but nothing more. The body, lacking the head, of Florentinus was acquired by Abbot Aelfsige (1006–42) from the monks of Bonneval near Chartres c. 1013. Kynesburga and Kyneswitha were translated from Castor also during the reign of abbot Aelfsige, and at the same time Tibba was translated from Ryhall (Rutland). She is described by the Peterborough chronicler, Hugh Candidus, as related 'consanguinea' to Kynesburga and Kyneswitha. At the end of the litany text a Sarum Office of the Dead was added c. 1250 on fols. 162r–179v. Then follows an addition of similar date of the Anglo-Norman Comput of Philippe de Thaon on fols. 182r–94v.

Bibliography: *Catalogue of Arundel Manuscripts* 1834, p. 69; Beyer 1887; Beyer 1888; Mearns 1914, p. 76; Wormald 1939, pp. 113, 117–28; Sandler 1974, p. 154; Sneddon 1978; Ottosen 1993, pp. xviii, 115; Dean and Boulton 1999, nos. 314, 346, 379, 446, 457, 948; Pfaff 2009, p. 360; Short, Careri and Ruby 2010, p. 39.

LV Cambridge, Fitzwilliam Museum 12, fols. 218r–221v
Psalter c. 1220–22

This luxury Psalter contains a calendar and litany of Peterborough. As the calendar has the feast of the Translation of Thomas of Canterbury, which took place in 1220, written in the

[60] Part of this Anglo-Norman text is printed by Beyer 1887 and 1888.

[61] Wormald 1939, pp. 113–28, collates the calendar with a fifteenth-century Croyland text.

[62] Thomas 1974, pp. 198–203, elucidates the sources of these relics and discusses the cults of saints at Peterborough.

original hand, the book cannot have been made until after that date. As the artist is closely related to the main illuminator of the Psalter of Robert de Lindesey (no. LVI), and may be the same hand, perhaps the book was made shortly after 1220 during the time he was abbot. The book also contains the Office of the Dead of Peterborough. There is a full-page illumination of the Crucifixion and historiated or ornamental initials for the psalms of the liturgical divisions. The litany, which follows the canticles, has a few differences from the twelfth-century text in LIV: Thomas of Canterbury is now included at the end of the martyrs, Giles, Leonard and Julian at the end of the confessors, and Mary of Egypt is included at the head of the virgins after Mary Magdalene. These are included in subsequent surviving Peterborough litanies.

Bibliography: Frere 1894–1932, no. 1000; James 1895c, pp. 22–3; James 1926, p. 16; Tolhurst 1942, p. 240 *et passim* (siglum PE1); Ker 1964, p. 151; Sandler 1974, pp. 136, 140, 154; Morgan 1982, pp. 92–3, no. 45 (for other bibliography up to 1982), figs. 147–9; Morgan 2004, pp. 315, 320, fig. 292.

LVI London, Society of Antiquaries 59, fols. 221r–224r
Psalter of Robert de Lindesey c. 1214–22

On f. iii recto a fourteenth-century inscription records that this Psalter belonged to Robert de Lindesey who was abbot of Peterborough 1214–22. It contains a calendar and litany of Peterborough, but the Translation of Thomas of Canterbury has been added in a contemporary hand to the calendar, so perhaps the book was written before 1220 and can be dated no more precisely than to the period of Robert's abbacy. The text also contains the Commendation of the Soul and Office of the Dead of Peterborough. Many prayers, hymns, monastic canticles and the burial service were added in the early fourteenth century in two sections before the calendar and at the end of the book. Also at the same time the obits of the abbots were added in the margins of the calendar. The book contains two full-page framed illuminations of the Crucifixion and Christ in Majesty, three pages of tinted drawings of the life of Christ, and historiated initials for the psalms of the liturgical divisions. The litany text is very close to LV, but in that text and LIV Martial was placed at the end of the apostles, whereas in this manuscript and all subsequent surviving Peterborough litanies he is removed from that position.[63]

Bibliography: James 1926, pp. 16, 22; Tolhurst 1942, p. 240 *et passim* (siglum PE4); Wormald 1969, pp. 199–201; Ker 1964, p. 151; Knowles, Brooke and London 1972, pp. 59–61; Sandler 1974, pp. 109, 122, 136, 140, 154; Korhammer 1976, pp. 12 n. 8, 22–3, 119–23, 146; Morgan 1982, pp. 94–35, no. 47 (for other bibliography up to 1982), figs. 151, 156–9; Willetts 2000, p. 28; Friis-Jensen and Willoughby 2001, pp. 24 (BP4.6), 32, 87; Robinson 2003, p. 68, no. 148; Morgan 2004, p. 320.

[63] The other monastic litanies in this volume in which Martial is placed at the end of the apostles are Abbotsbury (I, II), Amesbury (VIII), Bromholm (X), Canterbury St Augustine (XXI, XXII, XXIII), Chertsey (XXV), Gloucester (XXXIX, XL) and Lewes (XLII). If not among the apostles Martial is quite often placed at the head of the confessors, but at Peterborough the decision must have been made in the early 1220s to remove him completely from their litany. On the promotion of his cult as an apostle at Limoges see Callahan 1976, Toswell 1997.

LVII Brussels, Bibliothèque Royale 9961/62, fols. 89r–90v
Psalter c. 1300

This very richly illuminated Psalter, the most elaborate of all those made for Peterborough, contains a calendar and litany of the abbey.[64] In addition at the end of the book is a long series of prayers very similar to those in the Psalter of Robert de Lindesey (no. LVI). It soon left Peterborough because Abbot Geoffrey of Croyland gave it to Cardinal Gaucelin d'Eux, papal nuncio to England, on his visit to Peterborough in 1317/18, and it subsequently passed into the ownership of Pope John XXII, Philip VI and Charles V of France, and eventually found its way into the library of the Dukes of Burgundy, with various coats of arms added to the borders and backgrounds of the miniatures by these subsequent owners. It was perhaps made for Abbot Geoffrey who is perhaps the Benedictine kneeling before Christ on f. 13v. There are twenty-eight full-page illuminations with scenes of the Old Testament paralleling the life of Christ, placed in sections before the historiated initials with full ornamental borders containing grotesques at the psalms of the liturgical divisions. A serious scribal error in this litany is the omission of Thomas of Canterbury at the end of the martyrs. In everything else except minor spelling differences the text is identical to LVI.

Bibliography: Delisle 1880, pp. 203–205; James 1895–96, pp. 183–94; van den Gheyn 1909; James 1926, p. 16; Gaspar and Lyna 1937, pp. 114–21, no. 43, pls, XXIII–XXVI; Ker 1964, p. 151; Lasko and Morgan 1973, pp. 9–10, no. 2 (for other bibliography up to 1973); Sandler 1974, *passim*; Sandler 1986, pp. 45–7, no. 40 (for other bibliography up to 1986), figs. 88–90; Friis-Jensen and Willoughby 2001, pp. 32 (BP10.13), 39 (BP14), 87 (BP21.85a), 158 (BP21.288a).

LVIII Cambridge, Corpus Christi College 53, fols. 165v–169r
Psalter and Bestiary c. 1310–20

This Psalter contains a litany and Office of the Dead of Peterborough, but it was evidently originally intended for another destination because its calendar is Sarum-Norwich for a secular patron, and was modified for Peterborough by the addition of the feasts of the Translation of Sts Kyneburga, Kyneswitha and Tibba (Mar. 6th) and the Dedication of the Church of Peterborough (Sept. 28th). It must originally have been intended for a member of the Warenne or Wissett families whose obits are in the calendar, but during the making of the book it was evidently decided that it should be destined for Peterborough Abbey. The obit of John de Warenne (d. 1304) is in the original hand of the calendar, which must therefore have been written after 1304. On f. i recto an inscription designates the book the Psalter of Prior Hugh de Stiucle (Stukeley), and his obit has been added to the calendar on Oct. 5th/6th. Hugh was prior at some time between 1299 and 1321. As it contains a chronicle of Peterborough which ends in 1307, a dating span of its production 1307–21 is likely. At some later date an illuminated Bestiary was added to the book, but it is unclear when this happened, and probably was at a much later date. There are twenty-four miniatures preceding the psalter text of the life of Christ, Christ in Majesty, prophets, apostles and saints, and historiated initials and ornamental borders at the liturgical divisions of the psalms. The litany,

[64] For an edition of the calendar see Sandler 1974, pp. 154–60, collated with the calendars of Fitzwilliam 12, Society of Antiquaries 59, Corpus 53, Barlow 22 and Gough liturg. 17.

excepting its opening invocations, Office of the Dead and chronicle are by a different scribe and decorator than the text up to f. 166r, and this suggests that these sections were written when its destination for Peterborough became clear. The litany is identical to LVI except for minor spelling differences.

Bibliography: Frere 1894–1932, no. 887; James 1912, pp. 105–11; James 1921; James 1926, p. 15; Ker 1964, p. 151; Lasko and Morgan 1973, p. 12, no. 7 (for other bibliography up to 1973); Sandler 1974, pp. 95, 98–9, 108, 123–26, 132, 140, 154; Sandler 1986, no. 66 (for other bibliography up to 1986); Robinson 1988, pp. 49–50, no. 127; Friis-Jensen and Willoughby 2001, p. 78 (BP21.57c); Stanton 2001, pp. 15, 20, 153, 154, 196 n.11; de Hamel and Sandler 2003; Pfaff 2009, p. 441.

LIX Oxford, Bodleian Library Barlow 22, fols. 184r–187r
Psalter c. 1320–30

This is another elaborately illuminated Psalter of the early fourteenth century which contains a calendar containing the obits of the abbots up to Geoffrey of Crowland (d. 1321) in the original hand, with later abbots added by several hands, and litany of Peterborough. It belonged to the monk Walter de Rouceby, as recorded on f. 2r in a posthumous inscription. He died in 1341 and his obit is recorded in the calendar. The text also contains the canticles, followed by the litany, Commendation of the Soul and Office of the Dead, all of Peterborough use. Preceding the text of the psalms are five full-page illuminations of the life of Christ and the Virgin Mary, and there are illuminated historiated initials and ornamental borders to the psalms of the liturgical divisions. The litany text is identical to LVIII except for minor spelling differences.

Bibliography: Frere 1894–1932, no. 177; Madan 1895–1953, II, pt. 2, no. 6461, p. 1056; James 1926, p. 15; Tolhurst 1942, p. 240 *et passim* (siglum PE3); van Dijk 1951, II, p. 18; Ker 1964, p. 151; Knowles, Brooke and London 1972, pp. 59–61; Lasko and Morgan 1973, p. 14, no. 12 (for other bibliography up to 1973); Sandler 1974, *passim*; Sandler 1986, pp. 99–100, no. 91 (for other bibliography up to 1986), figs. 238, 242–3; Roper 1993, pp. 119, 318 (siglum Ob 22); Friis-Jensen and Willoughby 2001, pp. 32 (BP10.13), 87 (BP 21.85a), 158 (BP21.288a).

LX Oxford, Bodleian Library Gough liturg. 17, fols. 154r–158r
Diurnal c. 1425–50

The text of this Breviary, restricted to the day hours, contains a calendar, litany and Office of the Dead of the use of Peterborough. The litany follows the Athanasian Creed. The book is decorated with average quality illumination of ornamental initials and borders. It belonged to a monk, Humfridus Natures, as noted in a late fifteenth-century inscription: *'Liber fratris Humfridi Natures monachi de burgo sancti Petri'*. This text is over a century later than the previous examples of the litany of the abbey, and some minor text differences occur: Chad is included at the end of the confessors, Anne is included at the head of the virgins, and Frideswide and Ermenilda at their end. The cults of the first three had become widespread throughout England by the mid-fifteenth century, but there is no obvious reason why Ermenilda, an Ely saint, should have been included.

Bibliography: Frere 1894–1932, no. 118; Madan 1895–1953, IV, no. 18330, p. 289; James 1926, p. 16; Tolhurst 1942, p. 240 *et passim* (siglum PE2); van Dijk 1951, II, p. 322b; Ker 1964, p. 151; Gneuss 1968, p. 250; Pächt and Alexander 1973, p. 81, no. 930, pl. LXXXIX; Sandler 1974, 154; Ottosen 1993, pp. xxiv, 187; Roper 1993, p. 317 (siglum Ob 17).

EDITIONS OF THE LITANY TEXTS

ABBOTSBURY – PETERBOROUGH

Abbotsbury, Benedictine Abbey of St Peter

I London, Lambeth Palace Library 4513, fols. 181r–182v c. 1400

[f. 181r] Kyrieleyson
Christeleson
Christe audi nos ii
Pater de celis Deus miserere nobis
Fili redemptor mundi Deus miserere nobis
Spiritus sancte Deus miserere nobis
Sancta trinitas unus Deus miserere nobis
Sancta Maria ora
Sancta Dei genetrix ora
Sancta virgo virginum ora
Sancte Michael ora
Sancte Gabriel ora
Sancte Raphiel ora
Omnes sancti angeli et archangeli orate
Omnes sancti beatorum spirituum ordines orate (pro nobis)
Sancte Iohannes baptista ora
Omnes sancti patriarche et prophete orate
Sancte Petre ii ora
Sancte Paule ora
Sancte Andrea ora
Sancte Iohannes ora
Sancte Iacobe ora
Sancte Philippe ora
Sancte Bartholomee ora
Sancte Mathee ora
Sancte Thoma ora
Sancte Iacobe ora
Sancte Symon ora
Sancte Iuda ora
Sancte Mathia ora
Sancte Barnaba ora
Sancte Luca ora
Sancte Marce ora
Sancte Marcialis ora
Omnes sancti apostoli et evangeliste orate
Omnes sancti discipuli domini orate
Omnes sancti innocentes orate
Sancte Stephane ora
Sancte Thoma ora
Sancte Line ora
Sancte Clete ora
Sancte Clemens ora
Sancte Syxte ora
Sancte Corneli ora
Sancte Cypriane ora
Sancte Valentine ora
Sancte Laurenti ora
Sancte Vincenti ora
Sancte Quintine ora
Sancte Gervasi ora
Sancte Prothasi ora

II New Haven, Beinecke Library 578, fols. 127v–131v c. 1400–25

[f. 127v] Kyrieleyson
Christeleyson
Christe audi nos ii
Pater de celis Deus miserere nobis
Fili redemptor mundi Deus miserere nobis
Spiritus sancte Deus miserere nobis
Sancta trinitas unus Deus miserere nobis
Sancta Maria ora pro nobis
Sancta Dei genetrix ora
Sancta virgo virginum ora
Sancte Michael ora
Sancte Gabriel ora
Sancte Raphael ora
Omnes sancti angeli et archangeli orate pro nobis
Omnes sancti beatorum spirituum ordines orate pro (nobis)
Sancte Iohannes baptista ora
Omnes sancti patriarche et prophete orate pro nobis
Sancte Petre ii ora
Sancte Paule ora
Sancte Andrea ora
[f. 128r] Sancte Iohannes ora
Sancte Iacobe ora
Sancte Philippe ora
Sancte Bartholomee ora
Sancte Mathee ora
Sancte Thoma ora
Sancte Iacobe ora
Sancte Symon ora
Sancte Iuda ora
Sancte Mathia ora
Sancte Barnaba ora
Sancte Luca ora
Sancte Marce ora
Sancte Marcialis ora
Omnes sancti apostoli et evangeliste orate pro nobis
Omnes sancti discipuli domini orate pro nobis
Omnes sancti innocentes orate pro nobis
Sancte Stephane ora
Sancte Thoma ora
Sancte Line ora
Sancte Clete ora
Sancte Clemens ora
Sancte Sixte ora
[f. 128v] Sancte Corneli ora
Sancte Cypriane ora
Sancte Valentine ora
Sancte Laurenti ora
Sancte Vincenti ora
Sancte Quintine ora
Sancte Gervasi ora
Sancte Prothasi ora

Sancte Cristofore ora
Sancte Georgi ora
Sancte Demetri ora
Sancte Tiburti ora
Sancte ffabiane ora
Sancte Sebastiane ora
Sancte Iohannes ora
Sancte Paule ora
Sancte Dionisi cum sociis tuis ora
[f. 181v] Sancte Maurici cum sociis tuis ora
Sancte Eustachi cum sociis tuis ora
Sancte Ypolite cum sociis tuis ora
Sancte Gereon cum sociis tuis ora
Sancte Albane ora
Sancte Oswalde ora
Sancte Kenelme ora
Sancte Eadmunde ora
Sancte Eadwarde ora
Sancte Ælfegi ora
Sancte Blasi ora
Sancte Pancrati ora
Omnes sancti martyres orate
Sancte Benedicte ii ora
Sancte Silvester ora
Sancte Hilari ora
Sancte Martine ora
Sancte Ambrosi ora
Sancte Basili ora
Sancte Nicolae ora
Sancte Augustine ora
Sancte Gregori ora
Sancte Augustine cum sociis tuis ora
Sancte Swithune ora
Sancte Dunstane ora
Sancte Eadmunde ora
Sancte Egidi ora
Sancte Leonarde ora
Sancte Athelwolde ora
Sancte Cuthberte ora
Sancte Aidane ora
Sancte Audoene ora
Sancte Amande ora
Sancte Germane ora
Sancte Pauline ora
Sancte Medarde ora
Sancte Oswalde ora
Sancte Wlsine ora
Sancte Eadwolde ora
Sancte Maure ora
Sancte Columbane ora
Sancte Antoni ora
Sancte Machari ora
Sancte Ieronime ora
Sancte Grimbalde ora
Sancte Wlmare ora
Sancte Wlfranne ora
Sancte Kaurentine ora
Sancte Iltute ora

Sancte Christofore ora
Sancte Georgi ora
Sancte Demetri ora
Sancte Tiburti ora
Sancte Fabiane ora
Sancte Sebastiane ora
Sancte Iohannes ora
Sancte Paule ora
Sancte Dyonisi cum sociis tuis ora
Sancte Maurici cum sociis tuis ora
Sancte Eustachi cum sociis tuis ora
Sancte Ypolite cum sociis tuis ora
Sancte Gereon cum sociis tuis ora
Sancte Albane ora
Sancte Oswalde ora
[f. 129r] Sancte Kenelme ora
Sancte Eadmunde ora
Sancte Eadwarde ora
Sancte Ælphege ora
Sancte Blasi ora
Sancte Pancraci ora
Omnes sancti martyres orate
Sancte Benedicte ii ora
Sancte Silvester ora
Sancte Hylari ora
Sancte Martine ora
Sancte Ambrosi ora
Sancte Basili ora
Sancte Nicholae ora
Sancte Augustine ora
Sancte Gregori ora
Sancte Augustine cum sociis tuis ora
Sancte Swithune ora
Sancte Dunstane ora
Sancte Eadmunde ora
Sancte Egidi ora
Sancte Leonarde ora
Sancte Athelwolde ora
[f. 129v] Sancte Cuthberte ora
Sancte Aidane ora
Sancte Audoene ora
Sancte Amande ora
Sancte Germane ora
Sancte Pauline ora
Sancte Medarde ora
Sancte Oswalde ora
Sancte Wulsine ora
Sancte Eadwolde ora
Sancte Maure ora
Sancte Columbane ora
Sancte Antoni ora
Sancte Machari ora
Sancte Ieronime ora
Sancte Grimbalde ora
Sancte Wulmare ora
Sancte Wulfranne ora
Sancte Caurentine ora
Sancte Hiltute ora

Sancte Winwaloe ora
Sancte Petroce ora
Sancte Caddoce ora
Sancte Ceadda ora
Sancte David ora
Sancte ffursee ora
Sancte Benigne ora
Omnes sancti confessores orate
Omnes sancti monachi et heremite orate
Sancta Anna ii ora
Sancta ffelicitas ora
Sancta Perpetua ora
Sancta Maria Magdalene ora
Sancta Maria Egyptiaca ora
Sancta Scolastica ora
Sancta Petronella ora
Sancta Agatha ora
[f. 182r] Sancta Agnes ora
Sancta Cecilia ora
Sancta Lucia ora
Sancta Barbara ora
Sancta Katerina ii ora
Sancta Fidis ora
Sancta Iuliana ora
Sancta Margareta ora
Sancta Cristina ora
Sancta Iustina ora
Sancta Brigida ora
Sancta Atheldritha ora
Sancta Æditha ora
Sancta Cuthburga ora
Sancta Sativola ora
Sancta Juthewara ora
Sancta Radegundis ora
Sancta Baltildis ora
Sancta Geretrudis ora
Omnes sancte virgines orate
Omnes sancti orate pro nobis ii
Propicius esto parce nobis Domine
Propicius esto libera nos Domine
Ab omni malo libera nos Domine
Ab insidiis diaboli libera nos Domine
A dampnatione perpetua libera
Ab imminentibus peccatorum nostrorum periculis libera
Ab infestationibus demonum libera
A spiritu fornicationis libera
Ab appetitu inanis glorie libera
Ab omni immunditia mentis et corporis libera
Ab ira et odio et omni mala voluntate libera
Ab immundis cogitationibus libera
A cecitate cordis libera
A fulgure et tempestate libera
A subitanea morte libera
Per misterium sancte incarnationis tue libera
Per passionem et crucem tuam libera
Per gloriosam resurectionem tuam libera
Per admirabilem ascensionem tuam libera

Sancte Winwaloe ora
Sancte Petroce ora
Sancte Cadoce ora
[f. 130r] Sancte Ceadda ora
Sancte David ora
Sancte Fursee ora
Sancte Benigne ora
Omnes sancti confessores orate pro nobis
Omnes sancti monachi et heremite orate
–
Sancta Felicitas ora
Sancta Perpetua ora
Sancta Maria Magdalena ora
Sancta Maria Egypciaca ora
Sancta Scolastica ora
Sancta Petronella ora
Sancta Agatha ora
Sancta Agnes ora
Sancta Cecilia ora
Sancta Lucia ora
Sancta Barbara ora
Sancta Katerina ora
Sancta Fidis ora
Sancta Juliana ora
Sancta Margareta ora
Sancta Cristina ora
Sancta Justina ora
[f. 130v] Sancta Brigida ora
Sancta Etheldritha ora
Sancta Eaditha ora
Sancta Cuthburga ora
Sancta Sativola ora
Sancta Jutwara ora
Sancta Radegundis ora
Sancta Baltildis ora
Sancta Geretrudis ora
Omnes sancte virgines orate pro nobis
Omnes sancte ii orate
Propicius esto parce nobis Domine
Propicius esto libera nos Domine
Ab omni malo libera
Ab insidiis diaboli libera
A dampnacione perpetua libera
Ab iminentibus peccatorum nostrorum periculis libera
Ab infestacionibus demonum libera
A spiritu fornicationis libera
Ab appetitu inanis glorie libera
Ab omni inmundicia mentis et corporis libera
Ab ira et odio et omni mala voluntate libera
Ab inmundis cogitacionibus libera
[f. 131r] A cecitate cordis libera
A fulgure et tempestate libera
A subitanea morte libera
Per misterium sancte incarnacionis tue libera
Per passionem et crucem tuam libera
Per gloriosam resurrectionem tuam libera
Per admirabilem ascensionem tuam libera

Per graciam sancti spiritus paracliti libera
In hora mortis succurre nobis Domine
In die iudicii libera
Peccatores te rogamus audi nos ii
Ut pacem nobis dones te rogamus
Ut misericordia et pietas tua nos custodiat te rogamus
Ut ecclesiam tuam regere et defensare digneris te rogamus
Ut dompnum apostolicum[1] et omnes gradus ecclesie in sancta religione conservare digneris te rogamus
Ut regi nostro et principibus nostris pacem et veram concordiam atque victoriam donare digneris te rogamus
Ut episcopos et abbates nostros et omnes congregationes illis commissas in sancta religione conservare digneris te rogamus
Ut congregationes omnium sanctorum in tuo sancto servitio conservare digneris te rogamus
Ut cunctum populum christianum precioso sanguine tuo redemptum conservare digneris te rogamus
Ut omnibus benefactoribus nostris sempiterna bona retribuas te rogamus
Ut animas nostras et parentum nostrorum ab eterna dampnatione eripias [f. 182v] te rogamus
Ut fructus terre dare et conservare digneris te rogamus
Ut oculos misericordie tue super nos reducere digneris te rogamus
Ut obsequium servitutis nostre rationabile facias te rogamus
Ut mentes nostras ad celestia desideria erigas te rogamus
Ut miserias pauperum et captivorum intueri et relevare digneris te rogamus
Ut regularibus disciplinis nos instruere digneris te rogamus
Ut omnibus fidelibus defunctis requiem eternam dones te rogamus
Ut nos exaudire digneris te rogamus
Fili Dei ii te rogamus
Agnus Dei qui tollis peccata mundi parce nobis Domine
Agnus Dei qui tollis peccata mundi exaudi nos Domine
Agnus Dei qui tollis peccata mundi miserere nobis
Christe audi nos ii
Kyrieleyson
Christeleyson
Kyrieleyson

Per gratiam sancti spiritus paracliti libera
In hora mortis succurre nobis Domine
In die iudicii libera nos Domine
Peccatores te rogamus audi nos
Ut pacem nobis dones te (rogamus)
Ut misericordia et pietas tua nos custodiat te (rogamus)
Ut ecclesiam tuam regere et defensare digneris te (rogamus)
Ut dompnum apostolicum et omnes gradus ecclesie in sancta religione conservare digneris te (rogamus)
Ut regi nostro et principibus nostris pacem et veram concordiam atque victoriam donare digneris te (rogamus)
Ut episcopos et abbates nostros et omnes congregaciones illis commissas in sancta religione conservare digneris te (rogamus)
[f. 131v] Ut congregaciones omnium sanctorum in tuo sancto servicio conservare digneris te (rogamus)
Ut cunctum populum christianum precioso sanguine tuo redemptum conservare digneris te (rogamus)
Ut omnibus benefactoribus nostris sempiterna bona retribuas te (rogamus)
Ut animas nostras et parentum nostrorum ab eterna dampnacione eripias te (rogamus)
Ut fructus terre dare et conservare digneris te (rogamus)
Ut oculos misericordie tue super nos reducere digneris te (rogamus)
Ut obsequium servitutis nostre racionabile facias te (rogamus)
Ut mentes nostras ad celestia desideria erigas te (rogamus)
Ut miserias pauperum et captivorum intueri et relevare digneris te rogamus
Ut regularibus disciplinis nos instruere digneris te (rogamus)
Ut omnibus fidelibus defunctis requiem eternam dones te (rogamus)
Ut nos exaudire digneris te (rogamus)
Fili Dei ii (te rogamus)
Agnus Dei qui tollis peccata mundi parce nobis Domine
Agnus Dei qui tollis peccata mundi [f. 132r] exaudi nos Domine
Agnus Dei qui tollis peccata mundi miserere nobis
Christe audi nos ii
Kyrieleyson
Christeleyson
Kyrieleyson

Abingdon, Benedictine Abbey of the Blessed Virgin Mary

III Cambridge, University Library Dd.1.20, fols. 84v–86v c. 1450

[f. 84v] Kyrieleyson
Christeleyson
Christe audi nos
Pater de celis Deus miserere nobis
Fili redemptor mundi Deus miserere nobis
Spiritus sancte Deus miserere nobis
Sancta trinitas unus Deus miserere nobis
Sancta Maria ora pro nobis
Sancta Dei genetrix ora
Sancta virgo virginum ora
Sancte Michael ora
Sancte Gabriel ora
Sancte Raphael ora
Omnes sancti angeli et archangeli orate
Omnes sancti beatorum spirituum ordines orate (pro nobis)
Sancte Johannes baptista ora
[f. 85r] Omnes sancti patriarche et prophete orate
Sancte Petre ii ora
Sancte Paule ora
Sancte Andrea ora
Sancte Iohannes ora
Sancte Iacobe ora
Sancte Philippe ora
Sancte Bartholomee ora
Sancte Mathee ora
Sancte Thoma ora
Sancte Iacobe ora
Sancte Symon ora
Sancte Thaddee ora
Sancte Mathia ora
Sancte Barnaba ora
Sancte Luca ora
Sancte Marce ora
Omnes sancti apostoli et evangeliste orate pro nobis
Omnes sancti discip(u)li domini orate pro nobis
Omnes sancti innocentes orate pro nobis
Sancte Stephane ora
Sancte Line ora
Sancte Clete ora
Sancte Clemens ora
Sancte Sixte ora
Sancte Appollinaris ora
Sancte Laurenti ora
Sancte Corneli ora
Sancte Cipriane ora
Sancte Vincenti ii ora
Sancte Sebastiane ora
Sancte Georgi ora
Sancte Victor ora
Sancte Dionisi cum sociis tuis ora pro nobis

IV Cambridge, Emmanuel College S.1.4.6 (pr. bk), fols. 145r–146v 1528

[f. 145r] Kyrieleyson
Christeleyson
Christe audi nos ii[2]
Pater de celis Deus miserere nobis
Fili redemptor mundi Deus miserere nobis
Spiritus sancte Deus miserere nobis
Sancta trinitas unus Deus miserere nobis
Sancta Maria ora pro nobis
Sancta Dei genetrix ora
Sancta virgo virginum ora
Sancte Michael ora
Sancte Gabriel ora
Sancte Raphael ora
Omnes sancti angeli et archangeli orate pro nobis
Omnes sancti beatorum spirituum ordines orate pro nobis
Sancte Iohannes baptista ora
Omnes sancti patriarche et prophete orate pro nobis
Sancte Petre ii ora
Sancte Paule ora
Sancte Andrea ora
Sancte Iohannes ora
Sancte Iacobe ora
Sancte Philippe ora
Sancte Bartholomee ora
Sancte Mathee ora
Sancte Thoma ora
Sancte Iacobe ora
Sancte Symon ora
Sancte Thadee ora
Sancte Mathia ora
Sancte Barnaba ora
Sancte Luca ora
Sancte Marce ora
Omnes sancti apostoli et evangeliste orate pro nobis
Omnes sancti discipuli domini orate
Omnes sancti innocentes orate
Sancte Stephane ora
Sancte Line ora
Sancte Clete ora
Sancte Clemens ora
Sancte Sixte ora
Sancte Appollinaris ora
Sancte Laurenti ora
Sancte Corneli ora
Sancte Cipriane ora
Sancte Vincenti ii ora
Sancte Sebastiane ora
Sancte Georgi ora
[f. 145v] Sancte Victor ora
Sancte Dionisi cum sociis tuis ora pro nobis

Sancte Maurici cum sociis tuis ora pro nobis
Sancte Ypolite cum sociis tuis ora pro nobis
Sancti Gervasii et Prothasii orate
Sancte Eustachi cum sociis tuis (ora)
Sancte Christofore ora
Sancte Blasi ora
–
Sancte Thoma ora
Sancte Albane ora
Sancte Oswalde ora
Sancte Eadmunde ora
Sancte Eadwarde ora
Omnes sancti martires orate
Sancte Silvester ora
Sancte Hillari ora
Sancte Martine ora
Sancte Nicholae ora
Sancte Ambrosi ora
Sancte Augustine ora
Sancte Gregori ora
[f. 85v] Sancte Ieronime ora
Sancte Taurine ora
Sancte Audoene ora
Sancte Johannes ora
Sancte Augustine cum sociis tuis (ora)
Sancte Eadmunde ii ora
Sancte Cuthberte ora
Sancte Cedda ora
Sancte Wilfride ora
Sancte Aldelme ora
Sancte Dunstane ora
Sancte Birine ora
Sancte Swithune ora
Sancte Athelwolde ora
–
–
–
–
–
–
Sancte Benedicte ii ora
Sancte Maure ora
Sancte Philiberte ora
Sancte Columbane ora
Sancte Bertine ora
–
Sancte Egidi ora
Sancte Leonarde ora
Omnes sancti confessores orate
Sancta Maria Magdalena (ora)
Sancta Maria Egipciaca ora
Sancta ffelicitas ora
Sancta Perpetua ora
Sancta Petronilla ora
Sancta Agatha ora
Sancta Agnes ora
Sancta Cecilia ora
Sancta Lucia ora

Sancte Maurici cum sociis tuis ora pro nobis
Sancte Ypolyte cum sociis tuis ora pro nobis
Sancti Gervasi et Prothasi orate
–
Sancte Christofere ora
Sancte Blasi ora
Sancte Placide ora
Sancte Thoma ora
Sancte Albane ora
Sancte Oswalde ora
Sancte Edmunde ora
Sancte Edwarde ii ora
Omnes sancti martyres orate
Sancte Silvester ora
Sancte Hillari ora
Sancte Martine ora
Sancte Nicholae ora
Sancte Ambrosi ora
Sancte Augustine ora
Sancte Gregori ora
Sancte Ieronime ora
Sancte Taurine ora
Sancte Audoene ora
Sancte Iohannes ora
Sancte Augustine cum sociis tuis ora
Sancte Edmunde ii ora
Sancte Cuthberte ora
Sancte Cedda ora
Sancte Wilfride ora
Sancte Aldelme ora
Sancte Dunstane ora
Sancte Birine ora
Sancte Swythune ora
Sancte Adelwolde ii ora
Sancte David ora
Sancte Deglane ora
Sancte Fornane ora
Sancte Osmunde ora
Sancte Patrici ora
Sancte Beda ora
Sancte Benedicte ii ora
Sancte Maure ora
Sancte Philiberte ora
Sancte Columbane ora
Sancte Bertine ora
Sancte Anthoni ora
Sancte Egidi ora
Sancte Leonarde ora
Omnes sancti confessores orate
Sancta Maria Magdalena ora pro nobis
Sancta Maria Egipciaca ora pro nobis
Sancta Felicitas ora
Sancta Perpetua ora
Sancta Petronilla ora
Sancta Agatha ora
Sancta Agnes ora
Sancta Cecilia ora
Sancta Lucia ora

ABINGDON

Sancta Scolastica ora
Sancta Katerina ora
Sancta ffidis ora
Sancta Anna ora
Sancta Margareta ora
–
–
Sancta Batildis ora
Sancta Etheldreda ora
Sancta ffredeswida ora
Omnes sancte virgines orate pro nobis
Omnes sancti ii orate
Propicius esto parce nobis Domine
Ab insidiis diaboli libera nos Domine
A dampnacione perpetua libera
Ab imminentibus peccatorum nostrorum periculis libera
Ab infestacionibus demonum libera
A spiritu fornicacionis libera
Ab appetitu inanis glorie libera
Ab omni inmundicia mentis et corporis libera
Ab ira et odio et omni mala voluntate libera
Ab inmundis cogitacionibus libera
A cecitate cordis libera
A subitanea morte libera
A fulgure et tempestate libera
[f. 86r] Per misterium sancte incarnacionis tue libera
Per passionem et crucem tuam (libera)
Per gloriosam resurreccionem tuam libera
Per admirabilem ascensionem tuam libera
Per gratiam sancti spiritus paracliti libera
In hora mortis succurre nobis Domine
In die iudicii libera
Peccatores te rogamus audi nos
Ut pacem nobis dones te rogamus
Ut misericordia et pietas tua nos (custodiat te rogamus)
Ut ecclesiam tuam regere et defensare digneris te rogamus
Ut dompnum apostolicum et omnes gradus ecclesie in sancta religione conservare digneris te rogamus
Ut regibus et principibus nostris pacem et veram concordiam atque victoriam donare digneris te rogamus
Ut episcopos et abbates nostros et omnes congregaciones illis commissas in sancta religione conservare digneris te rogamus
Ut inimicos sancte dei ecclesie comprimere digneris te rogamus
Ut loca nostra et omnes habitantes in eis visitare et consolari digneris te rogamus
Ut congregaciones omnium sanctorum in tuo sancto servicio conservare digneris te rogamus
Ut remissionem omnium peccatorum nostrorum nobis donare digneris te rogamus
Ut cunctum populum christianum precioso sanguine tuo redemptum conservare digneris te rogamus

III and IV

Sancta Scholastica ora
Sancta Katherina ora
Sancta Fides ora
–
[f. 146r] Sancta Margareta ora
Sancta Severa ora
Sancta Wenefrida ora
Sancta Batildis ora
Sancta Etheldreda ora
Sancta Fredeswyda ora
Omnes sancte virgines orate pro nobis
Omnes sancti ii orate
Propitius esto parce nobis Domine
Ab insidiis diaboli libera nos Domine
A dampnatione perpetua libera
Ab imminentibus peccatorum nostrorum periculis libera
Ab infestationibus demonum libera
A spiritu fornicationis libera
Ab appetitu inanis glorie libera
Ab omni immundicia mentis et corporis libera
Ab ira et odio et omni mala voluntate libera
Ab immundis cogitationibus libera
A cecitate cordis libera
A subitanea morte libera
A fulgore et tempestate libera
Per misterium sancte incarnationis libera
Per passionem et crucem libera
Per gloriosam resurrectionem tuam libera
Per admirabilem ascensionem tuam libera
Per gratiam sancti spiritus paracliti libera nos
In hora mortis succurre nobis Domine
In die iudicii libera
Peccatores te rogamus audi nos
Ut pacem nobis dones te rogamus
Ut misericordia et pietas tua nos custodiat te rogamus
Ut ecclesiam tuam regere et defensare digneris te rogamus
Ut dompnum apostolicum et omnes gradus ecclesie in sancta religione conservare digneris te rogamus
Ut regibus et principibus nostris pacem et veram concordiam atque victoriam donare digneris te rogamus
Ut episcopos et abbates nostros et omnes congregationes illis commissas in sancta religione conservare digneris te rogamus
Ut inimicos sancte ecclesie tue comprimere digneris te rogamus
Ut loca nostra et omnes habitantes in eis visitare et consolari digneris te rogamus
Ut congregationes omnium sanctorum in tuo sancto servicio conservare digneris te rogamus
Ut remissionem omnium peccatorum nostrorum nobis donare digneris te rogamus
Ut cunctum populum christianum precioso sanguine tuo redemptum conservare digneris te rogamus

Ut omnibus benefactoribus nostris sempiterna bona retribuas te rogamus
Ut animas nostras et parentum nostrorum ab eterna dampnacione eripias te rogamus
Ut fructus terre dare et conservare digneris te rogamus
Ut oculos misericordie tue super nos reducere digneris te rogamus
Ut obsequium servitutis nostre racionabile facias te rogamus
Ut mentes nostras ad celestia desideria erigas te rogamus
Ut miserias pauperum et captivorum intueri et relevare digneris te rogamus
[f. 86v] Ut iter famulorum tuorum in salutis tue prosperitate disponas te rogamus
Ut regularibus disciplinis nos instruere digneris (te rogamus)
Ut omnibus fidelibus defunctis requiem eternam dones te rogamus
Ut nos exaudire digneris te rogamus
Fili Dei te rogamus audi nos
Agnus Dei qui tollis peccata mundi parce nobis Domine
Agnus Dei qui tollis peccata mundi exaudi nos (Domine)
Agnus Dei qui tollis peccata mundi miserere nobis
Christe audi nos ii
Kyrieleyson
Christeleyson
Kyrieleyson

Ut omnibus benefactoribus nostris sempiterna bona retribuas [f. 146v] te rogamus
Ut animas nostras et parentum nostrorum ab eterna dampnatione eripias te rogamus
Ut fructus terre dare et conservare digneris te rogamus
Ut oculos misericordie tue super nos reducere digneris te rogamus
Ut obsequium servitutis nostre rationabile facias te rogamus
Ut mentes nostras ad celestia desideria erigas te rogamus
Ut miserias pauperum et captivorum intueri et relevare digneris te rogamus
Ut iter famulorum tuorum in salutis tue prosperitate disponas te rogamus
Ut regularibus disciplinis nos instruere digneris te rogamus
Ut omnibus fidelibus defunctis requiem eternam dones te rogamus
Ut nos exaudire digneris te rogamus
Fili Dei ii te rogamus
Agnus Dei qui tollis peccata mundi parce nobis Domine
Agnus Dei qui tollis peccata mundi exaudi nos Domine
Agnus Dei qui tollis peccata mundi miserere nobis
Christe audi nos ii
Kyrieleyson
Christeleyson
Kyrieleyson

V Oxford, Exeter College 9M 15792(2) (pr. bk), fols. 7r–7v 1528

[f. 7r] Sancta Margareta ora[3]
Sancta Severa ora
Sancta Wenefreda ora
Sancta Batildis ora
Sancta Etheldreda ora
Sancta Fredeswyda ora
Omnes sancte virgines orate
Omnes sancti ii orate
Propitius esto parce nobis Domine
Ab insidiis diaboli libera nos Domine
A dampnatione perpetua libera
Ab imminentibus peccatorum nostrorum periculis libera
Ab infestationibus demonum libera
A spiritu fornicationis libera
Ab appetitu inanis glorie libera
Ab omni immundicia mentis et corporis libera
Ab ira et odio et omni mala voluntate libera
Ab immundis cogitationibus libera
A cecitate cordis libera
A subitanea morte libera
A fulgore et tempestate libera
Per misterium sancte incarnationis tue libera
Per passionem et crucem tuam libera
Per gloriosam resurrectionem tuam libera
Per admirabilem ascentionem tuam libera
Per gratiam sancti spiritus paracliti libera nos
In hora mortis succurre nobis Domine
In die iudicii libera
Peccatores te rogamus audi nos
Ut pacem nobis dones te rogamus
Ut misericordia et pietas tua nos custodiat te rogamus
Ut ecclesiam tuam regere et defensare digneris te rogamus
Ut dompnum apostolicum et omnes gradus ecclesie in sancta religione conservare digneris te rogamus
Ut regibus et principibus nostris pacem et veram concordiam atque victoriam donare digneris te rogamus
Ut episcopos et abbates nostros et omnes congregationes illis commissas in sancta religione conservare digneris te rogamus
Ut inimicos sancte ecclesie tue comprimere digneris te rogamus
Ut loca nostra et omnes habitantes in eis visitare et consolari digneris te rogamus
Ut congregationes omnium sanctorum in tuo sancto servicio conservare digneris te rogamus
Ut remissionem omnium peccatorum nostrorum nobis donare digneris te rogamus
Ut cunctum populum christianum precioso sanguine tuo redemptum conservare digneris te rogamus
Ut omnibus benefactoribus nostris sempiterna bona retribuas [f. 7v] te rogamus
Ut animas nostras et parentum nostrorum ab eterna dampnatione eripias te rogamus
Ut fructus terre dare et conservare digneris te rogamus
Ut oculos misericordie tue super nos reducere digneris te rogamus
Ut obsequium servitutis nostre rationabile facias te rogamus
Ut mentes nostras ad celestia desideria erigas te rogamus
Ut miserias pauperum et captivorum intueri et relevare digneris te rogamus
Ut iter famulorum tuorum in salutis tue prosperitate disponas te rogamus
Ut regularibus disciplinis nos instruere digneris te rogamus
Ut omnibus fidelibus defunctis requiem eternam dones te rogamus
Ut nos exaudire digneris te rogamus
Fili Dei ii te rogamus
Agnus Dei qui tollis peccata mundi parce nobis Domine
Agnus Dei qui tollis peccata mundi exaudi nos Domine
Agnus Dei qui tollis peccata mundi miserere nobis
Christe audi nos ii
Kyrieleyson
Christeleyson
Kyrieleyson

Amesbury, Benedictine Priory of the Blessed Virgin Mary and St Melor (nunnery, Order of Fontevrault)

VI Imola, Biblioteca Comunale 100, pp. 346–57 c. 1204–10	**VII Cambridge, University Library Ee.6.16, fols. 64r–67v c. 1275–1300**
[p. 346] Kyrieleison	[f. 64r] Kyrieleison
Christeleison	Christeleison
Christe audi nos	Christe audi nos
Christe exaudi nos	Christe exaudi nos
Christe defende nos	–
Christe parce peccatis nostris	–
Pater de celis Deus miserere nobis	Pater de celis Deus miserere nobis
Fili redemptor mundi Deus miserere nobis	Fili redemptor mundi Deus miserere nobis
Spiritus sancte Deus miserere nobis	[f. 64v] Spiritus sancte Deus miserere nobis
Sancte sanctorum Deus miserere (nobis)	Sancte sanctorum Deus miserere (nobis)
Sancta trinitas unus Deus miserere (nobis)	Sancta trinitas unus Deus miserere (nobis)
Salvator mundi adiuva nos	Salvator mundi Deus adiuva nos
Sancta Maria mater domini ora pro nobis	Sancta Maria mater domini ora (pro nobis)
Sancta Dei genetrix ora (pro nobis)	Sancta Dei genetrix ora
[p. 347] Sancta virgo virginum ora	Sancta virgo virginum ora
Sancta regina celorum ora	Sancta regina celorum ora
Sancte Michael ora	Sancte Michael ora
Sancte Gabriel ora	Sancte Gabriel ora
Sancte Raphael ora	Sancte Raphael ora
Sancta Cherubin ora	–
Sancta Seraphin ora	–
Omnes sancti angeli et archangeli dei (orate pro nobis)	Omnes sancti angeli et archangeli Dei orate pro nobis
Omnes sancti beatorum spirituum ordines orate	Omnes sancti beatorum spirituum ordines orate
Sancte Johannes baptista ora	Sancte Iohannes baptista ora
Omnes sancti patriarche et (sancti) prophete orate (pro nobis)	Omnes sancti patriarche et sancti prophete orate pro nobis
Sancte Petre ora	Sancte Petre ora
Sancte Paule ora	Sancte Paule ora
Sancte Andrea ora	Sancte Andrea ora
Sancte Johannes evangelista ora	Sancte Iohannes evangeliste ora
Sancte Jacobe ora	Sancte Iacobe ora
Sancte Philippe ora	Sancte Philippe ora
Sancte Bartholomee ora	Sancte Bartholomee ora
Sancte Mathee ora	Sancte Mathee ora
Sancte Thoma ora	Sancte Thoma ora
Sancte Jacobe ora	Sancte Iacobe ora
Sancte Symon ora	Sancte Symon ora
Sancte Juda ora	Sancte Iuda ora
Sancte Mathia ora	Sancte Mathia ora
Sancte Barnaba ora	Sancte Barnaba ora
Sancte Luca ora	Sancte Luca ora
Sancte Marce ora	Sancte Marce ora
Omnes sancti apostoli et evangeliste orate	Omnes sancti apostoli tui et evangeliste orate
Omnes sancti discipuli domini orate	Omnes sancti discipuli domini orate pro nobis
Omnes sancti innocentes orate	Omnes sancti innocentes orate
Sancte Stephane ora	Sancte Stephane ora
Sancte Thoma ora	–
Sancte Melore ora	–
[p. 348] Sancte Demetri ora	Sancte Demetri ora
Sancte Line ora	Sancte Line ora

Sancte Clete ora	Sancte Clete ora
Sancte Clemens ora	Sancte Clemens ora
Sancte Syxte ora	Sancte Syxte ora
Sancte Corneli ora	Sancte Corneli ora
Sancte Cypriane ora	Sancte Cypriane ora
Sancte Laurenti ora	Sancte Laurenti ora
Sancte Vincenti ora	Sancte Vincenti ora
–	[f. 65r] Sancte Melore ora
–	Sancte Thoma[5] ora
–	Sancte Kenelme ora
–	Sancte Edmunde ora
–	Sancte Oswalde ora
–	Sancte Albane ora
Sancte Dionisi cum sociis tuis ora	Sancti Dyonisi cum sociis tuis orate
Sancte Maurici cum sociis tuis ora	Sancti Maurici cum sociis tuis orate
Sancte Gereon cum sociis tuis ora	Sancti Eustachi cum sociis tuis orate
Sancte Eustachi cum sociis tuis ora	Sancte Gereon cum sociis tuis ora
Sancte Juliane cum sociis tuis ora	Sancte Juliane cum sociis tuis ora
Sancte Adriane cum sociis tuis ora	Sancte Adriane cum sociis tuis ora
Sancte Achaci cum sociis tuis ora	–
Sancte Gervasi ora	Sancte Gervasi ora
Sancte Prothasi ora	Sancte Prothasi ora
Sancte Nazari ora	Sancte Nazari ora
Sancte Celse ora	Sancte Celse ora
Sancte Georgi ora	Sancte Georgi ora
Sancte Christofore ora	Sancte Christofore
Sancte Fabiane ora	Sancte Fabiane ora
Sancte Sebastiane ora	Sancte Sebastiane ora
Sancte Sygismunde ora	Sancte Sigismunde ora
Sancte Cypriane ora	Sancte Cypriane ora
Sancte Savine ora	Sancte Savine ora
Sancte Saturnine ora	Sancte Saturnine ora
Sancte Leodegari ora	Sancte Leodegari ora
Sancte Eutropi ora	Sancte Eutropi ora
Sancte Pantaleon ora	Sancte Pantaleon ora
Sancte Blasi ora	Sancte Blasi ora
Sancte Grisogone ora	Sancte Grisogone ora
Sancte Symphoriane ora	Sancte Symphoriane ora
Sancte Suppliciane ora	Sancte Suppliciane ora
[p. 349] Sancte Maximine ora	Sancte Maximine ora
Sancte Lazare ora	Sancte Quintine ora
Omnes sancti martires Dei orate	Omnes sancti martires Dei orate pro nobis
Sancte Hylari ora	Sancte Martine ora
Sancte Nicholae ora	Sancte Hyllari ora
Sancte Martine ora	Sancte Nicholae ora
Sancte Marcialis ora	Sancte Marcialis ora
Sancte Brici ora	Sancte Brici ora
Sancte Gregori ora	Sancte Gregori ora
Sancte Sylvester ora	Sancte Silvester ora
Sancte Leo ora	Sancte Leo ora
Sancte Augustine ora	Sancte Augustine ora
Sancte Jeronime ora	Sancte Ieronime ora
–	Sancte Botulphe ora
Sancte Ysidore ora	Sancte Ysodore ora
Sancte Ambrosi ora	Sancte Ambrosi ora
Sancte Remigi ora	Sancte Remigi ora
Sancte Germane ora	Sancte Germane ora
Sancte Medarde ora	Sancte Medarde ora

VI	VII
Sancte Vedaste ora	[f. 65v] Sancte Vedaste ora
Sancte Gildarde ora	Sancte Gildarde ora
Sancte Aniane ora	Sancte Aniane ora
Sancte Albine ora	Sancte Albine ora
Sancte Maurili ora	Sancte Maurili ora
Sancte Servaci ora	–
Sancte Fortunate ora	Sancte Fortunate ora
Sancte Sulpici ora	–
Sancte Austregisile ora	Sancte Austregisile ora
Sancte Juliane ora	Sancte Juliane ora
Sancte Benedicte ora	Sancte Benedicte ora
Sancte Leonarde ora	Sancte Leonarde ora
–	Sancte Egvine ora
Sancte Geraude ora	Sancte Geraude ora
–	Sancte Wlstane ora
Omnes sancti pontifices orate	Omnes sancti pontifices et sancti confessores
Omnes sancti confessores orate	Dei orate pro nobis
Sancte Benedicte ora	Sancte Benedicte ora
Sancte Maure ora	Sancte Maure ora
[p. 350] Sancte Porchari ora	Sancte Porchari ora
Sancte Philiberte ora	Sancte Philiberte ora
Sancte Florenti ora	Sancte Florenti ora
Sancte Maxenti ora	Sancte Maxenti ora
Sancte Jovine ora	Sancte Iovine ora
Sancte Juniane ora	Sancte Iuniane ora
Sancte Martine ora	Sancte Martine ora
Sancte Maiole ora	Sancte Maiole ora
Sancte Egidi ora	Sancte Egidi ora
Sancte Venanti ora	Sancte Venanti ora
Sancte Antoni ora	Sancte Anthoni ora
Sancte Machari ora	Sancte Machari ora
Sancte Columbane ora	Sancte Columbane ora
Sancte Paule ora	Sancte Paule ora
Sancte Romane ora	Sancte Romane ora
Sancte Wingaloe ora	Sancte Gingaloe ora
Sancte Symon ora	Sancte Symeon ora
Sancte Clementine ora	–
Sancte Roberte ora	Sancte Roberte ora
Omnes sancti monachi et (sancti) heremite orate (pro nobis)	Omnes sancti monachi et sancti heremite orate pro nobis
Sancta Maria Magdalena ora	Sancta Maria Magdalene ora
Sancta Radegundis ora	Sancta Radegundis ora
Sancta Fidis ora	Sancta Fidis ora
Sancta Disciola ora	Sancta Disciola ora
Sancta Cecilia ora	Sancta Cecilia ora
Sancta Lucia ora	Sancta Lucia ora
Sancta Agatha ora	Sancta Agatha ora
Sancta Agnes ora	Sancta Agnes ora
Sancta Columba ora	Sancta Columba ora
Sancta Anastasia ora	Sancta Anastasia ora
Sancta Genovefa ora	Sancta Genovefa ora
Sancta Eugenia ora	–
Sancta Eufemia ora	Sancta Eufemia ora
Sancta Juliana ora	Sancta Iuliana ora
Sancta Margareta ora	[f. 66r] Sancta Margareta ora
[p. 351] Sancta Praxedis ora	Sancta Praxedis ora
Sancta Katerina ora	Sancta Katerina ora
Sancta Apollonia ora	–

AMESBURY	VI and VII
Sancta Petronilla ora	Sancta Petronella ora
Sancta Tecla ora	Sancta Tecla ora
Sancta Brigida ora	Sancta Brigida ora
Sancta Scolastica ora	Sancta Scolastica ora
Sancta Barbara ora	Sancta Appollonia ora
Sancta Abra ora	Sancta Abra[6] ora
Sancta Florentia ora	Sancta Florentia ora
Sancta Valeria ora	Sancta Valeria ora
Sancta Eufrasia ora	Sancta Eufrasia ora
Sancta Editha ora	Sancta Eufrosina ora
Sancta Dorothea ora	Sancta Dorothea ora
Sancta Theodosia ora	Sancta Theodosia ora
Sancta Flavia ora	Sancta Flavia ora
–	Sancta Fides ora
–	Sancta Edburga ora
–	Sancta Editha ora
–	Sancta Edeldreda ora
–	Sancta Fredeswida ora
Sancta Fides ora	Sancta Fides ora
Sancta Spes ora	Sancta Spes ora
Sancta Karitas ora	Sancta Karitas ora
Sancta Sapientia ora	Sancta Sapientia ora
Omnes sancte virgines sponse et martires	Omnes sancte virgines sponse et martires
Christi orate (pro nobis)	Christi orate pro nobis
–	Sancta Anna ora
Sancta Martha ora	Sancta Martha ora
Sancta Felicitas ora	Sancta Felicitas ora
Sancta Perpetua ora	Sancta Perpetua ora
Sancta Julitta ora	Sancta Julitta ora
Sancta Anna ora	–
Sancta Elizabeth ora	Sancta Elizabeth ora
Sancta Susanna ora	Sancta Susanna ora
Sancta Helena ora	Sancta Helena ora
Sancta Thasis ora	Sancta Thaises ora
Sancta Afra ora	Sancta Affra ora
Sancta Pelagia ora	Sancta Pellagia ora
Sancta Maria Egiptiaca ora	Sancta Maria Egyptiaca ora pro nobis
Omnes sancte vidue et sancte	–
[p. 352] continentes orate	Omnes sancti orate pro nobis
Omnes sancti et sancte orate	Omnes sancti et sancte orate pro nobis
Propicius esto parce nobis Domine	Propitius esto parce nobis Domine
Ab omni malo libera nos Domine	Ab omni malo libera nos Domine
Ab insidiis diaboli ora	Ab insidiis diaboli libera
A dampnatione perpetua libera	A dampnacione perpetua ora
Ab iminentibus peccatorum nostrorum periculis libera	Ab iminentibus peccatorum nostrorum periculis libera
Ab infestationibus demonum libera	[f. 66v] Ab infestationibus demonum libera
A spiritu fornicationis libera	–
Ab appetitu inanis glorie libera	Ab appetitu inanis glorie lbera
Ab omni inmundicia mentis et corporis libera	Ab omni inmunditia mentis et corporis libera
Ab ira et odio et omni mala voluntate libera	Ab ira et odio et omni mala voluntate libera
Ab inmundis et malis cogitationibus libera	Ab inmundis et malis cogitacionibus libera
A cecitate cordis libera	A cecitate cordis libera
A fulgure et tempestate libera	A fulgure et tempestate libera
A subitanea et inprovisa morte libera	A subitanea et inprovisa morte libera
A peccato discordie libera	A peccato discordie libera
A penis inferni libera	A penis inferni libera
A sententia dampnationis libera	A sententia dampnationis libera

VI	VII
A carnalibus desideriis libera	A carnalibus desideriis libera
A periculo mortis libera	A periculo mortis libera
A cunctis malis imminentibus libera	A cunctis malis iminentibus libera
Per misterium sancte incarnationis tue libera	Per misterium sancte incarnacionis tue libera
[p. 353] Per sanctum adventum tuum libera	Per sanctum adventum tuum libera
Per sanctam nativitatem tuam libera	Per sanctam nativitatem tuam libera
Per sanctam circumcisionem tuam libera	Per sanctam circumcisionem libera
Per sanctam apparitionem tuam libera	–
Per sanctum baptismum tuum libera	Per sanctum baptismum tuum libera
Per sanctum ieiunium tuum libera	Per sanctum ieiunium tuum libera
Per sanctam temptationem tuam libera	–
Per sanctam victoriam tuam libera	–
Per angelorum ministrationem libera	–
Per sanctam transfiguracionem tuam libera	–
Per sanctam traditionem tuam libera	–
Per sanctam comprehensionem tuam libera	–
Per sanctam alligationem tuam libera	–
Per sanctam flagellationem tuam libera	–
Per passionem et sanctam crucem tuam libera	Per passionem et sanctam crucem tuam libera
Per piissimam mortem tuam libera	Per piissimam mortem tuam libera
Per descensionem tuam ad inferos libera	–
Per sanctum sepulchrum tuum libera	–
[p. 354] Per gloriosam (et sanctam) resurrecionem tuam libera	Per gloriosam et sanctam resurrectionem tuam libera
Per admirabilem ascensionem tuam libera	Per admirabilem ascensionem tuam libera
Per gratiam sancti spiritus paracliti libera	Per gratiam sancti spiritus paracliti libera
In hora mortis succurre nobis Domine	In hora mortis succurre nobis Domine
In die iudicii libera	In die iudicii libera
Peccatores te rogamus audi nos	Peccatores te rogamus audi nos
Ut pacem et concordiam nobis dones te rogamus	Ut pacem et concordiam nobis dones te rogamus
Ut ecclesiam tuam regere et defensare digneris te rogamus	[f. 67r] Ut ecclesiam tuam regere et defensare digneris te rogamus
Ut eam semper exaltare digneris te rogamus	Ut eam semper exaltare digneris te rogamus
Ut misericordia et pietas tua nos custodiat te rogamus	Ut misericordia et pietas tua nos custodiat te rogamus
Ut dompnum apostolicum[4] et omnes gradus ecclesie in sancta religione conservare digneris te rogamus	Ut dompnum apostolicum et omnes gradus ecclesie in sancta religione et conservare digneris te rogamus
–	Ut regibus et principibus nostris pacem et veram
–	(concordiam) confortare digneris
Ut regibus et principibus nostris pacem et veram concordiam atque victoriam donare digneris te rogamus	Ut regibus et principibus nostris pacem et veram concordiam atque victoriam donare digneris te rogamus
Ut episcopos et abbates nostros et omnes congregationes illis commissas in sancta religione conservare digneris te rogamus	Ut episcopos et abbates nostros et omnes congregaciones illis commissas in sancta religione et conservare digneris te rogamus
Ut abbatissam nostram conservare et con[p. 355]fortare digneris te rogamus	Ut abbatissam nostram conservare digneris te rogamus
Ut congregationes omnium sanctorum (tuorum) in tuo sancto servitio conservare et confortare digneris te rogamus	Ut congregationem omnium sanctorum tuorum in tuo sancto servitio conservare et confortare digneris te rogamus
Ut cunctum populum christianum precioso sanguine tuo redemptum conservare et confortare digneris te rogamus	Ut cunctum populum christianum precioso sanguine tuo redemptum conservare et confortare digneris te rogamus
Ut sanctos angelos tuos in auxilium nostrum mittere digneris te rogamus	Ut sanctos angelos tuos in auxilium nostrum mittere digneris te rogamus
Ut oculos misericordie tue super nos reducere digneris te rogamus	Ut oculos misericordie tue super nos reducere digneris te rogamus

Ut nobis adiutorium tuum de celo donare digneris te rogamus
Ut spacium vere penitentie et emendationem vite nobis dones (te rogamus)
Ut cor nostrum ad penitendum compungere digneris te rogamus
Ut veram penitentiam nobis agere concedas te rogamus
Ut obsequium servitutis nostre racionabile facias te rogamus
Ut mentes nostras ad celestia desideria erigas te rogamus
Ut miserias pauperum [p. 356] et captivorum intueri ac relevare digneris te rogamus
Ut animas nostras et animas parentum nostrorum ab eterna dampnatione eripias te rogamus
Ut locum istum et omnes habitantes in eo visitare et consolare (sic!) digneris te rogamus
Ut amicis et benefactoribus nostris sempiterna bona retribuas te rogamus
Ut hodie et omni tempore sine criminali peccato nos custodias te rogamus
Ut fructus terre dare et conservare digneris te rogamus
Ut cunctis fidelibus infirmis sanitatem mentis et corporis tribuere digneris te rogamus
Ut cunctis fidelibus defunctis requiem eternam donare digneris te rogamus
Ut errantes ad viam salutis reducas te rogamus
Ut ad promissum glorie tue premium nos perducere digneris te rogamus
Ut nostri misereri digneris te rogamus
Ut nos exaudire digneris te rogamus
Fili Dei te rogamus
Fili Dei te rogamus
Agnus Dei qui tollis peccata mundi parce nobis Domine
Agnus Dei qui tollis peccata mundi [p. 357] exaudi nos Domine
Agnus Dei qui tollis peccata mundi miserere nobis et dona nobis pacem et cunctis fidelibus defunctis requiem sempiternam et locum indulgentie
Christe audi nos ii
–
Kyrie eleison iii

Ut nobis adiutorium tuum de celo donare digneris te rogamus
Ut spacium vere penitentie et emendacionem vite nobis dones te rogamus
Ut cor nostrum ad penitendum compungere digneris te rogamus
Ut veram penitentiam nobis agere concedas te rogamus
Ut obsequium servitutis nostre rationabile facias (te rogamus)
[f. 67v] Ut mentes nostras ad celestia desideria erigas te rogamus
Ut miserias pauperum et captivorum ac intueri relevare digneris te rogamus
Ut animas nostras et animas parentum nostrorum ab eterna dampnacione eripias te rogamus
Ut locum istum et omnes habitantes in eo visitare et consolari digneris te rogamus
Ut omnibus benefactoribus nostris sempiterna bona retribuas te rogamus
Ut hodie et cotidie sine criminali peccato nos custodias te rogamus
Ut fructus terre dare et conservare digneris te rogamus
Ut cunctis fidelibus infirmis sanitatem mentis et corporis tribuere digneris te rogamus
Ut cunctis fidelibus defunctis requiem eternam donare digneris te rogamus
Ut errantes ad viam salutis reducas te rogamus
–
–
–
Ut nos exaudire digneris te rogamus
Fili Dei te rogamus ii
–
Agnus Dei qui tollis peccata mundi parce nobis Domine
Agnus Dei qui tollis peccata mundi exaudi nos Domine
Agnus Dei qui tollis peccata mundi dona nobis pacem
–
Christe audi nos
Christe audi nos
Kyrie eleison iii

VIII Cambridge, University Library Kk.6.39, fols. 195r–203v c. 1400–25 and c. 1475

[f. 195r] Kyrieleison
Christeleison
Christe audi nos
Christe exaudi nos
Pater de celis [f. 195v] Deus miserere nobis
Fili redemptor mundi Deus miserere nobis
Spiritus sancte Deus miserere nobis
Sancte sanctorum Deus miserere nobis
Sancta trinitas unus Deus miserere nobis
Salvator mundi Deus adiuva nos
Sancta Maria mater domini ora
Sancta Dei genetrix ora
Sancta virgo virginum ora
Sancta regina celorum ora
Sancta domina angelorum ora
Sancta Maria mater misericordie et pietatis ora
Sancte Michael ora
Sancte Gabriel ora
Sancte Raphael ora
Sancta Cherubin ora
Sancta Seraphyn ora
[f. 196r] Sancte angele iiii ora
Omnes sancti angeli et archangeli orate pro nobis
Omnes sancti beatorum spirituum ordines orate
Sancte Iohannes baptista ora
Omnes sancti patriarche et prophete ora
Sancte Petre ora
Sancte Paule ora
Sancte Andrea ora
Sancte Iohannes evangelista ora
Sancte Iacobe ora
Sancte Phi(li)ppe ora
Sancte Bartholomee ora
Sancte Mathee evangelista ora
Sancte Thoma ora
Sancte Iacobe ora
Sancte Symon ora
[f. 196v] Sancte Iuda ora
Sancte Mathia ora
Sancte Barnaba ora
Sancte Luca ora
Sancte Marce ora
Sancte Marcialis ora
Omnes sancti apostoli et evangeliste orate pro nobis
Omnes sancti discipuli domini orate
Omnes sancti innocentes orate
Sancte Stephane ora
Sancte Melore ora
Sancte Thoma[7] ora
Sancte Edmunde ora
Sancte Demetri ora
Sancte Line ora
Sancte Clete ora
[f. 197r] Sancte Clemens ora
Sancte Syxte ora
Sancte Corneli ora
Sancte Cypriane ora
Sancte Laurenti ora
Sancte Vi(n)centi ora
Sancte Dyonisi et sociis tuis ora
Sancte Maurici et sociis tuis ora
Sancte Eustachii et sociis tuis ora
Sancte Gereon et sociis tuis ora
Sancte Iuliane et sociis tuis ora
Sancte Adriane et sociis tuis ora
Sancte Achasi et sociis tuis ora
Sancte Nichasi et sociis tuis ora
Sancte Ypolite et sociis tuis ora
Sancte Gervasi ora
Sancte Prothasi ora
[f. 197v] Sancte Nazari ora
Sancte Celce ora
Sancte Georgi ora
Sancte Christofore
Sancte Fabiane
Sancte Sebastiane
Sancte Sigismunde ora
Sancte Cypriane ora
Sancte Savine ora
Sancte Saturnine ora
Sancte Leodegari ora
Sancte Eutropi ora
Sancte Pantaleon ora
Sancte Blasi ora
Sancte Grisogone ora
Sancte Symphoriane ora
Sancte Maximiane ora
[f. 198r] Sancte Lazare ora
Sancte Oswalde ora
Sancte Kenelme ora
Sancte Albane ora
Sancte Edwarde ora
Omnes sancti martires orate
Sancte Nicholae ora
Sancte Hyllari ora
Sancte Martine ora
Sancte Brici ora
Sancte Gregori ora
Sancte Silvester ora
Sancte Leo ora
Sancte Augustine ora
Sancte Bede ora
Sancte Augustine ora
Sancte Ieronime ora
[f. 198v] Sancte Ysodore ora
Sancte Ambrosi ora
Sancte Remigi ora
Sancte Germane ora
Sancte Medarde ora
Sancte Vedaste ora

Sancte Gyldarde ora
Sancte Aniane ora
Sancte Osmunde ora
Sancte Albine ora
Sancte Maurili ora
Sancte Gervasi ora
Sancte Fortunace ora
Sancte Supplici ora
Sancte Austregisile ora
Sancte Iuliane
Sancte Benedicte ora
[f. 199r] Sancte Leonarde ora
Sancte Gerealde ora
Sancte Dunstane ora
Sancte Wlstane ora
Sancte Audoene ora
Sancte Edmunde ora
Sancte Ricarde ora
Omnes sancti pontifices et confessores orate
Sancte Benedicte ora
Sancte Maure ora
Sancte Porchari ora
Sancte Philiberte ora
Sancte Florenti ora
Sancte Maxenti ora
Sancte Iovine ora
Sancte Iuliane[8] ora
Sancte Martine ora
[f. 199v] Sancte Maiole ora
Sancte Egidi ora
Sancte Venanti ora
Sancte Antoni ora
Sancte Machari ora
Sancte Columbane ora
Sancte Paule ora
Sancte Romane ora
Sancte Wygaloe ora
Sancte Symon ora
Sancte Roberte ora
Sancte Francisce ora
Sancte Dominice ora
Sancte Ludovice ora
Sancte Edwarde ora
Omnes sancti monachi et heremite orate pro nobis
[f. 200r] Sancta Maria Magdalene ora
Sancta Radegundis ora
Sancta Fidis ora
Sancta Disciola ora
Sancta Cecilia ora
Sancta Lucia ora
Sancta Agatha ora
Sancta Agnes ora
Sancta Columba ora
Sancta Anastasia ora
Sancta Genovefa ora
Sancta Eugenia ora
Sancta Eufemia ora
Sancta Iuliana ora
Sancta Margareta ora
Sancta Praxedis ora
Sancta Katerina ora
[f. 200v] Sancta Petronilla ora
Sancta Tecla ora
Sancta Brigida ora
Sancta Scolastica ora
Sancta Abra ora
Sancta Florentia ora
Sancta Valeria ora
Sancta Eufrasia ora
Sancta Eufrosina ora
Sancta Editha ora
Sancta Dorothea ora
Sancta Theodosia ora
Sancta Flavia ora
Sancta Fides ora
Sancta Spes ora
Sancta Karitas ora
Sancta Sapientia ora
[f. 201r] Sancta Barbara ora
Sancta Ursula cum sociis tuis orate
Sancta Cordula ora
Sancta Fredeswida ora
Sancta Marina ora
Sancta Cristina ora
Omnes sancte virgines et sponse et martires Christi orate
Sancta Anna ora
Sancta Martha ora
Sancta Felicitas ora
Sancta Perpetua ora
Sancta Iulitta ora
Sancta Elizabeth ora
Sancta Susanna ora
Sancta Helena ora
Sancta Tayses ora
[f. 201v] Sancta Affra ora
Sancta Pelagia ora
Sancta Paula ora
Sancta Maria Egyptiaca ora
Sancta Veronica ora
Sancta Sophia ora
Sancta Maximilla ora
Omnes sancte vidue et continentes orate pro nobis
Omnes sancti orate
Omnes sancti et sancte orate
Propicius esto parce nobis Domine
Ab omni malo libera nos Domine
Ab insidiis diaboli libera
A dampnacione perpetua libera
Ab imminentibus peccatorum nostrorum periculis libera
[f. 202r] Ab infestacionibus demonum libera
A spiritu fornicacionis libera
Ab appetitu inanis glorie libera
Ab omni inmundicia mentis et corporis libera

Ab ira et odio et omni mala voluntate libera
Ab inmundis et malis cogitationibus libera
A cecitate cordis libera
A fulgure et tempestate libera
A subitanea et inprovisa morte libera
A peccato discordie libera
A morte subitanea libera
A penis inferni libera
A sentencia dampnacionis libera
[f. 202v] A carnalibus desideriis libera
A periculo mortis libera
A desperatione misericordie tue libera
A cunctis malis imminentibus libera
Per misterium sancte incarnacionis tue libera
Per sanctam annunciacionem tuam libera
Per sanctum adventum tuum libera
Per sanctam nativitatem tuam libera
Per sanctam resurrectionem[9] tuam libera
Per sanctum baptismum tuum libera
Per sanctum ieiunium tuum libera
Per gloriosissimum sacramentum corporis et sanguinis tue libera
Per passionem et sanctam crucem tuam libera
Per piissimam mortem tuam libera
[f. 203r] Per descensionem tuam ad inferos liberantem[10] captivos libera
Per venerandam et sanctam sepulturam tuam libera
Per gloriosam et sanctam resurrectionem tuam libera
Per admirabilem ascensionem tuam libera
Per gratiam sancti spiritus paracliti libera
In hora mortis succurre nobis Domine
In die iudicii libera
Peccatores te rogamus audi nos
Ut pacem et concordiam nobis dones te rogamus
Ut ecclesiam tuam regere et defensare digneris te rogamus
Ut eam semper exaltare [f. 203v] digneris te rogamus
Ut misericordia et pietas tua nos custodiat te rogamus
Ut domnum apostolicum[11] et omnis (sic!) gradus ecclesie in sancta religione conservare digneris te rogamus
Ut regi nostro et principibus nostris pacem et veram concordiam atque victoriam donare digneris te rogamus
Ut episcopos et abbates nostros et omnes congregationes illis commissas in sancta religione conservare digneris te rogamus
Ut abbatissam et priorissam nostram conservare et confortare digneris te rogamus
Ut congregationes omnium sanctorum tuorum in tuo servicio conserv(are et confortare digneris te rogamus)[12]

Barking, Benedictine Abbey of the Blessed Virgin Mary and St Ethelburga (nunnery)

IX Cambridge, University Library Dd.12.56, fols. 157r–164r c. 1450

[f. 157r] Kyrieleyson
Christe eleyson
Christe audi nos
Pater de celis Deus miserere nobis
Fili redemptor mundi Deus miserere nobis
Spiritus sancte Deus miserere nobis
Sancta trinitas unus Deus miserere nobis
[f. 157v] Sancta Maria ora pro nobis
Sancta Dei genetrix ora pro nobis
Sancta virgo virginum ora pro nobis
Sancte Michael ora
Sancte Gabriel ora
Sancte Raphael ora
Omnes sancti angeli et archangeli orate
Omnes sancti beatorum spirituum ordines orate
Sancte Iohannes baptista ora
Omnes sancti patriarche et prophete orate
Sancte Petre ora
Sancte Paule ora
Sancte Andrea ora
Sancte Iacobe ora
[f. 158r] Sancte Iohannes evangelista ora
Sancte Mathee ora
Sancte Philippe ora
Sancte Iacobe ora
Sancte Bartholomee ora
Sancte Symon ora
Sancte Iude ora
Sancte Thoma ora
Sancte Mathia ora
Sancte Barnaba ora
Sancte Luca ora
Sancte Marce ora
Omnes sancti apostoli et evangeliste orate
Omnes sancti disciplui domini et innocentes orate
[f. 158v] Sancte Stephane ora
Sancte Clemens ora
Sancte Laurenti ora
Sancte Vincenti ora
Sancte Christofore ora
Sancte Georgi ora
Sancte Pantaleon ora
Sancte Dionisii cum sociis tuis ora
Sancte Mauricii cum sociis tuis ora
Sancte Ypolite cum sociis tui ora
Sancte Achasi cum sociis tuis ora
Sancte Eustachi cum sociis tuis ora
Sancte Anselme ora[13]
Sancte Edmunde[14] ora
[f. 159r] Sancte Edmunde ora[15]
Sancte Thoma ora
Sancte Symon ora
Sancte Pancraci ora
Sancte Blasi ora
Sancte Leodegari ora
Sancte Iovaci[16] ora
Sancte Elphegi ora
Omnes sancti martires orate
Sancte Benedicte ora
Sancte Nicholae ora
Sancte Augustine ora
Sancte Silvester ora
Sancte Martine ora
[f. 159v] Sancte Audoene ora
Sancte Brici ora
Sancte George[17] ora
Sancte Augustine ora
Sancte Dunstane ora
Sancte Ambrosi ora
Sancte Erkenwalde ora
Sancte Adriane ora
Sancte Ieronime ora
Sancte Germane ora
Sancte Juliana (sic!) ora
Sancte Amande ora
Sancte Edmunde ora
Sancte Dunstane ora
[f. 160r] Sancte Cuthberte ora
Sancte Bernarde ora
Sancte ffrancisce ora
Sancte Dominice ora
Sancte Ricarde ora
Sancte Rogere ora
Omnes sancti confessores orate
Omnes sancti monachi et heremite orate
Sancta Anna ora
Sancta Maria Magdalene ora
Sancta Maria Egipciaca ora
Sancta Elizabeth ora
Sancta Martha ora
Sancta Ethelburga ora
[f. 160v] Sancta Hildelytha ora
Sancta Wulfilda ora
Sancta Katerina ora
Sancta Editha ora
Sancta Tort(it)hra ora
Sancta Agatha ora
Sancta Agnes ora
Sancta Margareta ora
Sancta Fides ora
Sancta Lucia ora
Sancta Cecilia ora
Sancta Eulalia ora
Sancta Barbara ora
Sancta Honorina ora
[f. 161r] Sancta Scolastica ora
Sancta Vulburga ora

Sancta Mildretha ora
Sancta Modeswenna ora 110
Sancta Brigida ora
Sancta Susanna ora
Sancta Radegundis ora
Sancta Ursula cum sociis tuis ora
Omnes sancte virgines orate 115
Omnes sancti orate pro nobis
Propicius esto parce nobis Domine
Ab omni malo libera nos Domine
Ab insidiis diaboli libera
[f. 161v] A carnalibus desideriis libera 120
Ab ira et odio et ab omni mala voluntate libera
A spiritu fornicacionis libera
A peste superbie libera
A fame peste et clade libera
A fulgure et tempestate libera 125
A morte subitanea et eterna libera
A periculis incendii libera
Per misterium sancte incarnacionis tue libera
Per sanctam nativitatem tuam libera
Per passionem et crucem tuam libera 130
Per piissimam mortem tuam libera
Per gloriosam resurrecionem tuam (libera)
[f. 162r] Per admirabilem ascensionem tuam (libera)
Per adventum sancte spiritus paracliti libera
In hora mortis succurre nobis Domine 135
In die magni iudicii libera
Peccatores te rogamus audi nos
Ut pacem et concordiam nobis dones te rogamus audi nos
Ut salutem mentis corporis nobis dones te rogamus audi nos 140
Ut sanctam ecclesiam tuam catholicam regere et conservare digneris te rogamus
Ut dompnum apostolicum et omnes gradus ecclesie in sancta re[f.162v]ligione conservare digneris 145
Ut regi nostro et principibus nostris pacem et veram concordiam dones (te rogamus)
Ut abbatissam nostram in bonis actibus coroborare digneris te rogamus
Ut congregationes omnium sanctorum in tuo sancto servicio conservare digneris (te rogamus) 150
Ut cunctum populum christianum precioso sanguine tuo redemptum conservare digneris te rogamus audi (nos)
Ut locum istum et omnes habitantes in eo visitare et consolari digneris 155
Ut omnibus benefactoribus nostris [f. 163r] sempiterna bona retribuas te rogamus
Ut animas nostras et parentum nostrorum ab eterna dampnacione eripias te rogamus 160
Ut iter famulorum tuorum in salutis tue prosperitate disponas te rogamus audi (nos)
Ut mentes nostras ad celestia desideria erigas te rogamus
Ut obsequium servitutie (sic!) nostre racionabile facias te rogamus 165
Ut fructus terre dare et conservare (te rogamus)
Ut animas famulorum famularumque de principibus tenebrarum et de [f. 163v] locis penarum liberare digneris 170
Ut cunctis fidelibus defunctis requiem eternam donare digneris
Ut remissionem omnium peccatorum nostrorum nobis dones te rogamus
Ut vitam eternam nobis donis (sic!) (te rogamus) 175
Ut nos exaudire digneris (te rogamus)
Fili Dei te rogamus audi (nos)
Agnus Dei qui tollis peccata mundi parce nobis Domine 180
Agnus Dei qui tollis peccata mundi exaudi nos Domine
Agnus Dei qui tollis peccata [f. 164r] mundi miserere nobis
Christe audi nos 185
Kyrieleyson
Christeleyson
Kyrieleyson

Bromholm, Cluniac Priory of St Andrew

X Oxford, Bodleian Library Ashmole 1523, fols. 183v–187r c. 1440–60

[f. 183v] Kyrieleyson[18]
Christeleyson
Christe audi nos
Pater de celis Deus miserere nobis
Fili redemptor mundi Deus miserere nobis
Spiritus sancte Deus miserere nobis
Sancta trinitas unus Deus miserere nobis
Sancta Maria ora
Sancta Dei Genetrix ora
Sancta virgo virginum ora
Sancte Michael ora
Sancte Gabriel ora
Sancte Raphael ora
Omnes sancti angeli et archangeli orate
[f. 184r] Omnes sancti beatorum spirituum ordines orate pro nobis
Sancte Johannes baptista ora pro nobis
Omnes sancti patriarche et prophete orate pro nobis
Sancte Petre ora
Sancte Paule ora
Sancte Andrea ora
Sancte Johannes ora
Sancte Jacobe ora
Sancte Philippe ora
Sancte Bartholomee ora
Sancte Mathee ora
Sancte Thoma ora
Sancte Jacobe ora
Sancte Symon ora
Sancte Thadee ora
Sancte Mathia ora
Sancte Barnaba ora
Sancte Luca ora
Sancte Marce ora
Omnes sancti apostoli et euangeliste orate
Sancte Marcialis ora
Omnes sancti discipuli domini orate pro nobis
Omnes sancti innocentes orate pro nobis
Sancte Stephane ora
Sancte Pancrati ora
Sancte Clemens ora
Sancte Allexander ora
[f. 184v] Sancte Marcelle ora
Sancte Austremoni (ora)
Sancte Marine ora
Sancte Laurenti ora
Sancte Vincenti ora
Sancte Thoma ora
Sancte Marcelle ora
Sancte Quintine ora
Sancte Edmunde ora
Sancte Maurici cum sociis tuis ora
Sancte Yrenee cum sociis tuis ora
Sancte Dyonisi cum sociis tuis ora
Sancte Luciane cum sociis tuis ora
Sancte Leodegari ora
Sancte Juliane ora
Sancte Sebastiane ora
Sancte ffortunate ora
Sancti Marcelline et Petre orate pro nobis
Sancti Nazari et Celse orate
Omnes sancti martires (orate)
Sancte Silvester ora
Sancte Hillari ora
Sancte Martine ora
Sancte Gregori ora
Sancte Germane ora
Sancte Taurine ora
Sancte Aquiline ora
Sancte Ambrosi ora
Sancte Augustine ora
[f. 185r] Sancte Ieronime ora
Sancte Eucheri ora
Sancte Nicholae ora
Sancte fflore ora
Sancte Dunstane ora
Sancte Edmunde ora
Sancte Benedicte ora
Sancte Maure ora
Sancte Philiberte ora
Sancte Columbane ora
Sancte Egidi ora
Sancte Oddo ora
Sancte Maiole ora
Sancte Odilo ora
Sancte Hugo ora
Sancte Geremare ora
Sancte Leonarde ora
Sancte Geralde ora
Sancte Gilberte ora
Omnes sancti confessores orate pro nobis
Sancta Maria Magdalene ora
Sancta ffelicitas ora
Sancta Perpetua ora
Sancta Agatha ora
Sancta Agnes ora
Sancta Cecilia ora
Sancta Lucia ora
Sancta Cirilla ora
Sancta Margareta ora
Sancta Scholastica ora
Sancta Etheldreda ora
Sancta Radegundis (ora)
[f. 185v] Sancta Walburgis ora
Sancta fflorencia ora
Sancta Consorcia ora

Sancta Daria ora
Sancta Columba ora
Sancta ffides ora
Sancta Katerina ora
Omnes sancte virgines orate
Omnes sancti orate
Propicius esto parce nobis Domine
Ab insidiis diaboli libera nos Domine
(A) dampnacione perpetua libera
Ab imminentibus peccatorum nostrorum periculis libera
Ab infestacionibus demonum libera
(A) spiritu fornicationis libera
Ab appetitu inanis glorie libera
Ab omni inmundicia mentis et corporis libera
Ab ira et odio et omni mala voluntate libera
Ab inmundis cogitacionibus libera
(A) cecitate cordis libera
A fulgure et tempestate libera
Per misterium sancte incarnacionis tue libera
[f. 186r] Per passionem et crucem tuam (libera)
Per gloriosam ressurexionem tuam libera
Per admirabilem ascencionem tuam libera
Per graciam sancti spiritus paracliti libera
In die iudicii libera
Peccatores te rogamus audi nos
Ut pacem nobis dones te rogamus audi nos
Ut misericordia et pietas tua nos custodiat te (rogamus)
Ut ecclesiam tuam regere et defensare digneris te (rogamus)
Ut dompnum apostolicum et omnes gradus ecclesie in sancta religione conservare digneris te (rogamus)
Et[19] regibus et principibus nostris pacem et veram concordiam atque victoriam donare digneris te (rogamus)
Ut episcopos et abbates nostros et omnes congregaciones illis commissas in sancta religione conservare digneris te (rogamus)
Ut congregaciones omnium sanctorum in tuo sancto servicio con[f. 186v]servare digneris te (rogamus)
Ut cunctum populum christianum precioso sanguine tuo redemptum conservare digneris te (rogamus)
Ut omnibus benefactoribus nostris sempiterna retribuas te (rogamus)
Ut animas nostras et parentum nostrorum ab eterna dampnacione eripias te (rogamus)
Ut fructus terre dare et conservare digneris te (rogamus)
Ut oculos misericordie tue super nos reducere digneris te (rogamus)
Ut obsequium servitutis nostre racionabile facias te (rogamus)
Ut mentes nostras ad celestia desideria erigas te (rogamus)
Ut miserias pauperum et captivorum intueri et relevare digneris te (rogamus)
Ut regularibus disciplinis nos [f. 187r] instruere digneris te (rogamus)
Ut omnibus fidelibus defunctis requiem eternam dones te (rogamus)
Et[20] nos exaudire digneris te (rogamus)
Fili Dei te (rogamus)
Agnus Dei qui tollis peccata mundi parce nobis Domine
Agnus Dei qui tollis peccata mundi exaudi nos Domine
Agnus Dei qui tollis peccata mundi miserere nobis
Christe audi nos
Kyrieleyson
Christeleyson
Kyrieleyson

Bury St Edmunds, Benedictine Abbey of St Edmund the Martyr

XI Stockholm, Kungliga Biblioteket Holmiensis A.49, fols. 1r–2v c. 1125–50	**XII London, British Library Harley 5309, fols. 129v–132v c. 1250**
–	[f. 129v] Kyrie eleyson
–	Christe eleyson
–	Christe audi nos
–	Pater de celis Deus miserere nobis
–	Fili redemptor mundi Deus miserere nobis
–	Spiritus sancte Deus miserere nobis
–	Sancta Maria ora
–	Sancta virgo virginum
–	Sancte Michael ora
–	Sancte Gabriel ora
–	Sancte Raphael ora
–	[f. 130r] Omnes sancti angeli et archangeli orate pro
–	nobis
–	Omnes sancti beatorum spirituum ordines orate pro
–	nobis
–	Sancte Iohannes baptista ora
–	Omnes sancti patriarche et prophete orate pro nobis
–	Sancte Petre ora
–	Sancte Paule ora
–	Sancte Andrea ora
–	Sancte Iohannes ora
–	Sancte Iacobe ora
–	Sancte Philippe ora
–	Sancte Bartholomee ora
–	Sancte Mathee ora
–	Sancte Thoma ora
–	Sancte Jacobe ora
–	Sancte Simon ora
–	Sancte Thadee ora
–	Sancte Mathia ora
–	Sancte Barnabas ora
–	Sancte Luca ora
–	Sancte Marce ora
–	Omnes sancti apostoli et evangeliste orate pro nobis
–	Omnes sancti discipuli domini orate pro nobis
[f. 1v] Omnes sancti innoscentes orate	Omnes sancti innocentes orate pro nobis
Sancte Stephane ora	Sancte Stephane ora
–	Sancte Georgi ii ora[23]
Sancte Edmunde ora	Sancte Edmunde ora
Sancte Line ora	Sancte Line ora
Sancte Clete ora	Sancte Clete ora
Sancte Clemens ora	Sancte Clemens ora
Sancte Alexander ora	Sancte Alexander ora
Sancte Sixte ora	Sancte Sixte ora
–	Sancte Cipriane ora
–	Sancte Corneli ora
Sancte Laurenti ora	Sancte Laurenti ora
Sancte Vincenti ora	Sancte Vincenti ora
–	Sancte Tiburti ora
Sancte Dionisi cum socis tuis (ora)	[f. 130v] Sancte Dyonisi cum sociis tuis ora
Sancte Maurici cum sociis tuis (ora)	Sancte Maurici cum sociis tuis ora
Sancte Nigasi cum sociis tuis (ora)	Sancte Nichasi cum sociis tuis ora

Sancte Eustachii cum sociis tuis (ora)	Sancte Eustachi cum sociis tuis ora
Sancte Ypolite cum sociis tuis (ora)	Sancte Hypolite cum sociis tuis ora
Sancte Gegrgi[21] ora	–
Sancte Pancrati ora	Sancte Pancraci ora
Sancte Albane ora	Sancte Albane ora
Sancte Osuualde ora	Sancte Oswalde ora
Sancte Eduuarde ora	Sancte Edwarde ora
Sancte Alfege ora	Sancte Elphege ora
–	Sancte Thoma ii ora
Sancte Kenelme ora	Sancte Kenelme ora
Sancte Fabiane ora	Sancte ffabiane ora
Sancte Sebastiane ora	Sancte Sebastiane ora
Sancte Gervasi ora	Sancte Gervasi ora
Sancte Prothasi ora	Sancte Prothasi ora
Sancte Christofore ora	Sancte Cristofere ora
–	Sancte Crisogone ora
–	Sancte Ignaci ora
Sancti Marcelline et Petre (orate)	Sancti Marcelline et Petre orate pro nobis
Sancti Iohanes et Paule orate	Sancti Iohannes et Paule orate pro nobis
–	Sancti Cosma et Damiane orate pro nobis
Omnes sancti martyres orate	Omnes sancti martires orate
Sancte Silvester ora	Sancte Silvester ora
Sancte Martialis ora	Sancte Marcialis ora
Sancte Ilari ora	Sancte Hillari ora
Sancte Ieronime ora	Sancte Jeronime ora
Sancte Martine ora	Sancte Martine ora
Sancte Ambrosi ora	Sancte Ambrosi ora
Sancte Augustine ora	Sancte Augustine ora
Sancte Benedicte ora	Sancte Benedicte ii ora
Sancte Maure ora	Sancte Maure ora
Sancte Gregori ora	Sancte Gregori ora
Sancte Saba ora	Sancte Saba ora
Sancte Nicholae ora	Sancte Nicholae ii ora
Sancte EGidii ora	Sancte Egidi ii ora
[f. 1r] Sancte Agustine ora	[f. 131r] Sancte Augustine cum sociis tuis ora
Sancte Dunstane ora	Sancte Dunstane ora
–	Sancte Edmunde ora
Sancte Suuithune ora	Sancte Swithune ora
Sancte Ædeluuolde (ora)	Sancte Ethelwolde ora
Sancte Cuth(berte) ora	Sancte Cuthberte ora
Sancte Paul(ine) ora	Sancte Pauline ora
Sancte Botulfe ora	Sancte Botufe ora
Sancte Iu(rmin)e ora	Sancte ffirmine[24] ora
Sancte Yvo ora	Sancte Yvo ora
Sancte Felix (ora)	Sancte ffelix ora
Sancte Guthlace ora	Sancte Guthlace ora
Sancte Leonarde ora	Sancte Leonarde ora
Sancte Alexi (ora)	Sancte Alexe ora
Omnes sancti confessores (orate)	Omnes sancti confessores orate pro nobis
Omnes sancti monachi et (heremite orate)	Omnes sancti monachi et heremite orate
Sancta Maria Magdalene ora pro nobis	Sancta Maria Magdalene ora
–	Sancta Anna ii ora
Sancta Maria Egypta (ora)	–
Sancta Felicitas ora	Sancta ffelicitas ora
Sancta Perpetua ora	Sancta Perpetua ora
Sancta AGatha ora	Sancta Agatha ora
Sancta Agnes (ora)	Sancta Agnes ora
Sancta Cecilia ora	Sancta Cecilia ora

–
–
Sancta Lucia (ora)
Sancta Anastasia ora
Sancta Cristina ora
Sancta (Mar)g(ar)et(a) ora
Sancta Petronella ora
Sancta Scolastica ora
–
Sancta Fidis ora
Sancta Genovefa ora
Sancta Brigida ora
Sancta Kater(in)a ora
–
Sancta Edeldritha ora
Sancta Mildritha ora
Sancta Osgitha ora
Sancta Eadgitha ora
Sancta Ethelburga ora
Sancta Sexburga ora
Sancta Wihtburga ora
Sancta (Eormen)ilda ora
Sancta Hilda ora
Omnes sancte virgines orate
[f. 2r] Omnes sancti orate pro nobis
Propicius esto parce nobis Domine
Propitius esto libera nos Domine
Ab omni malo libera nos Domine
Ab insidiis diaboli libera
A dampnatione perpetua libera
Ab imminentibus peccatorum nostrorum periculis libera
Ab infestationibus demonum libera nos
A spiritu fornicationis libera
Ab appetitu inanis glorie libera
Ab omni inmunticia mentis et corporis libera
Ab ira et odio et omni mala voluntate libera
Ab immundis cognitationibus (libera)
(A) cecitate cordis libera
A (ful)gure et tempestate libera
(A) subitanea et eterna morte libera (nos)
Per misterium sancte incarnationis tue libera
Per passionem et crucem (tuam libera)
Per gloriosam resurrectionem tuam libera
Per admirabilem ascensionem tuam libera
Per gratiam sancti spiritus paracliti libera nos
In hora mortis succure nos Domine
In die iudicii libera
Peccatores te rogamus audi nos
Ut pacem nobis dones (te rogamus)
Ut misericordia et pietas tua nos custodiat te rogamus
Ut ecclesiam tuam regere et defensare digneris (te rogamus)
Ut domnum apostolicum et om(ne)s gradus ecclesie in sancta [f. 2v] religione conservare digneris te rogamus

Sancta Helena ora
Sancta Eufemia ora
Sancta Lucia ora
Sancta Anastasia ora
Sancta Cristina ora
Sancta Margareta ora
Sancta Petronilla ora
Sancta Scolastica ora
Sancta Radagundis ora
Sancta Fides ora
Sancta Genovefa ora
Sancta Brigida ora
Sancta Katerina ora
[f. 131v] Sancta Tecla ora
Sancta Etheldreda ora
Sancta Mildreda ora
Sancta Ositha ora
Sancta Editha ora
Sancta Ethelburga ora
Sancta Sexburga ora
Sancta Withburga ora
Sancta Ermenilda ora
–
Omnes sancte virgines orate
Omnes sancti orate pro nobis
Propicius esto parce nobis Domine
Propicius esto libera nos Domine
Ab omni malo libera
Ab insidiis diaboli libera
A dampnatione perpetua libera
Ab iminentibus peccatorum nostrorum periculis libera
Ab infestacionibus demonum libera
A spiritu fornicacionis libera
Ab appetitu inanis glorie libera
Ab omni immundicia mentis et corporis libera
Ab ira et odio et omni mala voluntate libera
Ab immundis cogitacionibus libera
A cecitate cordis libera
A fulgure et tempestate libera
A subitanea et eterna morte libera
Per misterium sancte incarnacionis tue libera
Per passionem et crucem tuam libera
Per gloriosam resurrecionem tuam libera
[f. 132r] Per admirabilem ascensionem tuam libera
Per gratiam sancti spiritus paracliti libera
In hora mortis succurre nobis Domine
In die iudicii libera
Peccatores te rogamus audi nos
Ut pacem nobis dones te rogamus
Ut misericordia et pietas tua nos custodiat te rogamus
Ut ecclesiam tuam regere et defensare digneris te rogamus
Ut dompnum apostolicum et omnes gradus ecclesie in sancta religione conservare digneris te rogamus

Ut regibus et principibus (nostris) pacem et veram concordiam (atque vic)toriam don(are) d(igneris te rogamus)
Ut episcopos et abates nostros et omnes congregationes illis comissas in sancta religione (conservare digneris te rogamus)
Ut congregatione(s) omnium sanctorum in tuo sancto servitio conser(vare digneris)
Ut cun(c)tum populum christianum precioso sanguine tuo redemptum co(ns)ervare di(gneris)
Ut omnibus benefactoribus nostris sempiterna bona retribuas te (rogamus)
Ut animas nostras et parentum nostrorum ab eterna dampnatione eripia(s)
Ut fructus terre dare et conservare digneris (te rogamus)
Ut locum et istum et omnes habitantes in eo visitare et consolari dig(neris)
Ut oculos misericordie tue sup(er) nos reducere digneris
Ut obsequium ser(vitu)tis no(stre) rationabile faci(as) te (rogamus)
Ut mentes n(ostras) ad ce(le)st(ia) desideria erigas t(e rogamus)
Ut miserias pau(perum) et captivorum int(ueri) et releva(re) dig(neris)
Ut iter famu(l)orum tuorum in salutis tue prosperita(te) dispon(as) te rogamus
Ut regula(ribus) disc(ipli)nis nos (in)st(r)uere d(igneris)
Ut omnibus fidelibus de(functis)[22] ....
–
–
–
–
–
–
–
–
–
–
–
–
–
–

Ut regibus et principibus nostris pacem et veram concordiam atque victoriam donare digneris te rogamus
Ut episcopos et abbates nostros et omnes congregaciones illis commissas in sancta religione conservare digneris te rogamus
Ut congregaciones omnium sanctorum in tuo sancto servicio conservare digneris te rogamus
Ut cunctum populum christianum precioso sanguine tuo redemptum conservare digneris te rogamus
Ut omnibus benefactoribus nostris sempiterna bona retribuas te rogamus
Ut animas nostras et parentum nostrorum ab eterna dampnacione eripias te rogamus
Ut fructus terre dare et conservare digneris te rogamus
[f. 132v] Ut locum istum et omnes habitantes in eo visitare et consolari digneris te rogamus
Ut oculos misericordie tue super nos reducere digneris te rogamus
Ut obsequium servitutis nostre racionabile facias te rogamus
Ut mentes nostras ad celestia desideria erigas te rogamus
Ut miserias pauperum et captivorum intueri et relevare digneris te rogamus
Ut iter famulorum tuorum in salutis tue prosperitate disponas te rogamus
Ut regularibus disciplinis nos instruere digneris te rogamus
Ut omnibus fidelibus defunctis requiem eternam donare (digneris) te rogamus
Ut remissionem omnium peccatorum nostrorum nobis donare digneris te rogamus
Ut nos exaudire digneris te rogamus
Fili Dei te rogamus ii
Agnus Dei qui tollis peccata mundi parce nobis Domine
Agnus Dei qui tollis peccata mundi exaudi nos Domine
Agnus Dei qui tollis peccata mundi miserere nobis
Christe audi nos
Kyrieleyson
Christeleyson
Kyrieleyson

XIII Bury St Edmunds, West Suffolk Record Office E5/9/608.7, fols. 223r–226r c. 1410–20

[f. 223r] Kyrieleyson
Christeleyson
–
Christe audi nos ii
Pater de celis Deus miserere nobis
Fili redemptor mundi Deus miserere nobis
Spiritus sancte Deus miserere nobis
Sancta trinitas unus Deus miserere nobis
Sancta Maria ora
Sancta Dei genetrix ora
Sancta virgo virginum (ora)
Sancte Michael ora
Sancte Gabriel ora
Sancte Raphael ora
Omnes sancti angeli et archangeli orate pro nobis
Omnes sancti beatorum spirituum ordines orate (pro nobis)
Sancte Johannes baptista ora
Omnes sancti patriarche et prophete orate pro nobis
Sancte Petre ii ora[25]
Sancte Paule ora
Sancte Andrea ora
Sancte Johannes ora
Sancte Jacobe ora
Sancte Philippe ora
Sancte Bartholomee (ora)
Sancte Mathee ora
Sancte Thoma ora
Sancte Jacobe ora
Sancte Symon ora
Sancte Tadee ora
Sancte Mathia ora
Sancte Barnaba ora
Sancte Luca (ora)
Sancte Marce (ora)
Omnes sancti apostoli et evangeliste orate pro nobis
[f. 223v] Omnes sancti disciplui domini orate pro nobis
Omnes sancti innocentes orate pro nobis
Sancte Stephane ora
Sancte Edmunde ii ora
Sancte Line ora
Sancte Clete ora
Sancte Clemens ora
Sancte Alexander ora
Sancte Sixte ora
Sancte Corneli ora
Sancte Cypriane ora
Sancte Laurenti ora
Sancte Vincenti ora
Sancte Tyburti ora
Sancte Dionisi cum sociis tuis ora pro nobis
Sancte Maurici cum sociis tuis ora pro nobis
Sancte Nigasi cum sociis tuis ora pro nobis
Sancte Eustaci cum sociis tuis (ora pro nobis)

XIV London, British Library Harley 5334, fols. 87r–91r c. 1450

[f. 87r] Kyrieleyson
Christeleyson
Kyrieleyson
Christe audi nos ii[29]
Pater de celis Deus miserere nobis
Fili redemptor mundi Deus miserere nobis
Spiritus sancte Deus miserere nobis
Sancta Trinitas unus Deus miserere nobis
Sancta Maria ora pro nobis
Sancta Dei genetrix ora
Sancta virgo virginum ora
Sancte Michael (ora)
Sancte Gabriel (ora)
Sancte Raphael (ora)
Omnes sancti angeli et archangeli orate pro nobis
Omnes sancti beatorum spirituum ordines orate pro nobis
Sancte Iohannes baptista ora
Omnes sancti patriarche et prophete (orate)
Sancte Petre ora
Sancte Paule ora
Sancte Andrea ora
Sancte Iohannes ora
Sancte Iacobe ora
Sancte Philippe ora
Sancte Bartholomee ora
Sancte Mathee ora
[f. 87v] Sancte Thoma ora
Sancte Jacobe ora
Sancte Symon ora
Sancte Thadee ora
Sancte Mathia ora
Sancte Barnaba ora
Sancte Luca ora
Sancte Marce ora
Omnes sancti apostoli et evangeliste orate
Omnes sancti discipuli domini orate (pro nobis)
Omnes sancti innocentes orate
Sancte Stephane ora
Sancte Edmunde ii ora (in red)
Sancte Line ora
Sancte Clete ora
Sancte Clemens ora
Sancte Alexander ora
Sancte Sixte ora
Sancte Corneli ora
Sancte Cipriane ora
Sancte Laurenti ora
Sancte Vincenti ora
Sancte Thiburti ora
Sancte Dionisi cum sociis tuis ora
Sancte Maurici cum sociis tuis ora
Sancte Nichasi cum sociis tuis ora
Sancte Eustachi cum sociis tuis ora

Sancte Ypoliti cum sociis tuis ora
Sancte Georgi ora
Sancte Pancraci ora
Sancte Albane ora
Sancte Oswalde ora
Sancte Edwarde ora
Sancte Alphege ora
Sancte Thoma[26] ora
Sancte Kenelme ora
Sancte ffabiane ora
Sancte Sebastiane ora
Sancte Gervasi ora
Sancte Prothasi ora
Sancti Christofore ora
Sancte Grisogone ora
Sancte Ignaci ora
Sancti Marcelline et Petre orate pro nobis
Sancti Johannes et Paule (orate pro nobis)
Sancti Cosma et Damiane orate pro nobis
–
–
[f. 224r] Omnes sancti martires orate pro nobis
Sancte Silvester ora
Sancte Marcialis ora
Sancte Hillari ora
Sancte Jeronime ora
Sancte Martine ora
Sancte Ambrosi ora
Sancte Augustine ora
Sancte Benedicte ii ora
Sancte Maure ora
Sancte Gregori ora
(Sancte) Saba ora[27]
Sancte Nicholae ora
Sancte Egidi (ora)
Sancte Augustine cum sociis tuis ora
Sancte Dunstane ora
Sancte Edmunde ora
Sancte Swythune ora
Sancte Ethelwolde ora
Sancte Cuthberte ora
Sancte Pauline ora
Sancte Bothulphe ora ii
Sancte Jurmine ora
Sancte Edwolde ora
Sancte Edwarde ora
Sancte Wlstane ora
Sancte Ivo ora
Sancte Felix ora
Sancte Gutlace ora
Sancte Leonarde ora
Sancte Alexi (ora)
–
–
Omnes sancti confessores orate pro nobis
Omnes sancti monachi et heremite orate pro nobis
Sancta Anna ora
Sancta Maria Magdalena ora pro nobis

Sancte Ypolite cum sociis tuis ora
Sancte Georgi ora
Sancte Panchrasi ora
Sancte Albane ora
[f. 88r] Sancte Oswalde ora
Sancte Edwarde ora
Sancte Alphege ora
Sancte Thoma[30] ora
Sancte Kenelme ora
Sancte ffabiane ora
Sancte Sebastiane ora
Sancte Gervasi ora
Sancte Prothasi ora
Sancte Cristofore ora
Sancte Crisogone ora
Sancte Ignaci ora
Sancti Marcelline et Petre orate
Sancti Iohannes et Paule orate
Sancti Cosma et Damiane orate
Sancte Panthaleymon ora
Sancte Adriane ora
Omnes sancti martyres orate
Sancte Silvester ora
Sancte Marcialis ora
Sancte Hillari ora
Sancte Ieronime ora
Sancte Martine ora
Sancte Ambrosi ora
–
Sancte Benedicte ii ora
Sancte Maure ora
Sancte Gregori ora
Sancte Saba ora
Sancte Nicholae ora
Sancte Egidi ora
Sancte Augustine cum sociis tuis ora
[f. 88v] Sancte Dunstane ora
Sancte Edmunde ora
Sancte Suythune ora
Sancte Ethelwolde ora
Sancte Cuthberte ora
Sancte Pauline ora
Sancte Botulphe ii ora
Sancte Jurmine ora
Sancte Edwolde ora
Sancte Edwarde ora
Sancte Wulstane ora
Sancte Yvo ora
Sancte ffelix ora
Sancte Guthlace ora
Sancte Leonarde ora
Sancte Alexi ora
Sancte Antoni ora
Sancte Brandane ora
Omnes sancti confessores orate
Omnes sancti monachi et heremite orate
Sancta Anna ora
Sancta Maria Magdalena ora

XIII	XIV
–	Sancta Maria Egiptiaca ora
Sancta Felicitas ora	Sancta ffelicitas ora
Sancta Perpetua ora	Sancta Perpetua ora
Sancta Agatha ora	Sancta Agatha ora
Sancta Agnes ora	Sancta Agnes ora
Sancta Cecilia ora	Sancta Cecilia ora
[f. 224v] Sancta Lucia ora	Sancta Lucia ora
Sancta Anastasia ora	Sancta Anastasia ora
Sancta Eufemia ora	Sancta Eufemia ora
Sancta Christina ora	Sancta Cristina ora
Sancta Margareta ora	Sancta Margareta ora
Sancta Petronilla ora	[f. 89r] Sancta Petronilla ora
Sancta Scolastica ora	Sancta Scolastica ora
Sancta ffidis ora	Sancta Fidis ora
Sancta Genovefa ora	Sancta Genefefa ora
Sancta Brigida ora	Sancta Brigida ora
Sancta Katerina ora	Sancta Katerina ora
Sancta Helena ora	Sancta Helena ora
Sancta Etheldreda ora	Sancta Etheldreda ora
Sancta Mildritha ora	Sancta Mildreda ora
Sancta Ogitha ora	Sancta Osygtha ora
Sancta Editha ora	Sancta Edytha ora
Sancta Ethelburga (ora)	Sancta Ethelburga ora
Sancta Sexburga ora	Sancta Sexburga ora
Sancta Whitburga ora	Sancta Wythburga ora
Sancta Ermenilda ora	Sancta Ermenilda ora
–	Sancta Gertrudis ora
–	Sancta Dorothea ora
–	Sancta Wenefrida ora
–	Sancta Fredeswyda ora
–	Sancta Modwenna ora
–	Sancta Birgitta ora
–	Sancta Nathalia ora
–	Sancta Lucia ora
–	Sancta Ursula cum sociis suis orate
Omnes sancte virgines orate	Omnes sancte virgines orate pro nobis
Omnes sancti orate pro nobis ii	Omnes sancti orate
Propicius esto parce nobis Domine	Propicius est parce nobis Domine
Propicius esto libera nos Domine	Propicius esto libera nos Domine
Ab omni malo libera nos Domine	Ab omni malo libera
Ab insidiis diaboli (libera)	Ab insidiis diaboli libera
A dampnacione perpetua libera nos Domine	A dampnacione perpetua libera
Ab iminentibus peccatorum nostrorum periculis (libera)	[f. 89v] Ab inminentibus peccatorum nostrorum periculis libera
Ab infestacionibus demonum libera	Ab infestacionibus demonum libera
A spiritu fornicacionis (libera)	A spiritu fornicacionis lbera
Ab apetitu inanis glorie libera	Ab appetitu inanis glorie (libera)
Ab omni inmundicia mentis et corporis (libera)	Ab omni inmundicia mentis et corporis libera
Ab ira et odio et omni mala voluntate libera	Ab ira et odio et omni mala voluntate libera
Ab inmundis cogi[f. 225r]tacionibus libera nos	Ab imundis cogitacionibus libera
A cecitate cordis libera	A cecitate cordis libera
A fulgure et tempestate libera	A fulgure et tempestate libera
A subitanea et eterna morte libera nos Domine	A subitanea et eterna morte libera
Per misterium sancte incarnacionis tue libera	Per misterium sancte incarnacionis tue libera
Per passionem et crucem tuam libera	Per passionem et crucem tuam libera
Per gloriosam resureccionem tuam libera	Per gloriosam resurrecionem tuam libera
Per admirabilem ascensionem tuam libera	Per admirabilem ascensionem tuam libera
Per graciam sancti spiritus paracliti libera	Per gratiam sancti spiritus paracliti libera

In hora mortis succurre nobis Domine

In die iudicii libera

Peccatores te rogamus audi nos

Ut pacem et concordiam nobis dones te rogamus

Ut misericordia et pietas tua nos custodiat te rogamus

Ut ecclesiam tuam regere et defensare digneris te rogamus

Ut dompnum apostolicum et[28] omnes gradus ecclesie in sancta religione conservare digneris te rogamus

Ut regibus et principibus nostris pacem et veram concordiam atque victoriam donare digneris te rogamus

Ut episcopos et abbates nostros et omnes congregaciones illis commissas in sancta religione conservare digneris te rogamus audi nos

Ut congregaciones omnium sanctorum in [f.225v] tuo servicio conservare digneris te rogamus

Ut cunctum populum christianum precioso sanguine tuo redemptum conservare digneris te rogamus

Ut omnibus benefactoribus nostris sempiterna bona retribuas te rogamus

Ut animas nostras et parentum nostrorum ab eterna dampnacione eripias (te rogamus)

Ut fructus terre dare et conservare digneris te rogamus audi (nos)

Ut locum istum et omnes habitantes in eo visitare et consolari digneris te rogamus

Ut oculos misericordie tue super nos reducere digneris te rogamus

Ut obsequium servitutis nostre racionabile facias te rogamus

Ut mentes nostras ad celestia desideria erigas te rogamus

Ut miserias pauperum et captivorum intueri et relevare digneris te rogamus audi nos

Ut iter famulorum tuorum in salutis tue prosperitate disponas te rogamus

Ut regularibus disciplinis nos instruere digneris te rogamus

Ut omnibus fidelibus defunctis requiem eternam donare digneris (te rogamus)

Ut nos exaudire digneris (te rogamus) ii

Ut remissionem omnium peccatorum nostrorum nobis donare (digneris te rogamus)

[f. 226r] Fili Dei te rogamus ii

Agnus Dei qui tollis peccata mundi parce nobis Domine

Agnus Dei qui tollis peccata mundi exaudi nos Domine

Agnus Dei qui tollis peccata mundi miserere nobis

Christe audi nos ii

Kyrieleyson

Christeleyson

Kyrieleyson

In hora mortis succurre nobis Domine

In die iudicii libera

Peccatores te rogamus audi nos

Ut pacem (et concordiam) nobis do[f. 90r]nes te rogamus

Ut misericordia et pietas tua nos custodiat te rogamus

Ut ecclesiam tuam regere et defensare digneris te rogamus

Ut dompnum apostolicum et omnes gradus ecclesie in sancta religione conservare digneris te rogamus

Ut regibus et principibus nostris pacem et veram concordiam atque victoriam donare digneris te rogamus

Ut episcopos et abbates nostros et omnes congregaciones illis comissas in sancta religione conservare digneris te rogamus

Ut congregaciones omnium sanctorum in tuo sancto servicio conservare digneris te rogamus

Ut cunctum populum christianum precioso sanguine redemptum conservare digneris (te rogamus)

Ut omnibus benefactribus nostris sempiterna bona retribuas te rogamus

Ut animas nostras et parentum nostrorum ab eterna [f. 90v] dampnacione eripias te rogamus

Ut fructus terre dare et conservare digneris te rogamus

Ut locum istum et omnes habitantes in eo visitare et consolari digneris te rogamus

Ut oculos misericordie tue super nos reducere digneris te rogamus

Ut obsequium servitutis nostre rationabile facias te rogamus

Ut mentes nostras ad celestia desideria erigas te rogamus

Ut miserias pauperum et captivorum intueri et relevari (sic!) digneris te rogamus

Ut iter famulorum tuorum in salutis tue prosperitate disponas te rogamus

Ut regularibus disciplinis nos instruere digneris te rogamus

Ut omnibus fidelibus defunctis requiem eternam donare digneris te rogamus

Ut remissionem omnium peccatorum (nostrorum) nobis donare digneris te rogamus

Ut nos exaudire digneris te rogamus

Fili Dei te rogamus

Agnus Dei qui tollis peccata mundi parce nobis Domine

Agnus Dei qui tollis peccata mundi exaudi nos Domine

Agnus Dei qui tollis peccata mundi miserere nobis

Christe audi nos ii

Kyrieleison

Christeleison

Kyrieleison

Canterbury, Benedictine Cathedral Priory of the Holy Trinity (Christ Church)

XV Oxford, Bodleian Library Ashmole 1525, fols. 137v–140r c. 1210–20

[f. 137v] Kyrieleyson
Christeleyson
Christe audi nos
Pater de celis Deus miserere nobis
Fili redemptor mundi Deus miserere nobis
Spiritus sancte Deus miserere nobis
Sancta trinitas unus Deus miserere nobis
Sancta Maria ora pro nobis
Sancta Dei genetrix ora
Sancta virgo virginum ora
Sancte Michael ora
Sancte Gabriel ora
Sancte Raphael ora
Omnes sancti angeli et archangeli orate pro nobis
Omnes sancti beatorum spirituum ordines orate pro nobis
Sancte Iohannes baptista ora
Omnes sancti patriarche et prophete orate pro nobis
Sancte Petre ora
Sancte Paule ora
Sancte Andrea ora
Sancte Iohannes ora
Sancte Iacobe ora
Sancte Philippe ora
Sancte Bartholomee ora
Sancte Mathee ora
[f. 138r] Sancte Thoma ora
Sancte Iacobe ora
Sancte Symon ora
Sancte Taddee ora
Sancte Mathia ora
Sancte Barnaba ora
Sancte Luca ora
Sancte Marce ora
Omnes sancti apostoli et evangeliste orate pro nobis
Omnes sancti discipuli domini orate pro nobis
Omnes sancti innocentes orate pro (nobis)
Sancte Stephane ora
Sancte Thoma (erased) ora
Sancte Clemens ora
Sancte Alexander ora
Sancte Marcelle ora
Sancte Sixte ora
Sancte Laurenti ora
Sancte Vincenti ora
Sancte Georgi ora
Sancte Alfege II (ora)
Sancte Salvi (ora)
Sancte Blasi (ora)
Sancte Pancrati (ora)
Sancte Albane (ora)

XVI Paris, Bibliothèque nationale de France lat. 770, fols. 201r–204v c. 1210–20

[f. 201r] Kyrieleyson
Christeleyson
Christe audi nos
Pater de celis Deus miserere nobis
Fili redemptor mundi Deus miserere nobis
Spiritus sancte Deus miserere nobis
Sancta trinitas unus Deus miserere nobis
Sancta Maria ora pro nobis
[f. 201v] Sancta Dei genetrix ora
Sancta virgo virginum ora
Sancte Michael ora
Sancte Gabriel ora
Sancte Raphael ora
Omnes sancti angeli et archangeli orate pro nobis
Omnes sancti beatorum spirituum ordines orate pro nobis
Sancte Iohannes baptista ora
Omnes sancti patriarche et prophete orate
Sancte Petre ora
Sancte Paule ora
Sancte Andrea ora
Sancte Iohannes ora
Sancte Iacobe ora
Sancte Phillippe ora
Sancte Bartholomee ora
Sancte Mathee ora
Sancte Thoma ora
Sancte Iacobe ora
Sancte Symon ora
Sancte Taddee ora
Sancte Mathia ora
Sancte Barnaba ora
Sancte Luca ora
Sancte Marce ora
Omnes sancti apostoli et euuangeliste orate pro nobis
Omnes sancti discipuli domini orate
Omnes sancti innocentes orate
Sancte Stephane ora
Sancte Thoma ora
[f. 202r] Sancte Clemens ora
Sancte Alexander ora
Sancte Marcelle ora
Sancte Sixte ora
Sancte Laurenti ora
Sancte Vincenti ora
Sancte Georgi ora
Sancte Elphege ora
Sancte Salvi ora
Sancte Blalsi ora
Sancte Pancrati ora
Sancte Albane ora

Sancte Oswalde (ora)
Sancte Eadmunde (ora)
Sancte Dionisi cum sociis tuis ora pro nobis
Sancte Hyrenee cum sociis tuis (ora)
Sancte Maurici cum sociis tuis (ora)
Sancte Nicasi cum sociis tuis (ora)
Sancte Eustachi cum sociis tuis (ora)
Sancte Fabiane (ora)
Sancte Sebastiane (ora)
Sancte Gervasi (ora)
Sancte Prothasi (ora)
Sancte Christofore (ora)
Sancti Iohannes et Paule orate
Sancti Cosma et Damiane (orate)
Sancti Marcelline et Petre (orate)
Omnes sancti martires orate
[f. 138v] Sancte Silvester ora
Sancte Marcialis ora
Sancte Hylari ora
Sancte Martine ora
Sancte Ambrosi ora
Sancte Augustine ora
Sancte Damase ora
Sancte Leo ora
Sancte Gregori ora
Sancte Augustine cum sociis tuis ora
Sancte Odo ora
Sancte Dunstane ora
Sancte Audoene ora
Sancte Nicolae ora
Sancte Edmunde ora[31]
Sancte Wlgani ora
Sancte Remigi ora
Sancte Cuthberte ora
Sancte Swithune ora
Sancte Fursee ora
Sancte Wilfride ora
Sancte Pauline ora
Sancte Ronane[32] ora
Sancte Wlstane[33] (ora)
Sancte Ricarde (ora)
Sancte Hugo (ora)
Sancte Antoni ora
Sancte Ieronime ora
Sancte Benedicte ora
Sancte Maure ora
Sancte Bertine ora[34]
Sancte Guthlace ora
Sancte Columbane ora
Sancte Wandregisile (ora)
Sancte Leonarde ora[35]
Sancte Egidii
Sancte Iuliane ora
Sancte Edwarde ora
Omnes sancti confessores orate
Omnes sancti monachi et eremite orate
Sancta Maria Magdalene ora pro nobis[36]
Sancta Anna ora

Sancte Oswalde ora
Sancte Edmunde ora
Sancte Dionisi cum sociis tuis ora
Sancte Hyrenee cum sociis tuis ora
Sancte Maurici cum sociis tuis ora
Sancte Nichasi cum sociis tuis ora
Sancte Eustachi cum sociis tuis ora
Sancte Fabiane ora
Sancte Sebastiane ora
Sancte Gervasi ora
Sancte Protasi ora
Sancte Christofore ora
Sancti Iohannes et Paule orate pro nobis
Sancti Cosme et Damiane orate
Sancti Marcelline et Petre orate
Omnes sancti martyres orate pro nobis
Sancte Silvester ora
Sancte Marcialis ora
Sancte Hylari ora
Sancte Martine ora
[f. 202v] Sancte Ambrosi ora
Sancte Augustine ora
Sancte Damase ora
Sancte Leo ora
Sancte Gregori ora
Sancte Augustine cum sociis tuis ora
Sancte Odo ora
Sancte Dunstane ora
Sancte Audoene ora
Sancte Nicholae ora
–
Sancte Vulgani ora
Sancte Remigi ora
Sancte Cuthberte ora
Sancti Suinthune ora
Sancte Fursee ora
Sancte Vuilfride ora
Sancte Pauline ora
Sancte Ronane ora
–
–
–
Sancte Antoni ora
Sancte Ieronime ora
Sancte Benedicte ora
Sancte Maure ora
–
Sancte Guthlace ora
Sancte Columbane ora
Sancte Vandregisile ora
Sancte Leonarde ora
Sancte Egidi ora
–
(Sancte) Eadwarde ora[39]
Omnes sancti confessores orate pro nobis
Omnes sancti monachi et heremite orate
Sancta Maria Magdalene ora
–

Sancta Felicitas ora
Sancta Perpetua ora
Sancta Agatha ora
Sancta Agnes ora
Sancta Lucia ora
Sancta Cecilia ora
Sancta Petronilla ora
Sancta Scolastica ora
Sancta Baltildis ora
[f. 139r] Sancta Fides ora
Sancta Spes ora
Sancta Caritas ora
Sancta Tecla ora
Sancta Iuliana ora
Sancta Praxedis ora
Sancta Anastasia ora
Sancta Cristina ora
Sancta Iustina ora
Sancta Etheldreda ora[37]
Sancta Mildreda (ora)
Sancta Edburga (ora)
Sancta Prisca (ora)
Sancta Eufemia ora
Sancta Margarita ora
Sancta Austroberta ora
Sancta Katerina ora
Sancta Ositha ora
Sancta Brigida ora
Omnes sancte virgines orate
Omnes sancti orate pro nobis ii
Propitius esto parce nobis Domine
Propitius esto libera nos Domine
Ab omni malo libera nos Domine
Ab insidiis diaboli libera
A damnatione perpetua libera
Ab imminentibus peccatorum nostrorum periculis libera
Ab infestationibus demonum libera
A spiritu fornicationis libera
Ab appetitu inanis glorie libera
Ab omni immunditia mentis et corporis libera
Ab ira et odio et omni mala voluntate libera
Ab immundis cogitationibus libera
A cecitate cordis libera
A fulgure et tempestate libera
A subitanea morte libera
Per mysterium sancte incarnationis tue libera
Per passionem et crucem tuam libera
[f. 139v] Per gloriosam resurrectionem tuam (libera nos Domine)
Per admirabilem ascensionem tuam (libera)
Per gratiam sancti spiritus paracliti (libera)
In hora mortis succurre nobis Domine
In die iudicii libera
Peccatores te rogamus audi nos
Ut pacem nobis dones te rogamus
Ut misericordia et pietas tua nos semper custodiat te rogamus

Sancta Felicitas ora
Sancta Perpetua ora
Sancta Agatha ora
[f. 203r] Sancta Agnes ora
Sancta Lucia ora
Sancta Cecilia ora
Sancta Petronilla ora
Sancta Scolastica ora
Sancta Baltildis ora
Sancta Fides ora
Sancta Spes ora
Sancta Caritas ora
Sancta Tecla ora
Sancta Iuliana ora
Sancta Praxedis ora
Sancta Anastasia ora
Sancta Christina ora
Sancta Iustina ora
Sancta Etheldritha ora
Sancta Mildritha ora
–
Sancta Prisca ora
Sancta Eufemia ora
Sancta Margareta ora
Sancta Austroberta ora
Sancta Katerina ora
Sancta Ositha ora
Sancta Brigida ora[40]
Omnes sanccte virgines orate pro nobis
Omnes sancti orate
Propitius esto parce nobis Domine
Propit(i)us esto libera (nos Domine)
Ab omni malo libera
Ab insidiis diaboli libera
A dampnatione perpetua libera
Ab iminentibus peccatorum nostrorum periculis libera
Ab infestationibus [f. 203v] demonum libera
A spiritu fornicationis libera
Ab apetitu inanis glorie libera
Ab omni immunditia mentis et corporis (libera)
Ab ira et odio et omni mala voluntate libera
Ab immundis cogitationibus libera
A cecitate cordis libera
A fulgure et tempestate libera
A subitanea morte libera
Per misterium incarnationis tue libera
Per passionem et crucem tuam libera
Per gloriosam resurrectionem tuam libera (nos Domine)
Per admirabilem ascensionem tuam libera
Per gratiam sancti spiritus paracliti libera
In hora mortis succurre nobis Domine
In die iudicii libera
Peccatores te rogamus audi nos
Ut pacem nobis dones te rogamus
Ut misericordia et pietas tua nost semper custodiat te rogamus

Ut ecclesiam tuam regere et defensare digneris te rogamus
Ut domnum apostolicum[38] et omnes gradus ecclesie in sancta religione conservare digneris te rogamus (audi nos)
Ut archipresulem nostrum et gregem sibi commissum conservare digneris te rogamus
Ut regi nostro et principibus nostris pacem et veram concordiam atque victoriam donare digneris te rogamus
Ut episcopos (et) abbates nostros et omnes congregationes illis commissas in sancta religione conservare digneris te rogamus
Ut congregationes omnium sanctorum in tuo sancto servitio conservare digneris te rogamus
Ut cunctum populum christianum precioso sanguine tuo redemptum conservare digneris te rogamus
Ut omnibus benefactoribus nostris sempiterna bona retribuas te rogamus
Ut animas nostras et parentum nostrorum ab eterna dampnatione eripias te rogamus
[f. 140r] Ut mentes nostras ad celestia desideria (erigas) te rogamus
Ut obsequium servitutis nostre rationabile facias te rogamus
Ut loca nostra et omnes habitantes in eis visitare et consolari digneris te rogamus
Ut fructus terre dare et conservare digneris te rogamus
Ut inimicos sancte Dei ecclesie comprime(re) digneris te rogamus
Ut oculos misericordie tue super nos reducere digneris te rogamus
Ut miserias pauperum et captivorum intueri et relevare digneris te rogamus
Ut omnibus fidelibus defunctis requiem eternam dones te rogamus
Ut nos exaudire digneris te rogamus
Fili Dei te rogamus ii
Agnus Dei qui tollis peccata mundi parce nobis Domine
Agnus Dei qui tollis peccata mundi exaudi nos Domine
Agnus Dei qui tollis peccata mundi miserere nobis
Christe audi nos
Kyrieleyson
Christeleyson
Kyrieleyson

Ut ecclesiam tuam regere et defensare digneris te rogamus
Ut domnum apostolicum et omnes gradus ecclesie in sancta religione [f. 204r] conservare digneris te rogamus audi nos
Ut archipresulem nostrum et gregem sibi commissum conservare digneris te rogamus
Ut regibus nostris pacem et veram concordiam atque victoriam donare digneris te rogamus
Ut episcopos et abbates nostros et omnes congregationes illis commissas in sancta religione conservare digneris te rogamus
Ut congregationes omnium sanctorum tuorum in sancto servitio conservare digneris te rogamus
Ut cunctum populum christianum precioso sanguine tuo redemptum conservare digneris te rogamus
Ut omnibus benefactoribus nostris sempiterna bona retribuas te rogamus
Ut animas nostras et parentum nostrorum ab eterna dampnatione eripias (te rogamus)
Ut mentes nostras ad celestia desideria erigas te rogamus
Ut obsequium servitutis nostre rationabile facias te rogamus
Ut loca nostra et omnes habitantes in eis visitare et consolari [f. 204v] digneris te rogamus
Ut fructus terre dare et conservare digneris te rogamus
Ut inimicos sancte Dei ecclesie comprimere digneris te rogamus
Ut oculos misericordie tue super nos reducere digneris te rogamus
Ut miserias pauperum et captivorum intuere (sic!) et relevare digneris te rogamus
Ut omnibus fidelibus defunctis requiem eternam dones te rogamus
Ut nos exaudire digneris te rogamus
Fili Dei ii te rogamus
Agnus Dei qui tollis peccata mundi parce nobis Domine
Agnus Dei qui tollis peccata mundi exaudi nos Domine
Agnus Dei qui tollis peccata mundi miserere nobis
Christe audi nos
Kyrieleyson
Christeleyson
Kyrieleyson

XVII Eton, College Library 78, fols. 123r–126r c. 1230–50	**XVIII Canterbury, Cathedral Library Add. 6, fols. 34v–36r c. 1340**
[f. 123r] Kyrieleison	–
Christeleyson	–
Christe audi nos	–
Pater de celis Deus miserere nobis	–
Fili redemptor mundi Deus miserere nobis	–
[f. 123v] Spiritus sancte Deus miserere nobis	–
Sancta trinitas unus Deus miserere (nobis)	–
Sancta Maria ora pro nobis	–
Sancta Dei genetrix ora	–
Sancta virgo virginum ora	[f. 34v] Sancta virgo virginum (ora)
Sancte Michael ora	Sancte Michael (ora)
Sancte Gabriel ora	Sancte Gabriel ora
Sancte Raphael ora	Sancte Raphael ora
Omnes sancti angeli et archangeli orate pro nobis	Omnes sancti angeli et archangeli orate
Omnes sancti beatorum spirituum ordines orate pro nobis	Omnes sancti beatorum spirituum ordines orate (pro nobis)
Sancte Iohannes baptista ora	Sancte Johannes baptista ora
Omnes sancti patriarche et prophete orate pro nobis	Omnes sancti patriarche et prophete orate
Sancte Petre ora	Sancte Petre ora
Sancte Paule ora	Sancte Paule ora
Sancte Andrea ora	–
Sancte Iohannes ora	–
Sancte Iacobe ora	–
Sancte Philippe ora	–
Sancte Bartholomee ora	–
Sancte Mathee ora	–
Sancte Thoma ora	–
Sancte Iacobe ora	–
Sancte Symon ora	–
Sancte Thadee ora	–
Sancte Mathia ora	–
Sancte Barnaba ora	–
Sancte Luca ora	–
Sancte Marce ora	–
Omnes sancti apostoli et euuangeliste orate pro nobis	–
Omnes sancti discipuli domini orate	–
Omnes sancti innocentes ora	–
Sancte Stephane ora	–
Sancte Thoma II[41] ora	–
Sancte Clemens ora	–
Sancte Alexander ora	[f. 35r] Sancte Alexander ora
Sancte Marcelle ora	Sancte Marcelle ora
Sancte Syxte ora	Sancte Sixte ora
Sancte Laurenti ora	Sancte Laurenti ora
Sancte Vincenti ora	Sancte Vincenti ora
Sancte Georgi ora	Sancte Georgi ora
[f. 124r] Sancte Herasme ora[42]	–
Sancte Alphege II ora	Sancte Elphege II ora[51]
Sancte Salvi ora	Sancte Salvi ora
Sancte Blasi ora	Sancte Blasi ora
Sancte Pancrati ora	Sancte Pancrati ora
Sancte Albane ora	Sancte Albine ora
Sancte Oswalde ora	–
Sancte Ædmunde ora	–

Sancte Dionisi cum sociis tuis ora	–
Sancte Yrenei cum sociis tuis ora[43]	–
Sancte Maurici cum sociis tuis ora	–
Sancte Nichasi cum sociis tuis ora	–
Sancte Eustachi cum sociis tuis ora	–
Sancte Fabiane ora	–
Sancte Sebastiane ora	–
Sancte Gervasi ora	–
Sancte Prothasi ora	–
Sancte Christofore (ora)	–
Sancti Iohanes et Paule orate pro nobis	–
Sancti Cosma et Damiane orate	–
Sancti Marcelline et Petre orate	–
Omnes sancti martires orate	–
Sancte Silvester ora	–
Sancte Marcialis ora	–
Sancte Hylari ora	–
Sancte Martine ora	–
Sancte Ambrosi ora	–
Sancte Augustine ora	Sancte Augustine (ora)
Sancte Damase ora	Sancte Damase (ora)
Sancte Leo ora	Sancte Leo (ora)
Sancte Gregori ora	Sancte Gregori ora
Sancte Augustine cum sociis tuis (ora)	Sancte Augustine cum sociis tuis ora
Sancte Odo ora	Sancte Odo ora
Sancte Dunstane II ora	Sancte Dunstane II ora
Sancte Audoene ora	Sancte Audoene ora
Sancte Nicholae ora	Sancte Nicholae ora
Sancte Edmunde ora[44]	Sancte Edmunde ora
Sancte Uulgane	–
Sancte Remigi ora	–
Sancte Cuthberte ora	–
Sancte Swithune ora	–
Sancte Fursee ora	–
Sancte Uuilfride ora	–
Sancte Pauline ora	–
Sancte Ronane ora	–
Sancte Wlstane ora[45]	–
Sancte Ricarde ora	–
Sancte Hugo ora	–
[f. 124v] Sancte Antoni ora	–
Sancte Ieronime ora	–
Sancte Benedicte II ora	–
Sancte Maure ora	–
Sancte Bertine ora[46]	
Sancte Guthlace ora	–
Sancte Columbane ora	–
Sancte Wandregisile ora	–
Sancte Leonarde ora	–
Sancte Egidi ora	–
Sancte Juliane[47]	–
Sancte Ethelberte ora	–
Sancte Eaduuarde ora	[f. 35v] Sancte Edwarde ora
Omnes sancti confessores orate (pro nobis)	Omnes sancti confessores orate (pro nobis)
Omnes sancti monachi et heremite orate pro nobis	Omnes sancti monachi et eremite (orate pro nobis)
Sancta Anna[48] (ora)	–
Sancta Maria Magdalene ora	Sancta Maria Magdalene ora

Sancta Felicitas ora	Sancta Felicitas ora
Sancta Perpetua ora	Sancta Perpetua ora
Sancta Agatha[49] ora	Sancta Agatha ora
Sancta Agnes ora	Sancta Agnes ora
Sancta Lucia ora	Sancta Lucia ora
Sancta Cecilia ora	–
Sancta Petronilla ora	–
Sancta Scolastica ora	–
Sancta Baptildis ora	–
Sancta Fides ora	–
Sancta Spes ora	–
Sancta Caritas ora	–
Sancta Tecla ora	–
Sancta Iuliana ora	–
Sancta Praxedis ora	–
Sancta Anastasia ora	–
Sancta Christina ora	–
Sancta Iustina ora	–
Sancta Ældrida ora	–
Sancta Mildrida ora	–
Sancta Edburga ora[50]	–
Sancta Prisca ora	–
Sancta Eufemia ora	–
Sancta Margareta ora	–
Sancta Austroberta ora	–
Sancta Katerina ora	Sancta Katerina (ora)
Sancta Osyha ora	Sancta Ositha ora
Omnes sancte virgines orate pro nobis	Omnes sancte virgines orate
Omnes sancti orate pro nobis II	Omnes sancti II orate
[f. 125r] Propicius esto parce nobis Domine	Propicius esto parce nobis Domine
Propicius esto libera nos Domine	Propicius esto libera nos Domine
Ab omni malo libera	Ab omni malo libera
Ab insidiis diaboli libera	Ab insidiis diaboli libera
A dampnatione perpetua libera	A dampnacione perpetua libera
Ab imminentibus peccatorum nostrorum periculis libera	Ab iminentibus peccatorum nostrorum periculis libera
Ab infestationibus demonum (libera)	–
A spiritu fornicationis libera	–
Ab appetitu inanis glorie libera	–
Ab omni inmundicia mentis et corporis libera	–
Ab ira et odio et omni mala voluntate libera	–
Ab inmundis cogitationibus (libera)	–
A cecitate cordis libera	–
A fulgure et tempestate libera	–
A subitanea et eterna morte (libera)	–
Per misterium sancte incarnationis tue libera	–
Per passionem et crucem tuam (libera)	–
Per gloriosam resurrectionem tuam libera nos Domine	–
Per admirabilem ascensionem tuam libera	–
Per gratiam sancti spiritus paracliti (libera)	–
In hora mortis succurre nobis Domine	–
In die iudicii libera	[f. 36r] In die iudicii libera
Peccatores te rogamus audi nos	Peccatores te rogamus audi (nos)
Ut pacem nobis dones te rogamus	Ut pacem nobis dones te rogamus
Ut misericordia et pietas tua nos semper custodiat te rogamus	Ut misericordia et pietas tua nos semper custodiat te rogamus

Ut ecclesiam tuam regere et defensare digneris te rogamus
Ut domnum apostolicum et omnes gradus ecclesie in sancta religione conservare digneris te rogamus
Ut archipresulem nostrum et gregem sibi commissum conservare digneris te rogamus
Ut regi nostro et principibus [f. 125v] nostris pacem et veram concordiam atque victoriam donare digneris te rogamus
Ut episcopos et abbates nostros et omnes congregationes illis comissas in sancta religione conservare digneris te rogamus
Ut congregationes omnium sanctorum in tuo sancto servitio conservare digneris (te rogamus)
Ut cunctum populum christianum precioso sanguine tuo redemptum conservare digneris
Ut omnibus benefactoribus nostris sempiterna bona retribuas (te rogamus)
Ut animas nostras et parentum nostrorum ab eterna dampnatione eripias te rogamus
Ut mentes nostras ad celestia desideria erigas te rogamus
Ut obsequium servitutis nostre rationabile facias te rogamus
Ut loca nostra et omnes habitantes in eis visitare et consolari digneris te rogamus
–
–
Ut fructus terre dare et conservare digneris te rogamus
Ut inimicos sancte Dei ecclesie comprimere digneris te rogamus
Ut oculos misericordie tue super nos reducere digneris (te rogamus)
Ut miserias pauperum et captivorum intueri et relevare digneris te rogamus
Ut omnibus fidelibus defunctis requiem eternam dones (te rogamus)
Ut nos exaudire digneris (te rogamus)
Fili Dei II te rogamus
Agnus Dei qui tollis peccata mundi parce nobis Domine
Agnus Dei (qui tollis peccata mundi) exaudi nos Domine
Agnus Dei (qui tollis peccata mundi) miserere nobis
[f. 126r] Christe audi nos
Kyrieleison Christeleison Kyrieleison

Ut ecclesiam tuam regere et defensare digneris te rogamus
Ut domnum apostolicum[52] et omnes gradus ecclesie in sancta religione conservare digneris te rogamus
–
–
–
–
–
–
–
–
–
–
–
–
–
–
–
–
Ut mentes nostras (ad celestia) desideria erigas te rogamus
Ut obsequium servitutis nostre racionabile facias te rogamus
Ut loca nostra et omnes habitantes in eis visitare et consolari digneris te rogamus
Pro aeris serenitate[53] Ut aeris serenitatem nobis tribuere digneris te rogamus
Ut fructus terre dare et conser(vare digneris te rogamus)
–
–
–
–
–
–
–
–
–
–
–
–
–
–
–
–
–
–

XIX London, Lambeth Palace Library 558, fols. 169r–173r c. 1400–25

[f. 169r] Kyrieleyson
Christeleyson
Christe audi nos
Pater de celis Deus miserere nobis
Fili redemptor mundi Deus miserere nobis
Spiritus sancte Deus miserere nobis
Sancta trinitas (unus) Deus miserere nobis
Sancta Maria ora pro nobis
Sancta Dei genetrix ora
Sancta virgo virginum ora
[f. 169v] Sancte Michael ora
Sancte Raphael ora
Sancte Gabriel ora
Omnes sancti angeli et archangeli orate
Omnes sancti beatorum spirituum ordines orate
Sancte Iohannes baptista ora
Omnes sancti patriarche et prophete orate
Sancte Petre ora
Sancte Paule ora
Sancte Andrea ora
Sancte Iohannes ora
Sancte Iacobe ora
Sancte Philippe ora
Sancte Bartholomee ora
Sancte Mathee ora
Sancte Thoma[54] ora
Sancte Iacobe ora
Sancte Symon ora
Sancte Thadee ora
Sancte Mathia ora
Sancte Barnaba ora
Sancte Luca ora
Sancte Marce ora
Omnes sancti apostoli et evangeliste orate
Omnes sancti discipuli domini orate pro nobis
Omnes sancti innocentes orate
Sancte Stephane ora
Sancte Thoma[55] ii ora
Sancte Clemens ora
Sancte Alexander ora
Sancte Clete ora
[f. 170r] Sancte Sixte ora
Sancte Marcelle ora
Sancte Laurenti ora
Sancte Vincenti ora
Sancte Georgi ora
Sancte Ælphegi ii ora
Sancte Salvi ora
Sancte Blasi ora
Sancte Pancraci ora
Sancte Albane ora
Sancte Oswalde ora
Sancte Eadmunde ora
Sancte Dyonisi cum sociis tuis ora
Sancte Hirenee cum sociis tuis ora

XX Canterbury, Cathedral Library 62 (Lit. E.17), fols. 52v–61v c. 1450

[f. 52v] Kyrieleison
Christeleison
Christe audi nos
Pater de celis Deus miserere nobis
[f. 53r] Fili redemptor mundi Deus miserere nobis
Spiritus sancte Deus miserere nobis
Sancta trinitas unus Deus miserere nobis
Sancta Maria ora
Sancta Dei genetrix ora
Sancta virgo virginum ora
Sancte Michael ora
Sancte Gabriel ora
Sancte Raphael ora
Omnes sancti angeli et archangeli (orate)
Omnes sancti beatorum spirituum ordines orate[59]
[f. 53v] Sancte Iohannes baptista ora
Omnes sancti patriarche et prophete orate
Sancte Petre ora
Sancte Paule ora
Sancte Andrea ora
Sancte Iohannes ora
Sancte Iacobe ora
Sancte Philippe ora
Sancte Bartholomee ora
Sancte Mathee ora
Sancte Thoma ora
Sancte Iacobe ora
Sancte Symon ora
[f. 54r] Sancte Thadee ora
Sancte Mathia ora
Sancte Barnaba ora
Sancte Luca ora
Sancte Marce[60] ora
Omnes sancti apostoli et evangeliste orate
Omnes sancti discipuli domini orate
Omnes sancti innocentes orate
Sancte Stephane ora
Sancte Thoma[61] ora
Sancte Clemens ora
Sancte Alexander ora
–
Sancte Marcelle ora
Sancte Sixte ora
[f. 54v] Sancte Laurenti ora
Sancte Vincenti ora
Sancte Georgi ora
Sancte Elphege ora
Sancte Salvi ora
Sancte Blasi ora
Sancte Pancraci ora
Sancte Albane ora
Sancte Oswalde ora
Sancte Edmunde ora
Sancte Dionisi cum sociis tuis ora
Sancte Hirenee cum sociis tuis ora

Sancte Maurici cum sociis tuis ora
Sancte Nicasi cum sociis tuis ora
Sancte Eustachi cum sociis tuis ora
Sancte ffabiane ora
Sancte Sebastiane ora
Sancte Gervasi ora
Sancte Prothasi ora
Sancte Christofore ora
Sancti Iohannes et Paule orate
Sancti Cosme et Damiane orate
Sancti Marcelline et Petre orate
Omnes sancti martires orate
Sancte Silvester ora
Sancte Marcialis ora
Sancte Hilari ora
Sancte Martine ora
Sancte Ambrosi ora
Sancte Augustine ora
Sancte Damase ora
[f. 170v] Sancte Leo ora
Sancte Gregori ora
Sancte Augustine cum sociis tuis ora
Sancte Odo ora
Sancte Dunstane ii ora
Sancte Audoene ora
Sancte Nicholae ora
Sancte Eadmunde ora
Sancte Wlgani ora
Sancte Remigi ora
Sancte Cuthberte ora
Sancte Swithune ora
Sancte ffursee ora
Sancte Wilfride ora
Sancte Pauline ora
Sancte Romane[56] ora
Sancte Wlstane ora
Sancte Ricarde ora
Sancte Hugo ora
Sancte Antoni ora
Sancte Ieronime ora
Sancte Benedicte ii ora
Sancte Maure ora
Sancte Bertine ora
Sancte Cuthlace ora
Sancte Columbane ora
Sancte Wandregesili ora
Sancte Leonarde ora
Sancte Egidi ora
Sancte Iuliane ora
–
Sancte Edwarde ora
Omnes sancti confessores orate
Omnes sancti monachi et heremite orate
–
Sancta Maria Madalene ora
[f. 171r] Sancta ffelicitas ora
Sancta Perpetua ora
Sancta Agatha ora

Sancte Maurici cum sociis tuis ora
[f. 55r] Sancte Nichasi cum sociis tuis ora
Sancte Eustasi cum sociis tuis ora
Sancte Fabiane ora
Sancte Sebastiane ora
Sancte Gervasi ora
Sancte Prothasi ora
Sancte Christofore ora
Sancte (sic!) Iohannes et Pauli orate
Sancti Cosma et Damiane orate
Sancti Marcelline et Petre orate
Omnes sancti martires orate
Sancte Silvester ora
Sancte Marcialis ora
[f. 55v] Sancte Hillari ora
Sancte Martine ora
Sancte Ambrosi ora
Sancte Augustine ora
Sancte Damase ora
Sancte Leo ora
Sancte Gregori ora
Sancte Augustine cum socis tuis (ora)
Sancte Odo ora
Sancte Dunstane ora
Sancte Audoene ora
Sancte Nicholae ora
Sancte Edmunde ora
[f. 56r] Sancte Wlgani ora
Sancte Remigi ora
Sancte Cuthberte ora
Sancte Swythune ora
Sancte Fursee ora
Sancte Wilfride ora
Sancte Pauline ora
Sancte Ronane ora
Sancte Wlstane ora
Sancte Ricarde ora
Sancte Hugo ora
Sancte Antoni ora
Sancte Ieronime ora
[f. 56v] Sancte Benedicte ora
Sancte Maure ora
Sancte Bertine ora
Sancte Cuthlace ora
Sancte Columbane ora
Sancte Wandragesile ora
Sancte Leonarde ora
Sancte Egidii ora
Sancte Iuliane ora
Sancte Ethelberte ora
Sancte Edwarde ora
Omnes sancti confessores orate
Omnes sancti monachi et heremite orate
[f. 57r] Sancta Anna ora
Sancta Maria Magdalene (ora)
Sancta Felicitas ora
Sancta Perpetua ora
Sancta Agatha ora

Sancta Agnes ora
Sancta Lucia ora
Sancta Cecilia ora
Sancta Petronilla ora
Sancta Scolastica ora
Sancta Batildis ora
Sancta ffides ora
Sancta Spes ora
Sancta Caritas ora
Sancta Tecla ora
Sancta Iuliana ora
Sancta Praxedis ora
Sancta Anastasia ora
Sancta Cristina ora
Sancta Iustina ora
Sancta Etheldrida ora
Sancta Mildreda ora
Sancta Eadburga ora
Sancta Prisca ora
Sancta Eufemia ora
Sancta Margareta ora
Sancta Austroberta ora
Sancta Katerina ora
–
Sancta Ositha ora
Sancta Fredeswyda ora
Omnes sancte virgines orate
Omnes sancti ii orate
Propicius esto parce nobis Domine
Propicius esto libera nos Domine
Ab omni malo libera
Ab insidiis diaboli libera
A dampnacione perpetua libera
Ab iminentibus pecca[f. 171v]torum nostrorum periculis libera
Ab infestacionibus demonum libera
A spiritu fornicacionis libera
Ab appetitu inanis glorie libera
Ab omni immundicia mentis et corporis libera
Ab ira et odio et omni (mala) voluntate libera
Ab inmundis cogitacionibus libera
A cecitate cordis libera
A fulgure et tempestate libera
A subitanea morte libera
Per misterium sancte incarnacionis tue libera
Per passionem et crucem tuam libera
Per gloriosam resurreccionem tuam libera
Per admirabilem ascensionem tuam libera
Per graciam sancti spiritus paracliti libera
In hora mortis succurre nobis Domine
In die iudicii libera nos Domine
Peccatores te rogamus audi nos
[f. 172r] Ut pacem nobis dones te rogamus audi nos
Ut misericordia et pietas tua nos semper custodiat te rogamus
Ut ecclesiam tuam regere et defensare digneris te rogamus

Sancta Agnes ora
Sancta Lucia ora
Sancta Cecilia ora
Sancta Petronilla ora
Sancta Scolastica ora
Sancta Batildis ora
Sancta Fides ora
Sancta Spes ora
[f. 57v] Sancta Caritas ora
Sancta Tecla ora
Sancta Iuliana ora
Sancta Praxedis ora
Sancta Anastasia ora
Sancta Christiana ora
Sancta Iustina ora
Sancta Ethildrida ora
Sancta Edburga ora
Sancta Mildritha ora
Sancta Prisca ora
Sancta Eufemia ora
Sancta Margareta ora
[f. 58r] Sancta Austraberta ora
Sancta Katerina ora
Sancta Brigida ora
Sancta Ositha ora
Sancta Ursula ora
Omnes sancte virgines orate
Omnes sancti orate
Propicius esto parce nobis Domine
Propicius esto libera nos Domine
Ab omni malo libera
Ab insidiis diaboli libera
A dampnacione perpetua libera
Ab iminentibus peccatorum (nostrorum) periculis libera
[f. 58v] Ab infestacionibus demonum libera
A spiritu fornicacionis libera
Ab appetitu inanis glorie libera
Ab omni inmundicia mentis et corporis libera
Ab ira et odio et omni mala voluntate libera
Ab immundis cogitacionibus libera
A cecitate cordis libera
A fulgure et tempestate libea
A subitanea morte libera
Per misterium sancte [f. 59r] incarnacionis tue libera
Per passionem (et crucem) tuam libera
Per gloriosam resurreccionem tuam libera
Per admirabilem ascensionem tuam libera
Per graciam sancti spiritus paracliti libera
In hora mortis succurre nobis Domine
In die iudicii libera
Peccatores te rogamus audi nos
Ut pacem nobis dones te rogamus
Ut misericordia et pietas tua nos [f. 59v] semper custodiat te rogamus
Ut ecclesiam tuam regere et defensare digneris te rogamus

Ut dompnum apostolicum et omnes gradus ecclesie in sancta religione conservare digneris te rogamus
Ut archipresulem nostrum et gregem sibi commissum conservare digneris te rogamus
Tempore vacationis debet dici iste versus pro electo archiepiscopo futuro[57] Ut ecclesie tue pro futurum pastorem concede digneris te rogamus
Ut regi nostro et principibus nostris pacem et veram concordiam atque victoriam donare digneris te rogamus
Ut episcopos et abbates nostros et omnes congregaciones illis commissas in sancta religione conservare digneris te rogamus audi nos
Ut congregaciones omnium sanctorum tuorum in tuo sancto servicio conservare digneris te rogamus
Ut cunctum populum christianum precioso sanguine [f. 172v] tuo redemptum conservare digneris te rogamus
Ut omnibus benefactoribus nostris sempiterna bona retribuas te rogamus
Ut animas nostras et parentum nostrorum ab eterna dampnacione eripias te rogamus
Ut mentes nostras ad celestia desideria erigas te rogamus
Ut obsequium servitutis nostre racionabile facias te rogamus
Ut loca nostra et omnes habitantes in eis visitare et consolari digneris te rogamus
Pro aeris serenitate[58] Ut aeris serenitatem nobis tribuere digneris te rogamus audi nos
Ut fructus terre dare et conservare digneris te rogamus
Ut inimicos sancte ecclesie comprimere digneris te rogamus
Ut oculos misericordie tue super nos reducere digneris te rogamus audi nos
Ut miserias pauperum et captivorum intueri et relevare digneris te rogamus
Ut omnibus fidelibus defunctis requiem eternam dones te rogamus audi nos
[f. 173r] Ut nos exaudire te rogamus audi nos
Fili Dei te rogamus audi nos ii
Agnus Dei qui tollis peccata mundi parce nobis Domine
Agnus Dei qui tollis peccata mundi exaudi nos Domine
Agnus Dei qui tollis peccata mundi miserere nobis
Christe audi nos
Kyrieleyson
Christeleyson
Kyrieleyson

Ut dompnum apostolicum[62] et omnes gradus ecclesie in sancta religione conservare digneris te rogamus
Ut regi nostro et principibus nostris pacem et veram concordiam atque victoriam donare digneris te rogamus
Ut archipresulem nostrum et gregem si[f. 60r]bi commissum conservare digneris te rogamus
–
–
–
Ut episcopos et abbates nostros et omnes congregaciones illis commissas in sancta religione conservare digneris te rogamus
Ut congregaciones omnium sanctorum (tuorum) in tuo sancto servicio conservare digneris te rogamus
Ut cunctum populum christianum precioso sangune tuo redemptum conservare digneris te rogamus
Ut omnibus [f. 60v] benefactoribus nostris sempiterna bona retribuas te rogamus
Ut animas nostras et parentum nostrorum ab eterna dampnacione eripias te rogamus
Ut mentes nostras ad celestia desideria erigas te rogamus
Ut obsequium servitutis nostre racionabile facias te rogamus
Ut loca nostra et omnes habitantes in eis visitare et consolari digneris te rogamus
–
–
Ut fructus ter[f. 61r]re dare et conservare digneris te rogamus
Ut inimicos sancte ecclesie comprimere digneris te rogamus
Ut oculos misericordie tue super nos reducere digneris te rogamus (audi nos)
Ut miserias pauperum et captivorum intueri et revelare digneris te rogamus
Ut omnibus fidelibus defunctis requiem eternam dones te rogamus (audi nos)
Ut nos exaudire digneris te rogamus
Fili Dei te rogamus
Agnus Dei qui tollis [f. 61v] peccata mundi parce nobis Domine
Agnus Dei qui tollis peccata mundi exaudi nos Domine
Agnus Dei qui tollis peccata mundi miserere nobis
Christe audi nos
Kyrieleison
Christeleison
Kyrieleison

Canterbury, Benedictine Abbey of St Augustine

XXI New York, Pierpont Morgan Library G. 53, fols. 144r–147r c. 1320

[f. 144r] Kyrieleyson
Christe eleyson
Christe audi nos
Pater de celis Deus [f. 144v] miserere nobis
Fili redemptor mundi Deus miserere nobis
Spiritus sancte Deus miserere nobis
Sancta trinitas unus Deus miserere nobis
Sancta Maria ora pro nobis
Sancta Dei genetrix ora
Sancta virgo virginum ora
Sancte Michael ora
Sancte Gabriel ora
Sancte Raphael ora
Omnes sancti angeli et archangeli orate pro nobis
Omnes sancti beatorum spirituum ordines orate
Sancte Iohannes baptista ora
Omnes sancti patriarche et prophete orate
Sancte Petre II ora
Sancte Paule ora
Sancte Andrea ora
Sancte Iacobe ora
Sancte Iohannes
Sancte Thoma
Sancte Iacobe
Sancte Philippe ora
Sancte Bartholomee ora
Sancte Mathee ora
Sancte Symon ora
Sancte Taddee ora
Sancte Mathia ora
Sancte Barnaba ora
Sancte Marce ora
Sancte Luca ora
Sancte Marcialis ora
Omnes sancti apostoli et euuangeliste orate
Omnes sancti discipuli domini orate
[f. 145r] Omnes sancti innocentes orate
Sancte Stephane ora
Sancte Clemens ora
Sancte Sixte ora
Sancte Dyonisi cum sociis tuis orate[63]
Sancte Maurici cum sociis tuis orate
Sancte Eustachi cum sociis tuis orate
Sancte Ypolite cum sociis tuis orate
Sancte Laurenti ora
Sancte Vincenti ora
Sancte Sebastiane ora
Sancte Albane ora
Sancte Ælphege ora
Sancte Thoma[64] ora
Sancte Oswalde ora
Sancte Eadmunde ora

XXII Oxford, Bodleian Library Barlow 32, pp. 254–261 c. 1325–30

[p. 254] Kyrieleison
Christeleison
Christe audi nos ii
Pater de celis Deus miserere nobis
Fili redemptor mundi Deus miserere (nobis)
Spiritus sancte Deus miserere (nobis)
Sancta trinitas unus Deus miserere (nobis)
Sancta Maria ora pro nobis
Sancta Dei genetrix ora
Sancta virgo virginum ora
Sancte Michael ora
Sancte Gabriel ora
Sancte Raphael ora
Omnes sancti angeli et archangeli orate
Omnes sancti beatorum spirituum ordines orate
Sancte Johannes baptista ora
Omnes sancti patriarche et prophete orate
Sancte Petre ii ora
Sancte Paule ora
Sancte Andrea ora
[p. 255] Sancte Jacobe ora
Sancte Johannes ora
Sancte Thoma ora
Sancte Jacobe ora
Sancte Philippe ora
Sancte Bartholomee (ora)
Sancte Mathee ora
Sancte Symon ora
Sancte Taddee ora
Sancte Mathia ora
Sancte Barnaba ora
Sancte Marche ora
Sancte Luca ora
Sancte Marcialis ora
Omnes sancti apostoli et ewangeliste orate
Omnes sancti discipuli domini orate
Omnes sancti innocentes orate
Sancte Stephane ora
Sancte Clemens ora
Sancte Sixte ora
Sancte Dyonisii cum sociis tuis orate
Sancte Maurici cum sociis tuis orate
Sancte Eustachii cum sociis tuis oate
Sancte Ypolite cum sociis tuis (orate)
Sancte Laurenti ora
Sancte Vincenti ora
Sancte Sebastiane (ora)
Sancte Albane ora
Sancte Ælphegi ora
[p. 256] Sancte Thoma ora
Sancte Oswalde ora
Sancte Eadmunde ora

Sancte Gervasi ora
Sancte Prothasi ora
Sancte Quintine ora
Sancte Christofore ora
Sancte Georgi ora
Sancte Pancraci ora
Sancte Pantaleon ora
Sancte Blasi ora
Sancti Cosma et Damiane (orate)
Omnes sancti martires orate
Sancte Gregori ora
Sancte Augustine II ora
Sancte Laurenti ora
Sancte Mellite ora
Sancte Iuste ora
Sancte Honori ora
Sancte Deusdedit ora
Sancte Theodore ora
Sancte Letarde ora
Sancte Iamberte ora
Sancte Pauline ora
Sancte Dunstane ora
[f. 145v] Sancte Eadmunde ora
Sancte Richarde ora
Sancte Silvester ora
Sancte Hyllari ora
Sancte Martine ora
Sancte Ambrosi ora
Sancte Augustine ora
Sancte Ieronime ora
Sancte Audoene ora
Sancte Nicholae ora
Sancte Cuthberte ora
Sancte Swithune ora
Sancte Benedicte II ora
Sancte Petre ora
Sancte Adriane II ora
Sancte Æthelberte ora
Sancte Maure ora
Sancte Wandregisile ora
Sancte Antoni ora
Sancte Machari ora
Sancte Egidi ora
Sancte Leonarde ora
Omnes sancti confessores orate
Sancta Mildretha II ora
Sancta Maria Magdalene (ora)
Sancta Felicitas ora
Sancta Perpetua ora
Sancta Petronilla ora
Sancta Agatha ora
Sancta Agnes ora
Sancta Cecilia ora
Sancta Lucia ora
Sancta Margareta ora
Sancta Scolastica (ora)
Sancta Ætheldretha (ora)
Sancta Æthelburga (ora)

Sancte Gervasi ora
Sancte Prothasi ora
Sancte Quintine ora
Sancte Christophore ora
Sancte Georgii ora
Sancte Pancrati ora
Sancte Pantaleon ora
Sancte Blasi ora
Sancti Cosma et Damiane orate pro nobis
Omnes sancti martires orate
Sancte Gregori ora
Sancte Augustine ii ora
Sancte Laurenti ora
Sancte Mellite ora
Sancte Juste ora
Sancte Honori ora
Sancte Deusdedit ora
Sancte Theodore ora
Sancte Letarde ora
Sancte Jamberte ora
Sancte Pauline ora
Sancte Dunstane ora
Sancte Eadmunde ora
Sancte Ricarde ora
Sancte Silvester ora
Sancte Hylari ora
Sancte Martyne ora
Sancte Ambrosi ora
Sancte Augustine ora
Sancte Jeronime ora
[p. 257] Sancte Audoene ora
Sancte Nicholae ora
Sancte Cuthberte ora
Sancte Swithune ora
Sancte Benedicte ii (ora)
Sancte Petre ora
Sancte Adriane ii ora
Sancte Athelberte ora
Sancte Maure ora
Sancte Wandregisile ora
Sancte Antoni ora
Sancte Machari ora
Sancte Egidi ora
Sancte Leonarde ora
Omnes sancti confessores orate pro nobis
Sancta Mildretha ora
Sancta Maria Magdalene ora pro nobis
Sancta Felicitas ora
Sancta Perpetua ora
Sancta Petronilla (ora)
Sancta Agatha ora
Sancta Agnes ora
Sancta Cecilia ora
Sancta Lucia ora
Sancta Margareta ora
Sancta Scolastica ora
Sancta Ætheldretha ora
Sancta Athelburga ora

Sancta Milburga ora
Sancta Katerina ora
Sancta Praxedis ora
Sancta Iuliana ora
[f. 146r] Sancta Fidis ora
Sancta Brigida ora
Omnes sancte virgines orate pro nobis
Omnes sancti II orate
Propicius esto parce nobis Domine
Ab omni malo libera nos domini
Ab insidiis diaboli libera
A dampnatione perpetua libera
Ab iminentibus peccatorum nostrorum periculis libera
Ab infestacionibus demonum libera
A spiritu fornicacionis libera
Ab appetitu inanis glorie libera
Ab omni inmundicia mentis et corporis libera
Ab ira et odio et omni mala voluntate libera
Ab inmundis cogitacionibus libera
A cecitate cordis libera
A fulgure et tempestate libera
A subitanea et eterna morte libera
Per misterium sancte incarnationis tue libera
Per passionem et crucem tuam libera
Per gloriosam resurreccionem tuam libera
Per admirabilem ascensionem tuam libera
Per gratiam sancti spiritus paracliti libera nos Domine
In hora mortis succurre nobis Domine
In die iudicii libera
[f. 146v] Peccatores te rogamus audi nos
Ut pacem nobis dones te rogamus
Ut misericordia et pietas tua nos custodiat te rogamus
Ut ecclesiam tuam regere et defensare digneris te rogamus
Ut dompnum apostolicum[65] et omnes gradus ecclesie in sancta religione conservare digneris te rogamus
Ut regibus et principibus nostris pacem et veram concordiam atque victoriam donare digneris te rogamus
Ut episcopos et abbates nostros et omnes congregaciones illis commissas in sancta religione conservare digneris te rogamus
Ut congregaciones omnium sanctorum in tuo sancto servicio conservare digneris (te rogamus)
Ut cunctum populum christianum precioso sanguine tuo redemptum conservare digneris te rogamus
Ut omnibus benefactoribus nostris sempiterna bona retribuas te rogamus
Ut animas nostras et parentum nostrorum ab eterna dampnatione eripias te rogamus
Ut fructus terre dare et conservare digneris te rogamus
Ut oculos misericordie tue super nos reducere digneris te rogamus

Sancta Milburga ora[66]
Sancta Katerina ora
Sancta Praxedis ora
Sancta Juliana ora
Sancta Fides ora
[p. 258] Sancta Brigida ora
Omnes sancte virgines orate pro nobis
Omnes sancti orate pro nobis
Propicius esto parce nobis Domine
Ab omni malo libera nos Domine
Ab insidiis diaboli libera nos Domine
A dampnatione perpetua libera (nos Domine)
Ab iminentibus peccatorum nostrorum periculis libera nos Domine
Ab infestationibus demonum libera
A spiritu fornicationis (libera)
Ab appetitu inanis glorie libera
Ab omni inmundicia mentis et corporis (libera)
Ab ira et odio et omni mala voluntate libera
Ab inmundis cogitationibus libera
A cecitate cordis libera
A fulgure et tempestate libera
A subitanea et eterna morte libera
Per misterium sancte incarnationis tue (libera)
Per passionem [p. 259] et crucem tuam libera
Per gloriosam resurrectionem tuam libera
Per admirabilem ascensionem tuam libera
Per gratiam sancti spiritus paracliti libera (nos Domine)
In hora mortis succurre nobis Domine
In die iudicii libera
Peccatores te rogamus audi nos
Ut pacem nobis dones (te rogamus)
Ut misericordia et pietas tua nos custodiat (te rogamus)
Ut ecclesiam tuam regere et defensare digneris te rogamus
Ut dompnum apostolicum et omnes gradus ecclesie in sancta religione conservare digneris te rogamus
Ut regibus et principibus nostris pacem et veram concordiam atque victoriam donare digneris te rogamus
Ut episcopos et abbates nostros et omnes congregationes illis commissas in sancta religione conservare digneris te rogamus
Ut congregationes omnium sanctorum in tuo sancto [p. 260] servitio conservare digneris te rogamus
Ut cunctum populum cristianum precioso sanguine tuo redemptum conservare digneris te rogamus
Ut omnibus benefactoribus nostris sempiterna bona retribuas te rogamus
Ut animas nostras et parentum nostrorum ab eterna dampnatione eripias te rogamus
Ut fructus terre dare et conservare digneris te rogamus
Ut oculos misericordie tue super nos reducere digneris te rogamus

Ut obsequium servitutis nostre racionabile [f. 147r] facias te rogamus	Ut obsequium servitutis nostre rationabile facias te rogamus
Ut loca nostra et omnes habitantes in eis visitare et conservare digneris te rogamus	Ut locum istum et omnes habitantes in eo visitare et conservare digneris te rogamus
Ut inimicos sancti Dei ecclesie corrigere digneris te rogamus	–
	–
Ut diem hunc sine peccato nobis concedas transire te rogamus	Ut diem hunc sine peccato nobis concedas transire te rogamus
Ut mentes nostras ad celestia desideria erigas te rogamus	Ut mentes nostras ad celestia desideria erigas te rogamus
Ut miserias pauperum et captivorum intueri et relevare digneris te rogamus	Ut miserias pauperum et captivorum [p. 261] intueri et relevare digneris te rogamus
Ut iter famulorum tuorum in salutis tue prosperitate disponas te rogamus	Ut iter famulorum tuorum in salutis tue prosperitate disponas te rogamus
Ut regularibus disciplinis nos instruere digneris te rogamus	Ut regularibus disciplinis nos instruere digneris te rogamus
Ut omnibus fidelibus defunctis requiem eternam dones te rogamus	Ut omnibus fidelibus defunctis requiem eternam dones te rogamus
Ut nostri misereri digneris te rogamus	Ut nostri misereri digneris te rogamus
Ut nos exaudire digneris te rogamus	Ut nos exaudire digneris te rogamus
Fili Dei II te rogamus	Fili Dei ii te rogamus
Agnus Dei qui tollis peccata mundi parce nobis Domine	Agnus Dei qui tollis peccata mundi parce nobis Domine
Agnus Dei qui tollis peccata mundi exaudi nos Domine	Agnus Dei qui tollis peccata mundi exaudi nos Domine
Agnus Dei qui tollis peccata mundi miserere nobis	Agnus Dei qui tollis peccata mundi miserere nobis
Christe audi nos II	Christe audi nos ii
Kyrieleyson	Kyrieleison
Christeleyson	Christeleison
Kyrieleyson	Kyrieleison

XXIII Cambridge, Corpus Christi College 284, fols. 179r–183r c. 1380–1400 and c. 1425

[f. 179r] Kyrieleyson
Christeleyson
Christe audi nos II[67]
Pater de celis Deus miserere nobis
Fili redemptor mundi Deus miserere nobis
Spiritus sancte Deus miserere nobis
Sancta trinitas unus Deus miserere nobis
Sancta Maria ora pro nobis
Sancta Dei genetrix ora
Sancta virgo virginum ora
Sancte Michael ora
Sancte Gabriel ora
Sancte Raphael ora
[f. 179v] Omnes sancti angeli et archangeli orate pro nobis
Omnes sancti beatorum spirituum ordines orate pro nobis
Sancte Johannes baptista ora
Omnes sancti patriarche et prophete orate pro nobis
Sancte Petre II ora
Sancte Paule ora
Sancte Andrea ora
Sancte Jacobe ora
Sancte Johannes ora
Sancte Thoma ora
Sancte Jacobe ora
Sancte Pilippe (sic!) ora
Sancte Bartholomee ora
Sancte Mathee ora
Sancte Symon ora
Sancte Taddee ora
Sancte Mathia ora
Sancte Barnaba ora
Sancte Marce ora
Sancte Luca ora
Sancte Marcialis ora
Omnes sancti apostoli et evangeliste orate pro nobis
Omnes sancti discipuli domini orate pro nobis
Omnes sancti innocentes orate pro nobis
Sancte Stephane ora
[f. 180r] Sancte Clemens ora
Sancte Sixte ora
Sancte Dionisi cum sociis tuis orate
Sancte Maurici cum sociis tuis orate
Sancte Eustachi cum sociis tuis orate
Sancte Ypolite cum sociis tuis orate
Sancte Laurenti ora
Sancte Vincenti ora
Sancte Sebastiane ora
Sancte Albane ora
Sancte Elphege ora
Sancte Thoma ora
Sancte Osuualde ora
Sancte Edmunde ora
Sancte Eduuarde ora
Sancte Gervasi ora
Sancte Prothasi ora
Sancte Quintine ora
Sancte Christofore ora
Sancte Georgi II ora
Sancte Pancrati ora
Sancte Pantaleon ora
Sancte Blasi ora
Sancte Livine ora
Sancti Cosma et Damiane orate
[f. 180v] Omnes sancti martires orate pro nobis
Sancte Gregori ora
Sancte Augustine II ora
Sancte Laurenti ora
Sancte Mellite ora
Sancte Iuste ora
Sancte Honori ora
Sancte Deusdedit ora
Sancte Theodore ora
Sancte Letharde ora
Sancte Iamberte II ora
Sancte Brithwalde ora
Sancte Nothelme ora
Sancte Tathwyne ora
Sancte Pauline ora
Sancte Dunstane ora
Sancte Edmunde ora
Sancte Richarde ora
Sancte Silvester ora
Sancte Hillari ora
Sancte Martine ora
Sancte Ambrosi ora
Sancte Augustine ora
Sancte Jeronime ora
Sancte Audoene ora
[f. 181r] Sancte Nicholae ora
Sancte Cuthberte ora
Sancte Swithune ora
Sancte Aldelme ora
Sancte Wulstane ora
Sancte Egwyne ora
Sancte Benedicte II ora
Sancte Petre ora
Sancte Adriane II ora
Sancte Ethelberte ora
Sancte Edwarde ora
Sancte Maure ora
Sancte Wandregisile ora
Sancte Antoni ora
Sancte Machari ora
Sancte Egidi ora
Sancte Leonarde ora
Sancte Bernarde ora
Omnes sancti confessores orate pro nobis
Sancta Mildreda II ora

Sancta Anna ora
Sancta Maria Magdalene ora
Sancta ffelicitas ora
Sancta Perpetua ora
Sancta Petronilla ora
[f. 181v] Sancta Agatha ora
Sancta Agnes ora
Sancta Cecilia ora
Sancta Lucia ora
Sancta Margareta ora
Sancta Scolastica ora
Sancta Etheldreda ora
Sancta Ethelburga ora
Sancta Milburga ora
Sancta Katerina ora
Sancta Praxedis ora
Sancta Iuliana ora
Sancta ffidis ora
Sancta Brigida ora
Sancta Barbara ora
Sancta Ursula cum sociis tuis II ora
Omnes sancte virgines orate pro nobis
Omnes sancti II orate pro nobis
Propicius esto parce nobis Domine
Ab omni malo libera nos Domine
Ab insidiis diaboli libera
A dampnacione perpetua libera
Ab imminentibus peccatorum nostrorum periculis libera
Ab infestinacionibus (sic!) demonum libera
A spiritu fornicacionis libera
Ab appetitu inanis glorie libera
Ab omni immundicia mentis [f. 182r] et corporis libera
Ab immundis cogitacionibus libera
A cecitate cordis libera
A fulgure et tempestate libera
A subitanea et eterne morte libera
Per misterium sancte incarnacionis tue libera
Per passionem et crucem tuam libera
Per gloriosam resurreccionem tuam libera
Per admirabilem ascensionem tuam libera
Per gratiam sancti spiritus paracliti libera
In hora mortis succurre nobis Domine
In die iudicii libera nos Domine
Peccatores te rogamus audi nos
Ut pacem nobis dones te rogamus II
Ut misericordia et pietas tua nos custodiat te rogamus
Ut ecclesiam tuam regere et defensare digneris te rogamus
Ut dompnum apostolicum et omnes gradus ecclesie in sancta religione conservare digneris te rogamus
Ut regibus et principibus nostris pacem et veram concordiam atque victoriam donare digneris te rogamus
Ut episcopos et abbates nostros et omnes congregaciones illis commissas in sancta religione conservare digneris te rogamus
Ut congregaciones omnium sanctorum tuorum in tuo sancto servicio conservare digneris te rogamus
Ut cunctum populum christianum precioso sanguine tuo redemptum conservare digneris te rogamus
Ut omnibus benefactoribus nostris sempiterna bona retribuas te rogamus
[f. 182v] Ut animas nostras et parentum nostrorum ab eterna dampnacione eripias te rogamus
Ut fructus terre dare et conservare digneris te rogamus
Ut oculos misericordie tue super nos reducere digneris te rogamus
Ut obsequium servitutis nostre racionabile facias te rogamus
Ut loca nostra et omnes habitantes in eis visitare et conservare digneris te rogamus
Ut inimicos sancte Dei ecclesie corrigere digneris te rogamus
Ut diem hunc sine peccato nobis concedas transire te rogamus
Ut mentes nostras ad celestia desideria erigas te rogamus
Ut miserias pauperum et captivorum intueri et relevare digneris te rogamus
Ut iter et actus famuli tui et famulorum tuorum in salutis tue prosperitate disponas te rogamus
Ut regularibus disciplinis nos instruere digneris te rogamus
Ut nos sacramentorum tuorum in extremis participes digne efficias te rogamus
Ut omnibus fidelibus defunctis requiem eternam dones te rogamus
Ut nostri misereri digneris te rogamus
Ut nos exaudire digneris te rogamus
Fili Dei te rogamus
Agnus Dei qui tollis peccata mundi parce nobis Domine
Agnus Dei qui tollis peccata mundi exaudi nos Domine
Agnus Dei qui tollis peccata [f. 183r] mundi miserere nobis
Christe audi nos II
Kyrieleyson
Christeleyson Kyrieleyson

Carrow, Benedictine Priory of the Blessed Virgin Mary (Nunnery)

XXIV Madrid, Biblioteca Nacional 6422, fols. 184r–187v c. 1250–70

[f. 184r] Kyrieleyson
Christeleyson
Christe audi nos
Christe exaudi nos
Christe adiuva nos
Pater de celis Deus miserere nobis
Fili redemptor mundi Deus miserere nobis
Spiritus sancte Deus miserere nobis
Sancta trinitas unus Deus miserere nobis
Sancta Maria ora pro nobis
Sancta Dei genetrix ora
[f. 184v] Sancta virgo virginum ora
Sancte Michael ora
Sancte Gabriel ora
Sancte Raphael ora
Omnes sancti angeli et archangeli orate pro nobis
Omnes sancti beatorum spirituum ordines orate
Sancte Iohannes baptista ora
Omnes sancti patriarche et prophete orate pro nobis
Sancte Petre ora
Sancte Paule ora
Sancte Andrea ora
Sancte Iohannes evangelista ora
Sancte Iacobe ora
Sancte Philippe ora
Sancte Bartholomee ora
Sancte Mathee ora
Sancte Thoma ora
Sancte Iacobe ora
Sancte Symon ora
Sancte Thadee ora
Sancte Mathia ora
Sancte Barnaba ora
Sancte Luca ora
Sancte Marce ora
Omnes sancti apostoli et evangeliste orate pro nobis
Omnes sancti discipuli domini orate pro nobis
Omnes sancti innocentes orate
Sancte Stephane ora
[f. 185r] Sancte Clemens ora
Sancte Alexander ora
Sancte Sixte ora
Sancte Laurenti ora
Sancte Vincenti ora
Sancte Georgii ora
Sancte Corneli ora
Sancte Cypriane ora
Sancte Dionisii cum sociis tuis ora
Sancte Mauricii cum sociis tuis ora
Sancte Eustacii cum sociis tuis ora
Sancte Cyriace cum sociis tuis ora
Sancte Sebastiane ora
Sancte Cristofore ora
Sancte Albane ora
Sancte Eadmunde ora
Sancte Eadwarde ora
Sancte Elphege ora
Sancte Thoma ora
Sancte Blasi ora
Sancte Quintine ora
Omnes sancti martyres orate
Sancte Silvester ora
Sancte Marcialis ora
Sancte Hyllarii ora
Sancte Martine ora
Sancte Ambrosii ora
Sancte Augustine ora
Sancte Geronime ora
Sancte Basilii ora
Sancte Gregori ora
Sancte Augustini cum sociis tuis ora
Sancte Nicholae ii ora
Sancte Audoene ora
[f. 185v] Sancte Dunstane ora
Sancte Cuthberte ora
Sancte Benedicte ii ora
Sancte Maure ora
Sancte Paule ora
Sancte Antoni ora
Sancte Egidii ora
Sancte Leonarde ora
Sancte Suuithune ora
Sancte Botulphe ora
Sancte Wlstane ora
Sancte Eadmunde ora
Omnes sancti confessores orate
Omnes sancti monachi et heremite orate
Sancta Maria Magdalena ii ora
Sancta Anna ora
Sancta Maria Egipciaca ora
Sancta Petronilla ora
Sancta Felicitas ora
Sancta Perpetua ora
Sancta Agatha ora
Sancta Agnes ora
Sancta Lucia ora
Sancta Cecilia ora
Sancta Anastasia ora
Sancta Scolastica ora
Sancta Margareta ora
Sancta Cristiana ora
Sancta Caterina ii ora
Sancta Honorina ora
Sancta Fides ora
[f. 186r] Sancta Eufemia ora
Sancta Praxedis ora

Sancta Etheldrida ora

Sancta Mildrida ora

Sancta Ossisa ora

Sancta Radegundis ora

Sancta Susanna ora

Omnes sancte virgines orate

Omnes sancti orate

Propicius esto parce nobis Domine

Propitius esto libera nos Domine

Ab omni malo libera

Ab insidiis diaboli libera

A dampnacione perpetua libera

Ab iminentibus peccatorum nostrorum periculis libera

Ab infestacionibus demonum libera

A spiritu fornicacionis libera

Ab appetitu inanis glorie libera

Ab omni inmundicia mentis et corporis libera

Ab ira et odio et omni mala voluntate libera

Ab inmundis cogitationibus libera

A cecitate cordis libera

A fulgure et tempestate libera

A subitanea et eterna morte libera

Per misterium sancte in[f. 186v]carnationis libera

Per sanctam nativitatem tuam libera

Per passionem et crucem tuam libera

Per piissimam mortem tuam libera

Per gloriosam resurrectionem tuam libera

Per admirabilem ascensionem tuam libera

Per graciam sancti spiritus paracliti libera

In hora mortis succurre nobis Domine

In die iudicii libera nos Domine

Peccatores te rogamus audi nos

Ut pacem nobis dones te rogamus

Ut misericordia et pietas tua nos custodiat te rogamus

Ut ecclesiam tuam regere et defensare digneris te rogamus

Ut dompnum apostolicum et omnes gradus ecclesie in sancta religione conservare digneris te rogamus

Ut regibus et principibus nostris pacem et veram concordiam donare digneris te rogamus

[f. 187r] Ut episcopos et abbates nostros et omnes congregationes illis commissas in sancta religione conservare digneris te rogamus

Ut congregationes omnium sanctorum in tuo sancto servicio conservare digneris te rogamus

Ut cunctum populum christianum precioso sanguine tuo redemptum conservare digneris te rogamus

Ut omnibus benefactoribus nostris sempiterna bona retribuas te rogamus

Ut animas nostras et parentum nostrorum ab eterna dampnatione eripias te rogamus

Ut fructus terre dare et conservare digneris te rogamus

Ut locum istum et omnes habitantes in eo visitare et consolari digneris te rogamus

Ut oculos misericordie tue super nos reducere digneris te rogamus

Ut obsequium servitutis nostre racionabile facias te rogamus

[f. 187v] Ut mentes nostras ad celestia desideria erigas te rogamus

Ut miserias pauperum et captivorum intueri et relevare digneris te rogamus

Ut iter famulorum tuorum in salutis tue prosperitate disponas te rogamus

Ut regularibus disciplinis nos instruere digneris te rogamus

Ut omnibus fidelibus defunctis requiem eternam dones te rogamus

Ut remissionem omnium peccatorum nostrorum nobis donare digneris te rogamus

Ut nos exaudire digneris te rogamus

Fili Dei te rogamus audi nos

Agnus Dei qui tollis peccata nobis parce nobis Domine

Agnus Dei qui tollis peccata mundi exaudi nos Domine

Agnus Dei qui tollis peccata mundi miserere nobis et dona nobis pacem et salutem. Amen

Christe audi nos

Kyrieleyson

Christeleyson

Kyrieleyson

Chertsey, Benedictine Abbey of St Peter

XXV A. Oxford, Bodleian Library lat.liturg.e.6, fols. 10r–11v + B. San Francisco, University of San Francisco, Gleeson Library BX 2033 A2, fol. 72r c. 1310–20

[A f. 10r] [Kyri][68]eleyson
[Christ]eleyson
[Christ]e audi nos
[Christe audi][69] nos
Pater de celis Deus miserere nobis
Fili redemptor mundi Deus miserere nobis
Spiritus sancte Deus miserere nobis
Sancta trinitas unus Deus miserere nobis
Sancta Maria ora pro nobis
Sancta Dei genetrix ora
Sancta virgo virginum ora
Sancte Michael ora
Sancte Gabriel ora
Sancte Raphael ora
Omnes sancti angeli et archangeli orate pro nobis
Omnes sancti beatorum spirituum ordines orate pro nobis
Sancte Iohannes baptista ora
Omnes sancti patriarche et prophete orate pro nobis
Sancte Petre ii ora
Sancte Paule ora
Sancte Andrea ora
Sancte Iohannes ora
Sancte Iacobe ora
Sancte Philippe ora
Sancte Bartholomee ora
Sancte Mathee ora
Sancte Thoma ora
[A f. 10v] Sancte Iacobe ora
Sancte Symon ora
Sancte Thadee ora
Sancte Mathia ora
Sancte Barnaba ora
Sancte Luca ora
Sancte Marce ora
Omnes sancti apostoli et euangeliste orate pro nobis
Sancte Marcialis ora
Omnes sancti discipuli domini orate
Omnes sancti innocentes orate pro (nobis)
Sancte Stephane ora
Sancte Line ora
Sancte Clete ora
Sancte Clemens ora
Sancte Appollinaris ora
Sancte Sixte ora
Sancte Laurenti ora
Sancte Vincenti ora
Sancte Georgi ora
Sancte Dionisi cum sociis tuis ora pro nobis
Sancte Maurici cum sociis tuis ora pro nobis[70]
Sancte Nigasi cum sociis tuis ora pro nobis
Sancte Eustachi cum sociis tuis ora pro nobis
Sancte Ypolite cum sociis tuis ora pro nobis
Sancte Ælphege ora
Sancte Thoma ora
Sancte Fabiane ora
Sancte Sebastiane ora
Sancte Albane ora
Sancte Oswalde ora
Sancte Eadmunde ora
Sancte Olave ora
Sancte Quintine ora
Sancte Iuste ora
Sancti Cosma et Damiani orate pro nobis
Sancti Iohannes et Paule orate
Sancte Christofore ora
Sancte Kenelme ora
Sancte Demetri ora
Sancte Blasi ora
Sancte Valentine ora
Omnes sancti martires orate
Sancte Erkenwalde ii ora
Sancte Silvester ora
Sancte Hyllari ora
Sancte Martine ora
Sancte Gregori ora
Sancte Nich[olae][71] (ora)
Sancte Ambro[si] (ora)
Sancte Aug[ustine] (ora)
Sancte Ieron[ime] (ora)
Sancte Aug[ustine] (ora)
Sancte Duns[tane] (ora)
Sancte Edm[unde] (ora)
[A f. 11r] Sancte Birine ora
Sancte Swithune ora
Sancte Athelwolde ora
Sancte Ricarde ora
Sancte Cuthberte ora
Sancte Remigi ora
Sancte Audoene ora
Sancte Cedda ora
Sancte Taurine ora
Sancte Pauline ora
Sancte Aidane ora
Sancte Aldelme ora
Sancte Romane ora
Sancte Benedicte ii ora
Sancte Beccane ora
Sancte Edor ora
Sancte Iudoce ora
Sancte Grimbalde ora
Sancte Maure ora
Sancte Leonarde ora
Sancte Edwarde ora

Sancte Philiberte ora
Sancte Aicadre ora
Sancte Egidi ora
Sancte Columbane ora
Sancte Wandregesile ora
Sancte Maiole ora
Sancte Guthlace ora
Sancte Adriane ora
Omnes sancti confessores orate
Sancta Maria Magdalene ora pro nobis
Sancta Maria Egipciaca ora pro nobis
Sancta Fides ora
Sancta Katarina ora
Sancta Felicitas ora
Sancta Perpetua ora
Sancta Petronella ora
Sancta Agatha ora
Sancta Agnes ora
Sancta Cecilia ora
Sancta Lucia ora
Sancta Christina ora
Sancta Margareta ora
Sancta Scolastica ora
Sancta Iuliana ora
Sancta Etheldritha ora
Sancta Ethelburga ora
Sancta Edburga ora
Sancta Sexburga ora
Sancta Barbara ora
Sancta Batildis ora
Sancta Helena ora
Sancta Editha ora
Sancta Austreberta ora
Sancta Anastasia ora
Sancta Tecla ora
Omnes sancte virgines orate
Omnes sancti ii orate
Propicius esto parce nobis Domine
Ab omni malo libera nos Domine
[A f. 11v] Ab insidiis diaboli libera
A dampnacione perpetua libera nos Domine
Ab iminentibus peccatorum nostrorum periculis libera
Ab infestacionibus demonum libera nos Domine
A spiritu fornicacionis libera
Ab appetitu inanis glorie libera
Ab omni inmundicia mentis et corporis libera
Ab ira et odio et omni mala voluntate libera
Ab inmundiciis cogitacionibus libera
A cecitate cordis libera
A fulgure et tempestate libera
A subitanea et eterna morte libera
Per misterium sancte incarnacionis tue libera
Per passionem et sanctam crucem tuam libera
Per piissimam mortem tuam libera
Per gloriosam resurreccionem tuam libera
Per admirabilem ascensionem tuam libera
Per graciam sancti spiritus paracliti libera
In hora mortis succurre nobis Domine
In die iudicii ii libera
Peccatores te rogamus audi nos
Ut pacem nobis dones te rogamus
Ut misericordia et pietas tua nos custodiat te rogamus
Ut ecclesiam tuam regere et defensare digneris te rogamus
Ut dompnum apostolicum et omnes gradus ecclesie in sancta religione conservare digneris te rogamus
Ut regi nostro et principibus nostris pacem et veram concordiam atque victoriam donare digneris te rogamus
Ut episcopos et abbates et omnes congregationes illis commissas in sancta religione conservare digneris te rogamus
Ut congregationes omnium sanctorum in tuo sancto servicio conservare digneris te rogamus
Ut cunctum populum christianum precioso sanguine tuo redemptum conservare digneris te rogamus
Ut omnibus benefactoribus nostris sempiterna bona retribuas te rogamus[72]
[B f. 72r] Ut animas nostras et parentum nostrorum ab eterna dampnacione eripias te rogamus
Ut oculos misericordie tue super nos reducere digneris te togamus audi (nos)
Ut fructus terre dare et conservare digneris te rogamus
Ut obsequium servitutis nostre racionabile facias te rogamus
Ut mentes nostras ad celestia desideria erigas te rogamus
Ut miserias pauperum et captivorum intueri et relevare digneris te rogamus
Ut iter famulorum tuorum in salutis tue prosperitate disponas te rogamus
Ut regularibus disciplinis nos instruere digneris te rogamus
Ut locum istum et omnes habitantes in eo visitare et consolare (sic!) digneris te rogamus
Ut omnibus fidelibus defunctis requiem eternam dones te rogamus
Ut nos exaudire digneris te rogamus
Fili Dei te rogamus
Agnus Dei qui tollis peccata mundi parce nobis Domine
Agnus Dei qui tollis peccata mundi exaudi nos Domine
Agnus Dei qui tollis peccata mundi miserere nobis
Christe audi nos
Kyrieleyson Christeleyson Kyrieleyson

Chester, Benedictine Abbey of St Werburga

XXVI Oxford, Bodleian Library Tanner 169*, pp. 83–86 c. 1170–90

[p. 83] Kyri eleyson
Christe leyson
Christe audi nos
Pater de celis Deus miserere nobis
Fili redemptor mundi Deus miserere nobis
Spiritus sancte Deus miserere nobis
Sancta trinitas unus Deus miserere nobis
Sancta Maria ora pro nobis ii
Sancta Dei genetrix ora
Sancta virgo virginum ora
Sancte Michael ora
Sancte Gabriel ora
Sancte Raphael ora
Omnes sancti angeli et archangeli orate pro nobis
Omnes sancti beatorum spirituum ordines orate
Sancte Iohannes baptista ora
Omnes sancti patriarche et prophete orate pro nobis
Sancte Petre ora
Sancte Paule ora
Sancte Andrea ora
Sancte Johannes ora
Sancte Jacobe ora
Sancte Philippe ora
Sancte Bartholomee ora
Sancte Mathee ora
Sancte Thoma ora
Sancte Jacobe ora
Sancte Symon ora
Sancte Taddee ora
Sancte Mathia ora
Sancte Barnaba ora
Sancte Luca ora
Sancte Marce ora
Omnes sancti apostoli et evangeliste orate pro nobis
Omnes sancti discipuli domini orate
Omnes sancti innocentes orate
Sancte Stephane ora
Sancte Clemens ora
Sancte Alexander ora
Sancte Marcelle ora
[p. 84] Sancte Sixte ora
Sancte Laurenti ora
Sancte Ypolite cum sociis tuis ora
Sancte Corneli ora
Sancte Cipriane ora
Sancte Policarpe ora
Sancte Theodore ora
Sancte Vincenti ora
Sancte Georgi ora
Sancte Albane ora
Sancte Eadmunde ora
Sancte Oswalde ora
Sancte Dionisi cum sociis tuis ora
Sancte Maurici cum sociis tuis ora
Sancte Nigasi cum sociis tuis ora
Sancte Luciane cum sociis tuis ora
Sancte Eustachi cum sociis tuis ora
Sancte Leodegari ora
Sancte Fabiane ora
Sancte Sebastiane ora
Sancte Grisogone ora
Sancte Gorgoni ora
Sancte Saturnine ora
Sancte Quintine ora
Sancte Gervasi ora
Sancte Protasi ora
Sancte Christofore ora
Sancti Marcelline et Petre orate pro nobis
Sancte Elphege ora
Sancte Blasi ora
Sancte Thoma ora
Omnes sancti martyres orate pro nobis
Sancte Silvester ora
Sancte Marcialis ora
Sancte Hilari ora
Sancte Martine ora
Sancte Ambrosi ora
Sancte Augustine ora
Sancte Damase ora
Sancte Leo ora
Sancte Gregori ora
Sancte Atanasi ora
Sancte Basili ora
Sancte Romane ora
Sancte Audoene ora
Sancte Nicholae ora
Sancte Taurine ora
Sancte Remigi ora
Sancte Dunstane ora
Sancte Cuthberte ora
Sancte Ceadda ora
Sancte Patrici (ora)[73]
Sancte Paule ora
Sancte Antoni ora
Sancte Hylarion ora
Sancte Pacomi ora
Sancte Machari ora
Sancte Arseni ora
Sancte Jeronime ora
Sancte Benedicte ii ora
Sancte Francisce (ora)[74]
Sancte Maure ora
Sancte Columbane ora
Sancte Wandregesile ora
Sancte Philiberte ora
Sancte Maiole ora

Sancte Egidi ora
Sancte Leonarde ora
Sancte Barloce ora[75]
Sancte Alexis ora
Sancte Dominice ora[76]
Sancte Symeon ora
Sancte Hugo ora[77]
Omnes sancti confessores orate pro nobis
Omnes sancti monachi et heremite orate
Sancta Maria Magdalene ora
Sancta Maria Egyptiaca ora
Sancta Werburga ii ora
Sancta Ermenilda ora
Sancta Milburga ora
Sancta Katerina ora
Sancta Felicitas ora
Sancta Perpetua ora
Sancta Agatha ora
[p. 85] Sancta Agnes ora
Sancta Petronilla ora
Sancta Cecilia ora
Sancta Lucia ora
Sancta Honorina ora
Sancta Scolastica ora
Sancta Radegundis ora
Sancta Batildis ora
Sancta Margareta ora
Sancta Fides ora
Sancta Spes ora
Sancta Karitas ora
Sancta Genovefa ora
Sancta Tecla ora
Sancta Juliana ora
Sancta Praxedis ora
Sancta Anastasia ora
Sancta Cristina ora
Sancta Prisca ora
Sancta Eufemia ora
Sancta Brigida ora[78]
Sancta Eulalia ora
Sancta Eugenia ora
Sancta Moduuenna ora
Sancta Martina ora
Sancta Eufrasia ora
Sancta Eufrosina ora
Sancta Justina ora
Omnes sancte virgines orate pro nobis
Omnes sancti ii (orate)
Propicius esto parce nobis Domine
Propicius esto libera nos Domine
Ab omni malo libera
Ab insidiis diaboli libera
A dampnatione perpetua libera
Ab iminentibus peccatorum nostrorum periculis libera
Ab infestacionibus demonum libera
A spiritu fornicationis libera
Ab appetitu inanis glorie libera
Ab omni inmundicia mentis et corporis libera
Ab ira et odio et omni mala voluntate libera
Ab inmundis cogitacionibus libera
A cecitate cordis libera
A fulgure et tempestate libera
A subitanea morte libera
Ab omnibus infirmitatibus .....[79]
Per misterium sancte incarnationis tue libera
Per passionem et crucem tuam libera
Per gloriosam resurrectionem tuam libera
Per admirabilem ascensionem tuam libera
Per graciam sancti spiritus paracliti libera
In hora mortis succurre nobis Domine
In die iudicii libera
Peccatores te rogamus audi nos
Ut pacem nobis dones te rogamus
Ut misericordia et pietas tua nos custodiat te rogamus
Ut ecclesiam tuam regere et defensare digneris te rogamus
Ut domnum apostolicum et omnes gradus ecclesie in sancta religione conservare digneris te rogamus
Ut regibus et principibus nostris pacem et veram concordiam atque victoriam donare digneris te rogamus
Ut episcopos et abbates nostros et omnes congregationes illis commissas in sancta religione conservare digneris te rogamus
Ut congregationes omnes sanctorum in tuo sancto servitio conservare digneris te rogamus
Ut cunctum populum christianum precioso sanguine tuo redemptum conservare digneris te rogamus
Ut locum istum et omnes habitantes in eo visitare et consolari digneris te rogamus
Ut omnibus benefactoribus nostris sempiterna bona retribuas te rogamus
Ut inimicis nostris caritatem largiri digneris te rogamus
Ut animas nostras et parentum nostrorum ab eterna dampnatione eripias te rogamus
Ut fructus terre dare et conservare digneris te rogamus
Ut oculos misericordie tue super nos reducere digneris te rogamus
Ut obsequium servitutis nostre racionabile facias te rogamus
Ut mentes nostras ad celestia desideria erigas te rogamus
Ut miserias pauperum et captivorum intueri et relevare digneris te rogamus
[p. 86] Ut regularibus disciplinis nos instruere digneris te rogamus
Ut omnibus fidelibus defunctis requiem eternam dones te rogamus
Ut nos exaudire digneris te rogamus
Fili Dei te rogamus audi nos ii
Agnus Dei qui tollis peccata mundi parce nobis

Domine
Agnus Dei qui tollis peccata mundi exaudi nos
Domine
Agnus Dei qui tollis peccata mundi miserere nobis
Christe audi nos
Kyrieleyson
Christeleyson
Kyrieleyson

Coventry, Charterhouse of St Anne

XXVII Cambridge, Peterhouse 276, fols. 103v–105v c. 1450

[f. 103v] Kyrieleson
Christeleson
Kyrieleson
Christe audi nos
Pater de celis Deus miserere nobis
Fili redemptor mundi Deus miserere nobis
Spiritus sancte Deus miserere nobis
Sancta trinitas unus Deus miserere nobis
Sancta Maria ora pro nobis
Sancta Dei genetrix ora
Sancta virgo virginum ora
Sancte Michael ora pro nobis
Sancte Gabriel ora
Sancte Raphael ora
Omnes sancti beatorum spirituum ordines orate pro nobis
Sancte Iohannes baptista ora pro nobis
Omnes sancti patriarche et prophete orate pro nobis
Sancte Petre ora
Sancte Paule ora
Sancte Andrea ora
Sancte Iacobe ora
Sancte Iohannes ora
Sancte Philippe ora
Sancte Bartholomee (ora)
Sancte Mathee ora
Sancte Thoma ora
Sancte Iacobe ora
Sancte Symon ora
Sancte Thadee ora
Sancte Mathia ora
Sancte Barnaba ora
Sancte Luca ora
Sancte Marce ora
[f. 104r] Omnes sancti apostoli et euangeliste ora
Sancte Stephane ora
Sancte Clemens ora
Sancte Sixte ora
Sancte Corneli ora
Sancte Cipriane ora
Sancte Thoma ora
Sancte Laurenti ora
Sancte Vincenti ora
Sancte Ignaci ora
Sancte Fabiane ora
Sancte Sebastiane ora
Sancte Maurici cum sociis (tuis ora)
Sancte Dionisi cum sociis (tuis ora)
Sancte Georgi ora
Sancte Christofore ora
Omnes sancti martires orate
Sancte Silvester ora
Sancte Gregori ora
Sancte Ieronime ora
Sancte Martine ora
Sancte Nicholae ora
Sancte Hyllari ora
Sancte Remigi ora
Sancte Ambrosi ora
Sancte Augustine ora
Sancte Hugo ii ora
Sancte Eadmunde ora
Sancte Paule ora
Sancte Antoni ora
Sancte Hyllarion ora
Sancte Benedicte ora
Sancte Bruno ora[80]
Sancte Banarde ora
Omnes sancti confessores orate
Sancta Anna ii ora
Sancta Felicitas ora
Sancta Perpetua ora
Sancta Agatha ora
Sancta Agnes ora
Sancta Lucia ora
Sancta Cecilia ora
Sancta Anastasia ora
Sancta Blandina ora
Sancta Scolastica ora
[f. 104v] Sancta Eufemia ora
Sancta Petronilla ora
Sancta Maria Magdalena ora
Sancta Katerina ora
Sancta Margareta ora
Sancta Ursula cum sociabus tuis ora
Omnes sancte virgines et continentes orate
Omnes sancti ii orate
Propicius esto parce nobis Domine
Propicius esto libera nos Domine
Ab insidiis diaboli libera nos
A concupistencia iniqua libera
A spiritu fornicacionis libera
A spiritu superbie libera
Ab omni inmundicia mentis et corporis libera
A ventura ira libera
Ab omni malo libera
Per nativitatem tuam libera
Per passionem et crucem tuam libera
Per gloriosam resurreccionem tuam libera
Per admirabilem ascensionem tuam libera
Per adventum spiritus paracliti libera
In die iudicii ii libera
Peccatores te rogamus audi nos
Ut pacem et concordiam nobis dones te rogamus
Ut misericordia et pietas tua nos custodiat te rogamus

Ut spacium vere penitentie et emendationem vite nobis dones te rogamus

Ut gratiam sancti spiritus cordibus nostris infundere digneris te rogamus

Ut ecclesiam tuam regere et defensare digneris te rogamus

Ut regem [f. 105r] nostrum et totum regnum suum ab inimicorum invasione omnique divisione defensare digneris te rogamus

Ut cunctum populum christianum precioso sanguine tuo redemptum conservare digneris te rogamus

Ut cunctis fidelibus defunctis requiem eternam donare digneris te rogamus

Ut nos exaudire digneris te rogamus

Fili Dei ii te rogamus

Agnus Dei qui tollis peccata mundi parce nobis Domine

Agnus Dei qui tollis peccata mundi libera nos Domine

Agnus Dei qui tollis peccata mundi dona nobis pacem

Kyrieleson

Christeleson

Kyrieleson

Durham, Benedictine Cathedral Priory of St Cuthbert

XXVIII London, British Library Harley 4664, fols. 175r–176v c. 1270–80

[f. 175r] Kyrieleyson
Christe eleyson
Christe audi nos
Pater de celis Deus miserere nobis
Fili redemptor mundi Deus miserere nobis
Spiritus sancte Deus miserere nobis
Sancta trinitas unus Deus miserere nobis
Sancta Maria ora pro nobis
Sancta Dei genetrix ora
Sancta virgo virginum ora
Sancte Michael ora
Sancte Gabriel ora
Sancte Raphael ora
Omnes sancti angeli et archangeli orate pro nobis
Omnes sancti beatorum spirituum ordines orate
Sancte Iohannes baptista ora
Omnes sancti patriarche et prophete orate pro nobis
Sancte Petre ora
Sancte Paule ora
Sancte Andrea ora
Sancte Iohannes ora
Sancte Iacobe ora
Sancte Philippe ora
Sancte Bartholomee ora
Sancte Mathee ora
Sancte Thoma ora
Sancte Iacobe ora
Sancte Symon ora
Sancte Thaddee ora
Sancte Mathia ora
Sancte Barnaba ora
Sancte Luca ora
Sancte Marce ora
Omnes sancti apostoli et evangeliste orate pro nobis
Omnes sancti discipuli domini orate pro nobis
Omnes sancti innocentes orate
Sancte Stephane ora[81]
Sancte Oswalde ora
Sancte Clemens ora
Sancte Alexander ora
Sancte Marcelle ora
Sancte Syxte ora
Sancte Laurenti ora
Sancte Ypolite cum sociis tuis ora
Sancte Corneli ora
Sancte Cypriane ora
Sancte Vincenti ora
Sancte Georgi ora
Sancte Dionisi cum sociis tuis ora
Sancte Maurici cum sociis tuis ora
Sancte Nichasi cum sociis tuis ora
Sancte Eustachi cum sociis tuis ora

XXIX London, British Library Harley 1804, fols. 90v–96v c. 1495–1500

[f. 90v] Kyrieleyson
Christeleyson
Christe audi nos
Pater de celis miserere nobis
Fili redemptor mundi Deus miserere nobis
Spiritus sancte Deus miserere nobis
Sancta trinitas unus Deus miserere nobis
Sancta Maria ora pro nobis
[f. 91r] Sancta Dei genetrix ora
Sancta virgo virginum ora
Sancte Michael ora
Sancte Gabriel ora
Sancte Raphael ora
Omnes sancti angeli et archangeli orate
Omnes sancti beatorum spirituum ordines orate
Sancte Iohannes baptista (ora)
Omnes sancti patriarche et prophete orate
Sancte Pętre ora
Sancte Paule ora
Sancte Andrea ora
Sancte Johannes ora
Sancte Iacobe ora
Sancte Philippe ora
Sancte Bartholomee ora
Sancte Mathee ora
[f. 91v] Sancte Thoma ora
Sancte Iacobe ora
Sancte Symon ora
Sancte Thadee ora
Sancte Mathia ora
Sancte Barnaba ora
Sancte Luca ora
Sancte Marce ora
Omnes sancti apostoli et evangeliste orate
Omnes sancti discipuli domini orate pro nobis
Omnes sancti innocentes orate pro nobis
Sancte Stephane ora
Sancte Oswalde ora
Sancte Clemens ora
Sancte Alexander ora
Sancte Marcelle ora
Sancte Sixte ora
[f. 92r] Sancte Laurenti ora
Sancte Ypolite cum sociis tuis ora
Sancte Corneli ora
Sancte Cipriane ora
Sancte Vincenti ora
Sancte Georgi ora
Sancte Dionisi cum sociis tuis ora
Sancte Maurici cum sociis tuis ora
Sancte Nichasi cum sociis (tuis) ora
Sancte Eustachi cum sociis (tuis) ora

Sancte Fabiane ora
Sancte Sebastiane ora
Sancte Grisogone ora
Sancte Quintine ora
Sancte Gervasi ora
Sancte Prothasi ora
Sancte Christofore ora
[f. 175v] Sancte Alphege ora
Sancte Thoma ora
Sancte Albane ora
Sancte Ædmunde ora
Sancte Gorgoni ora
Sancte Oswine ora
Sancti Cosma et Damiane orate pro (nobis)
Sancti Marcelline et Petre orate pro (nobis)
Sancte Blasi ora
Omnes sancti martyres orate pro nobis
Sancte Cuthberte ii ora
Sancte Silvester ora
Sancte Marcialis ora
Sancte Hylari ora
Sancte Martine ora
Sancte Ambrosi ora
Sancte Augustine ora
Sancte Damase ora
Sancte Leo ora
Sancte Gregori ora
Sancte Augustine cum sociis tuis ora
Sancte Athanasi ora
Sancte Basili ora
Sancte Taurine ora
Sancte Romane ora
Sancte Audoene ora
Sancte Nicholae ora
Sancte Remigi ora
Sancte Juliane ora
Sancte Germane ora
Sancte Aidane ora
Sancte Ceadda ora
Sancte Wilfride ora
Sancte Pauline ora
Sancte Dunstane ora
Sancte Iohannes ora
Sancte Willelme ora
Sancte Admunde ora
Sancte Swithune ora
Sancte Paule ora
Sancte Antoni ora
Sancte Hylarion ora
Sancte Machari ora
Sancte Ieronime ora
Sancte Benedicte ora
Sancte Carileffe ora
Sancte Maure ora
Sancte Columbane ora
Sancte Wandregesile ora
Sancte Boysile ora
Sancte Benedicte ora

Sancte ffabiane ora
Sancte Sebastiane ora
Sancte Grisogone ora
Sancte Quintine ora
Sancte Gervase ora
Sancte Prothasi ora
Sancte Cristofore ora
[f. 92v] Sancte Elphege ora
Sancte Thoma ora
Sancte Albane ora
Sancte Edmunde ora
Sancte Gorgoni ora
Sancte Oswyne ora
Sancti Cosma et Damiane orate
Sancti Marcelline et Petri orate
Sancte Blasi ora
Omnes sancti martires orate
Sancte Cuthberte ora
Sancte Silvester ora
Sancte Marcialis ora
Sancte Hillari ora
Sancte Martine ora
Sancte Ambrosi ora
Sancte Augustine ora
[f. 93r] Sancte Damase ora
Sancte Leo ora
Sancte Gregori ora
Sancte Augustine cum sociis tuis ora
Sancte Athanasi ora
Sancte Basile ora
Sancte Taurine ora
Sancte Romane ora
Sancte Audoene ora
Sancte Nicholae ora
Sancte Remigi ora
Sancte Iuliane ora
Sancte Germane ora
Sancte Aidane ora
Sancte Cedda ora
Sancte Wilfride ora
Sancte Pauline ora
[f. 93v] Sancte Dunstane ora
Sancte Iohannes ora
Sancte Willelme ora
Sancte Edmunde ora
Sancte Swythune ora
Sancte Paule ora
Sancte Antoni ora
Sancte Hillarion ora
Sancte Machari ora
Sancte Ieronime ora
Sancte Benedicte ora
Sancte Carilephe ora
Sancte Maure ora
Sancte Columbane ora
Sancte Wandregesile ora
Sancte Boisile ora
Sancte Benedicte ora

Sancte Beda ora
Sancte Leonarde ora
Sancte Egydi ora
Sancte Guthlace ora
Sancte Godrice ora
Omnes sancti confessores orate
Sancta Maria Magdalene ora
Sancta Fides ora
Sancta Felicitas ora
Sancta Perpetua ora
Sancta Agatha ora
Sancta Agnes ora
Sancta Petronilla ora
Sancta Cecilia ora
Sancta Lucia ora
Sancta Scolastica ora
Sancta Fides ora
Sancta Spes ora
Sancta Karitas ora
Sancta Genovefa ora
Sancta Tecla ora
[f. 176r] Sancta Iuliana ora
Sancta Praxedis ora
Sancta Anastasia ora
Sancta Cristina ora
Sancta Prisca ora
Sancta Eufemia ora
Sancta Margareta ora
Sancta Katerina ora
Sancta Etheldritha ora
Sancta Hylda ora
Sancta Ebba ora
Sancta Brigida ora
Omnes sancte virgines orate
Omnes sancti orate pro nobis ii
Propicius esto parce nobis Domine
Propicius esto libera nos Domine
Ab omni malo libera nos Domine
Ab insidiis diaboli libera
A dampnacione perpetua libera
Ab iminentibus peccatorum nostrorum periculis (libera)
Ab infestacionibus demonum libera
A spiritu fornicacionis libera
Ab appetitu inanis glorie libera
Ab omni imundicia mentis et corporis (libera)
Ab ira et odio et omni mala voluntate (libera)
Ab inmundis cogitacionibus libera
A cecitate cordis libera
A fulgure et tempestate libera
A subitanea et eterna morte libera
Per mysterium sancte incarnacionis tue (libera)
Per passionem et crucem tuam libera
Per gloriosam resurrectionem tuam libera
Per admirabilem ascensionem tuam libera
Per gratiam sancti spiritus paracliti libera
In hora mortis succurre nobis Domine
In die iudicii libera

[f. 94r] Sancte Beda ora
Sancte Leonarde ora
Sancte Egide ora
Sancte Guthlace ora
Sancte Godrice ora
Omnes sancti confessores orate
Sancta Maria Magdalene ora
Sancta ffides ora
Sancta ffelicitas ora
Sancta Perpetua ora
Sancta Agatha ora
Sancta Agnes ora
Sancta Petrocinia[83] ora
Sancta Cecilia ora
Sancta Lucia ora
Sancta Scolastica ora
Sancta ffides ora
[f. 94v] Sancta Spes ora
Sancta Caritas ora
Sancta Genovefa ora
Sancta Tecla ora
Sancta Iuliana ora
Sancta Praxedis ora
Sancta Anastasia ora
Sancta Cristina ora
Sancta Prisca ora
Sancta Eufemia ora
Sancta Margareta ora
Sancta Katerina ora
Sancta Etheldreda ora
Sancta Hilda ora
Sancta Ebba ora
Sancta Brigida ora
Omnes virgines orate
[f. 95r] Omnes sancti ii orate
Propicius esto parce nobis Domine
Propicius esto libera nos Domine
Ab omni malo libera
Ab insidiis diaboli libera
A dampnacione perpetua libera
Ab imminentibus peccatorum nostrorum periculis libera
Ab infestacionibus demonum libera
A spiritu fornicacionis libera
Ab appetitu inanis glorie libera
Ab omni immundicia mentis et corporis libera
Ab ira et odio et omni mala voluntate libera
Ab inmundi(s) cogitacionibus libera
A cecitate cordis libera
A fulgore et tempestate libera
A subitanea et eterna morte libera
Per misterium sancte incarnacionis tue libera
Per passionem et [f. 95v] crucem tuam libera
Per gloriosam resurreccionem tuam libera
Per admirabilem ascensionem libera
Per gratiam sancti spiritus paracliti libera
In hora mortis succurre nobis Domine
In die iudicii libera

Peccatores te rogamus audi nos
Ut pacem nobis dones te rogamus
Ut misericordia et pietas tua nos custodiat (te rogamus)
Ut ecclesiam tuam regere et defensare digneris te rogamus
Ut dompnum apostolicum[82] et omnes gradus ecclesie in sancta religione conservare digneris (te rogamus)
Ut episcopum nostrum et gregem sibi commissum conservare digneris (te rogamus)
Ut regibus et principibus nostris pacem et veram concordiam atque victoriam donare digneris (te rogamus)
Ut episcopos et abbates nostros et omnes congregaciones illis commissas in sancta religione conservare digneris te rogamus
Ut congregaciones omnium sanctorum in tuo sancto servicio conservare digneris te rogamus
Ut cunctum populum christianum preciose sanguine tuo redemptum conservare digneris te rogamus
Ut omnibus benefactoribus nostris sempiterna bona retribuas te rogamus
Ut animas nostras et parentum nostrorum ab eterna dampnatione eripias te rogamus
Ut mentes nostras ad celestia desideria erigas (te rogamus)
Ut fructus terre dare et conservare digneris te rogamus
Ut oculos misericordie tue super nos reducere digneris (te rogamus)
Ut obsequium servitutis nostre racionabile facias te rogamus
Ut regularibus disciplinis nos instruere digneris (te rogamus)
Ut miserias pauperum et captivorum intueri et relevare digneris te rogamus
Ut omnibus fidelibus defunctis requiem eternam dones te rogamus
Ut nos exaudire digneris te rogamus
Fili Dei te rogamus audi nos ii te rogamus
Agnus Dei qui tollis peccata mundi parce nobis Domine
Agnus Dei qui tollis peccata mundi exaudi nos Domine
Agnus Dei qui tollis peccata mundi miserere nobis
[f. 176v] Christe audi nos
Kyrieleyson
Christe eleyson
Kyrieleyson

Peccatores te rogamus audi nos
Ut pacem nobis dones te rogamus
Ut misericordia et pietas tua nos custodiat te rogamus
Ut ecclesiam tuam regere et defensare digneris te rogamus
Ut (dompnum apostolicum et) omnes gradus ecclesie in sancta religione conservare digneris te rogamus
Ut episcopum nostrum et gregem sibi commissum conservare digneris te rogamus
Ut regibus et principibus nostris pacem et veram concordiam atque victoriam do[f. 96r]nare digneris te rogamus
Ut episcopos et abbates nostros et omnes congregaciones illis commissas in sancta religione conservare digneris te rogamus
Ut congregaciones omnium sanctorum in tuo sancto servicio conservare digneris te rogamus
Ut cunctum populum christianum precioso sanguine tuo redemptum conservare digneris te rogamus
Ut omnibus benefactoribus nostris sempiterna bona retribuas te rogamus
Ut animas nostras et parentum nostrorum ab eterna dampnacione eripias te rogamus
Ut mentes nostras ad celestia desideria erigas te rogamus
Ut fructus terre dare et conservare digneris te rogamus
Ut oculos misericordie tue super nos reducere digneris te rogamus
Ut obsequium servi[f. 96v]tutis nostre racionabile facias te rogamus
Ut regularibus disciplinis nos instruere digneris te rogamus
Ut miserias pauperum et captivorum intueri et relevare digneris te rogamus
Ut omnibus fidelibus defunctis requiem eternam dones te rogamus
Ut nos exaudire digneris te rogamus
Fili Dei te rogamus Fili Dei te rogamus
Agnus Dei qui tollis peccata mundi parce nobis Domine
Agnus Dei qui tollis peccata mundi exaudi nos Domine
Agnus Dei qui tollis peccata mundi miserere nobis
Christe audi nos
Kyrieleyson
Christeleyson
Kyrieleyson

Ely, Benedictine Cathedral Priory of St Peter and St Etheldreda

XXX Trier, Stadtbibliothek 9, fols. 61v–64r
c. 1100–25

[f. 61v] Kyrieleison
Christeleison
Christe audi nos
Pater de celis Deus miserere nobis
Fili redemptor mundi Deus miserere nobis
Spiritus sancte Deus miserere nobis
–
Sancta Maria ora pro nobis
Sancta Dei genetrix ora pro nobis
Sancta virgo virginum ora pro nobis
Sancte Michahel ora pro nobis
Sancte Gabrihel ora pro nobis
Sancte Raphahel ora pro nobis
Omnes sancti angeli et archangeli orate
Omnes sancti beatorum spirituum ordines orate (pro nobis)
Sancte Iohannis baptista ora pro (nobis)
Omnes sancti patriarche et prophete orate
Sancte Petre ora pro nobis ii
Sancte Paule ora pro nobis
Sancte Andrea ora pro nobis
Sancte Iohannes ora pro nobis
Sancte Iacobe ora pro nobis
Sancte Philippe ora pro nobis
Sancte Bartholomee ora pro nobis
Sancte Iacobe ora pro nobis
Sancte Mathee ora pro nobis
Sancte Thoma ora pro nobis
Sancte Simon ora pro nobis
Sancte Taddee ora pro nobis
Sancte Mathia ora pro nobis
Sancte Barnaba ora pro nobis
Sancte Marce ora pro nobis
Sancte Luca ora pro nobis
Omnes sancti apostoli et euuangeliste orate (pro nobis)
Omnes sancti discipuli domini orate pro nobis
Omnes sancti innocentes orate pro nobis
Sancte Stephane ora pro nobis
Sancte Clemens ora pro nobis
Sancte Syxte ora pro nobis
Sancte Iuste ora pro nobis
Sancte Laurenti ora pro nobis
Sancte Vincenti ora pro nobis
Sancte Sebastiane ora pro nobis
Sancte Christofore ora pro nobis
Sancte Georigi (sic!) ora pro nobis
Sancte Dionisi cum sociis tuis ora pro nobis
Sancte Maurici cum sociis tuis ora pro nobis
–
Sancte Eustachi cum sociis tuis ora pro nobis

XXXI London, British Library Arundel 233, fols. 160r–163r
c. 1280, c. 1300 and c. 1375–1400

[f. 160r] Kyrieleyson
Christeleyson
Christe audi nos
Pater de celis Deus miserere nobis
Fili redemptor mundi Deus miserere (nobis)
Spiritus sancte Deus miserere nobis
Sancta trinitas unus Deus miserere (nobis)
Sancta Maria ora
Sancta Dei genetrix ora
Sancta virgo virginum ora
Sancte Michael ora
Sancte Gabriel ora
[f. 160v] Sancte Raphael ora
Omnes sancti angeli et archangeli orate pro nobis
Omnes sancti beatorum spirituum ordines orate pro nobis
Sancte Iohannes baptista ora
Omnes sancti patriarche et prophete orate pro nobis
Sancte Petre *ii* ora[87]
Sancte Paule ora
Sancte Andrea ora
Sancte I*acobe* ora
Sancte I*ohannes* ora
Sancte Philippe ora
Sancte Bartholomee ora
Sancte *Iacobe* ora
Sancte *Mathee* ora
Sancte *Thoma* ora
Sancte Simon ora
Sancte I*uda* ora
Sancte Mathia ora
Sancte *Marce* ora
Sancte Luca ora
Sancte *Barnaba* ora
Omnes sancti apostoli et evvangeliste orate pro nobis
Omnes sancti discipuli domini orate pro nobis
Omnes sancti innocentes orate pro nobis
Sancte Stephane ora
Sancte Clemens ora
Sancte *Alexander* ora
[f. 161r] Sancte *Sixte* ora
Sancte *Laurenti* ora
Sancte *Vincenti* ora
Sancte *Georgi* ora
Sancte *Sebastiane* ora
Sancte *Cristofore* ora
Sancte *Dionisi cum sociis* ora
Sancte *Maurici cum sociis* ora
Sancte *Maximiane cum sociis* ora
Sancte *Eustachi cum sociis* ora

Sancte Quintine ora pro nobis	–
Sancte Albane ora pro nobis	Sancte *Albane ii* ora
–	Sancte *Theodore* ora
–	Sancte *Iuste* ora
–	*Sancte Quintine ora*
Sancte Ædmunde ora pro nobis	*Sancte Edmunde ora*
–	Sancte *Oswalde ora*
Sancte Ælphege ora pro nobis	*Sancte Alphege ora*
–	Sancte Thoma ora[88]
Omnes sancti martyres orate pro nobis	*Omnes sancti martires* orate
Sancte Marcialis ora pro nobis	Sancte *Silvester* ora[89]
Sancte Sylvester ora pro nobis	Sancte *Marcialis* ora
Sancte Nicholae ora pro nobis	Sancte *Nicholae* ora
Sancte Martine ora pro nobis[84]	Sancte *Hillari* ora
Sancte Hilari ora pro nobis	Sancte *Martine* ora
Sancte Gregori ora pro nobis	Sancte *Ambrosi* ora
–	Sancte *Ieronime* ora
Sancte Augustine ora pro nobis	Sancte *Augustine* ora
–	Sancte *Gregori* ora
Sancte Byrine ora pro nobis	Sancte *Augustine cum sociis* ora
Sancte Suuiþune ora pro nobis	Sancte *Wilfride* ora
[f. 62r] Sancte Aðeluuolde ora pro nobis	Sancte *Cuthberte* ora
Sancte Audoene ora pro nobis	Sancte *Birine* ora
Sancte Wilfride[85] ora pro nobis	Sancte *Swythune* ora
Sancte Cuþberorhte ora pro nobis	Sancte *Dunstane* ora
Sancte Benedicte ora pro nobis	Sancte *Ethelwolde* ora
Sancte Maure ora pro nobis	Sancte *Benedicte ii* ora
Sancte Antoni ora pro nobis	Sancte *Maure* ora
Sancte Columbane ora pro nobis	Sancte *Columbane* ora
–	[f. 161v] Sancte *Egidi* ora
–	Sancte *Antoni* ora
–	Sancte *Guthlace* ora
–	Sancte *Leonarde* ora
Sancte Botulphe ora pro nobis	Sancte *Botulphe* ora
Sancte Neote ora pro nobis	Sancte *Neote* ora
–	Sancte *Edwarde* ora
–	Sancte *Edmunde* ora
Omnes sancti confessores orate pro nobis	*Omnes sancti confessores* ora(te)
Omnes sancti monachi et heremite orate (pro nobis)	*Omnes sancti monachi et heremite orate pro (nobis)*
Sancta Maria Magdalene ora pro nobis	*Sancta Etheldreda ii* ora
Sancta Maria Egyptiaca ora pro nobis	*Sancta Wythburga ii* ora
Sancta Agathes ora pro nobis	*Sancta Sexburga* ora
Sancta Agnes ora pro nobis	*Sancta Ethelberga* ora
Sancta Cecilia ora pro nobis	*Sancta Ermenilda* ora
Sancta Lucia ora pro nobis	*Sancta Maria Magdalena* ora
Sancta Brigida ora pro nobis	*Sancta Maria Egypciaca ora*
Sancta Margarita ora pro nobis	O*ancta ffelicitas ora*[90]
Sancta Cristina ora pro nobis	*Sancta Perpetua ora*
Sancta Caterina ora pro nobis	O*ancta Agatha ora*
Sancta Petronella ora pro nobis	*Sancta Agnes ora*
Sancta ÆÐELÐRYÐA ora pro nobis	*Sancta Cecilia ora*
Sancta Sexburga ora pro nobis	*Sancta Lucia* ora
Sancta Wihtburga[86] ora pro nobis	*Sancta ffides* ora
Sancta Eormenhilda ora pro nobis	*Sancta Katerina* ora
Sancta Eufraxia ora pro nobis	*Sancta Scolastica* ora
Sancta Fides ora pro nobis	Sancta *Iuliana* ora
Sancta Spes ora pro nobis	Sancta *Margareta* ora

Sancta Caritas ora pro nobis
Sancta Sapientia ora pro nobis
–
–
–
Omnes sancte virgines orate pro nobis
Omnes sancti orate pro nobis
Propitius esto parce nobis Domine
Ab omni malo libera nos Domine
Ab insidiis diaboli libera nos Domine
A peste superbie libera nos Domine
A carnalibus desideriis libera nos (Domine)
Ab inmundis cogitationibus libera nos Domine
A spiritu fornicationis libera (nos Domine)
Ab omni inmunditia mentis et corporis libera nos Domine
A cecitate cordis libera nos Domine
Ab imminentibus peccatorum nostrorum periculis libera nos Domine
Ab appetitu inanis glorie libera (nos Domine)
A damnatione perpetua libera (nos Domine)
A peste et fame et clade libera (nos Domine)
A subita et eterna morte libera nos Domine
–
Per misterium sancte incarnationis tue libera nos Domine
Per passionem et crucem tuam libera (nos Domine)
Per gloriosam resurrectionem tuam libera nos Domine
Per admirabilem ascensionem tuam libera
Per gratiam sancti spiritus paracliti libera
In hora mortis nostre succurre nobis Domine
In die iudicii libera nos Domine
[f. 62v] Peccatores te rogamus audi nos
Ut pacem et concordiam nobis dones te rogamus audi nos
Ut sanctam ecclesiam tuam catholicam regere et defensare digneris (te rogamus)
Ut dompnum apostolicum et omnes gradus ecclesiae custodire et conservare digneris (te rogamus)
–
Ut congregationes omnium sanctorum in tuo sancto servitio conservare digneris (te rogamus)
Ut regibus et principibus nostris pacem et victoriam dones te rogamus
Ut episcopos et abbates et omnes congregationes sibi commissas in sancta religione conservare digneris (te rogamus)
Ut inimicos sancte Dei ecclesie comprimere digneris te rogamus
Ut locum istum et omnes habitantes in eo visitare et consolare (sic!) digneris (te rogamus)
Ut cunctum populum christianum pretioso sanguine tuo redemptum conservare digneris (te rogamus)
Ut mentes nostras ad celestia desideria erigas te rogamus

Sancta *Brigida* ora
Sancta *Petronilla* ora
Sancta *Austroberta* ora
Sancta *Erkengota* ora
Sancta *Werburga* ora
[f. 162r] *Omnes sancti*[91] *virgines orate*[92]
Omnes sancti orate pro nobis ii
Propicius esto parce nobis Domine
Ab omni malo libera
Ab insidiis diaboli libera
A peste superbie libera
A carnalibus desideriis libera
Ab immundis cogitacionibus libera
A spiritu fornicacionis libera
Ab omni immundicia mentis et corporis libera (nos Domine)
A cecitate cordis libera
Ab imminentibus peccatorum nostrorum periculis libera
Ab appetitu inanis glorie libera
A dampnacione perpetua libera
A peste et fame et clade libera
A subita et eterna morte libera
Ab ira et odio et omni mala voluntate libera
Per misterium sancte incarnacionis tue libera (nos Domine)
Per passionem et sanctam crucem tuam libera nos Domine
Per gloriosam resurreccionem tuam libera (nos Domine
Per admirabilem ascensionem tuam libera
Per graciam sancti spiritus paracliti libera
In hora mortis succurre nobis (Domine)
In die iudicii ii libera (nos Domine)
Peccatores te rogamus audi nos
[f. 162v] *Ut pacem et concordiam nobis dones te rogamus (audi nos)*
Ut sanctam ecclesiam tuam catholicam regere et defensare digneris te rogamus
Ut dompnum apostolicum[93] *et omnes gradus ecclesie custodire et conservare digneris te rogamus*
–
–
Ut regi nostro et principibus nostris pacem et victoriam dones te rogamus
Ut episcopos et abbates et omnes congregaciones illis commissas in sancta religione conservare digneris te rogamus
–
Ut congregaciones omnium sanctorum in tuo sancto servicio conservare digneris te rogamus
Ut cunctum populum christianum precioso sanguine tuo redemptum conservare digneris te rogamus
Ut mentes nostras ad celestia desideria erigas te rogamus

Ut nos hodie sine peccato custodias te rogamus audi (nos)	*Ut nos hodie sine peccato custodias te rogamus (audi nos)*
Ut angelum tuum sanctum ad tutelam nobis mittere digneris (te rogamus)	*Ut angelum tuum sanctum ad tutelam nobis mittere digneris te rogamus*
Ut dies et actus nostros in tua voluntate dispones te rogamus	*Ut dies et actus nostros in tua voluntate disponas te rogamus*
Ut remissionem omnium peccatorum nostrorum nobis donare digneris te (rogamus)	*Ut remissionem omnium peccatorum nostrorum nobis donare digneris te rogamus*
Ut aeris serenitatem nobis tribue supplicantibus te rogamus audi nos	– –
Ut fructus terre dare et conservare digneris te rogamus audi nos	*Ut fructus terre dare et conservare digneris te rogamus*
Ut animas nostras et parentum nostrorum ab eterna damnatione eripias te (rogamus)	– –
Ut omnibus benefactoribus nostris sempiterna bona retribuas te (rogamus)	[f. 163r] *Ut omnibus benefactoribus nostris sempiterna bona retribuas te rogamus*
– –	*Ut inimicos sancte Dei ecclesie comprimere digneris te rogamus*
– –	*Ut nos ab eorum insidiis potenter eripias te rogamus*
– –	*Ut animas nostras et parentum nostrorum ab eterna dampnacione eripias te rogamus*
Ut cunctis fidelibus defunctis requiem eternam donare digneris te (rogamus)	*Ut cunctis fidelibus defunctis requiem eternam donare digneris te rogamus*
Ut nos exaudire digneris te (rogamus)	*Ut nos exaudire te togamus*
Fili Dei te rogamus audi nos	*Fili Dei te rogamus audi nos ii*
Agnus Dei qui tollis peccata mundi parce nobis Domine iii	*Agnus Dei qui tollis peccata mundi parce nobis Domine*
– –	*Agnus Dei qui tollis peccata mundi exaudi nos Domine*
–	*Agnus Dei qui tollis peccata mundi miserere nobis*
Christe audi nos ii	*Christe audi nos*
–	*Christe exaudi nos*
KYRIELEISON	*Kyrieleyson*
–	*Christeleyson*
–	*Kyrieleyson*

XXXII London, British Library Add. 33381, fols. 182r–184r c. 1400–25

[f. 182r] Kyrieleyson
Christeleyson
Christe audi nos
Pater de celis Deus miserere nobis
Fili redemptor mundi Deus miserere (nobis)
Spiritus sancte Deus miserere nobis
Sancta trinitas unus Deus miserere (nobis)
Sancta Maria ora pro nobis
Sancta Dei genetrix ora
Sancta virgo virginum ora
Sancte Michael ora
Sancte Gabriel ora
Sancte Raphael ora
Omnes sancti angeli et archangeli orate pro nobis
Omnes sancti beatorum spirituum ordines orate pro nobis
Sancte Iohannes baptista ora
Omnes sancti patriarche et prophete orate pro nobis
Sancte Petre ii ora
Sancte Paule ora
Sancte Andrea ora
Sancte Iacobe ora
Sancte Iohannes ora
Sancte Philippe ora
Sancte Bartholomee ora
Sancte Iacobe
Sancte Mathee ora
Sancte Thoma ora
Sancte Simon ora
Sancte Iuda ora
Sancte Mathia ora
Sancte Marce ora
Sancte Luca ora
Sancte Barnaba ora
Omnes sancti apostoli et evangeliste orate pro nobis
Omnes sancti discipuli domini orate pro nobis
Omnes sancti innocentes orate pro nobis
Sancte Stephane ora
Sancte Clemens ora
Sancte Alexander ora
Sancte Sixte ora
Sancte Laurenti ora
Sancte Vincenti ora
Sancte Georgi ora
Sancte Sebastiane ora
Sancte Christofore ora
[f. 182v] Sancte Dionisi cum sociis ora
Sancte Maurici cum sociis (ora)
Sancte Maximiane cum sociis tuis ora pro nobis
Sancte Eustachi cum sociis tuis ora pro nobis
Sancte Albane ii ora
Sancte Theodore ora
Sancte Iuste ora
Sancte Quintine ora

XXXIII Cambridge, Trinity College B.11.6, fols. 154r–158r c. 1445–60

[f. 154r] Kyrieleison
Christeleison
Christe audi nos
Pater de celis Deus miserere nobis
Fili redemptor mundi Deus miserere nobis
Spiritus sancte Deus miserere nobis
Sancta trinitas unus Deus miserere nobis
Sancta Maria ora pro nobis
Sancta Dei genetrix ora
Sancta virgo virginum ora
Sancte Michael ora
Sancte Gabriel ora
Sancte Raphael (ora)
Omnes sancti angeli et archangeli orate
Omnes sancti beatorum spirituum ordines orate (pro nobis)
Sancte Iohannes baptista ora
Omnes sancti patriarche et prophete orate
Sancte Petre ii ora
Sancte Paule ora
Sancte Andrea ora
Sancte Jacobe ora
Sancte Iohannes ora
[f. 154v] Sancte Philippe ora
Sancte Bartholomee ora
Sancte Jacobe ora
Sancte Mathee ora
Sancte Thoma ora
Sancte Symon ora
Sancte Juda ora
Sancte Mathia ora
Sancte Marce ora
Sancte Luca ora
Sancte Barnaba ora
Omnes sancti apostoli et evangeliste orate (pro nobis)
Omnes sancti discipuli domini orate
Omnes sancti innocentes orate
Sancte Stephane ora
Sancte Clemens ora
Sancte Alexander ora
Sancte Sixte ora
Sancte Laurenti ora
Sancte Vincenti ora
Sancte Georgi ora
[f. 155r] Sancte Sebastiane ora
Sancte Christofore ora
Sancte Dionisi cum sociis tuis ora
Sancte Maurici cum sociis tuis ora
Sancte Maximiane cum sociis tuis ora
Sancte Eustachi cum sociis tuis ora
Sancte Albane ii ora
Sancte Theodore ora
Sancte Iuste ora
Sancte Quintine ora

Sancte Edmunde ora
Sancte Oswalde ora
Sancte Alphege ora
Sancte Thoma ora
Omnes sancti martires orate
Sancte Silvester ora
Sancte Marcialis ora
Sancte Nicholae ora
Sancte Hillari ora
Sancte Martine ora
Sancte Ambrosi ora
Sancte Ieronime ora
Sancte Augustine ora
Sancte Gregori ora
Sancte Augustine cum sociis tuis ora pro nobis
Sancte Wylfride ora
Sancte Cuthberte ora
Sancte Birine ora
Sancte Swithune ora
Sancte Dunstane ora
Sancte Ethelwolde ora
Sancte Benedicte ii ora
Sancte Maure ora
Sancte Columbane ora
Sancte Egidi ora
Sancte Antoni ora
Sancte Guthlace ora
Sancte Leonarde ora
Sancte Botulphe ora
Sancte Neote ora
Sancte Edwarde ora
Sancte Edmunde ora
Omnes sancti confessores orate pro nobis
Omnes sancti monachi et heremite orate pro nobis
Sancta Etheldreda ii ora
Sancta Withburga ii ora
Sancta Sexburga ora
Sancta Ethelberga ora
Sancta Ermenilda ora
[f. 183r] Sancta Maria Magdalena ora
Sancta Maria Egipciaca ora
Sancta ffelicitas ora
Sancta Perpetua ora
Sancta Agatha ora
Sancta Agnes ora
Sancta Cecilia ora
Sancta Lucia ora
Sancta ffidis ora
Sancta Katerina ora
Sancta Scolastica
Sancta Iuliana ora
Sancta Margareta ora
Sancta Brigida ora
Sancta Petronilla ora
Sancta Austraberta ora
Sancta Erkengotha ora
Sancta Werburga ora
Omnes sancte virgines orate pro nobis

Sancte Edmunde ora
Sancte Oswalde ora
Sancte Alphege ora
Sancte Thoma[94] ora
Omnes sancti martires orate
Sancte Silvester ora
Sancte Marcialis ora
Sancte Nicholae ora
Sancte Hillari ora
Sancte Martine ora
Sancte Ambrosi ora
Sancte Ieronime ora
Sancte Augustine ora
Sancte Gregori ora
Sancte Augustine cum sociis tuis ora
Sancte Wilfride ora
Sancte Cuthberte ora
Sancte Birine ora
Sancte Swythune ora
Sancte Dunstane ora
Sancte Ethelwolde ora
Sancte Benedicte ii ora
Sancte Maure ora
Sancte Columbane ora
Sancte Egidi ora
Sancte Antoni ora
Sancte Guthlace ora
Sancte Leonarde
Sancte Botulphe ora
Sancte Neote ora
Sancte Edwarde ora
Sancte Edmunde ora
Omnes sancti confessores orate
Omnes sancti monachi et heremite orate
Sancta Etheldreda ii ora
Sancta Wythburga ii ora
Sancta Sexburga ora
Sancta Ethelberga ora
Sancta Ermenilda ora
Sancta Maria Magdalena ora
Sancta Maria Egipciaca ora
Sancta ffelicitas ora
Sancta Perpetua ora
Sancta Agatha ora
Sancta Agnes ora
Sancta Cecilia ora
Sancta Lucia ora
Sancta ffidis ora
Sancta Katerina ora
Sancta Scolastica ora
Sancta Juliana ora
Sancta Margareta ora
Sancta Brigida ora
Sancta Petronilla ora
Sancta Austraberta ora
Sancta Erkengota ora
Sancta Werburga ora
Omnes sancte virgines orate

Omnes sancti orate pro nobis ii
Propicius esto parce nobis Domine
Ab omni malo libera nos Domine
Ab insidiis diaboli libera
A peste superbie libera
A carnalibus desideriis libera
Ab immundis cogitacionibus libera
A spiritu fornicacionis libera
Ab omni immundicia mentis et corporis libera (nos Domine)
A cecitate cordis libera
Ab imminentibus peccatorum nostrorum periculis libera
Ab appetitu inanis glorie libera
A dampnacione perpetua libera
A peste et fame et clade libera
A subita et eterna morte libera
Ab ira et odio et omni mala voluntate libera
Per misterium sancte incarnacionis tue libera (nos Domine)
Per passionem et sanctam crucem tuam libera (nos Domine)
Per gloriosam resurreccionem tuam libera
Per admirabilem ascensionem tuam libera
Per gratiam sancti spiritus paracliti libera
In hora mortis nostre succurre nobis Domine
In die iudicii ii libera (nos Domine)
[f. 183v] Peccatores te rogamus audi nos
Ut pacem et concordiam nobis dones te rogamus (audi nos)
Ut sanctam ecclesiam tuam catholicam regere et defensare digneris te rogamus
Ut dompnum apostolicum et omnes gradus ecclesie custodire et conservare digneris te rogamus
Ut regi nostro et principibus nostris pacem et victoriam donare digneris te rogamus
Ut episcopos et abbates et omnes congregaciones illis commissas in sancte religione conservare digneris te rogamus
Ut congregaciones omnium sanctorum in tuo sancto servicio conservare digneris te rogamus
Ut cunctum populum christianum precioso sanguine tuo redemptum conservare digneris te rogamus
Ut mentes nostras ad celestia desideria erigas te rogamus
Ut nos hodie sine peccato custodias te rogamus (audi nos)
Ut angelum tuum sanctum ad tutelam nobis intuere digneris te rogamus
Ut dies et actus nostros in tua voluntate disponas te rogamus
Ut remissionem omnium peccatorum nostrorum nobis donare digneris te rogamus
Ut fructus terre dare et conservare digneris te rogamus
Ut omnibus benefactoribus nostris sempiterna bona retribuas te rogamus

Omnes sancti orate pro nobis ii
Propicius esto parce nobis Domine
Ab omni malo libera nos Domine
Ab insidiis diaboli libera
A peste superbie libera
A carnalibus desideriis libera nos Domine
Ab immundis cogitacionibus libera
A spiritu fornicacionis libera
Ab omni immundicia mentis et corporis libera (nos Domine)
A cecitate cordis libera nos Domine
Ab imminentibus peccatorum nostrorum periculis libera
Ab appetitu inanis glorie libera
[f. 157r] A dampnacione perpetua libera
A peste et fame et clade libera
A subita et eterna morte libera
Ab ira et odio et omni mala voluntate libera
Per misterium sancte incarnacionis tue libera (nos Domine)
Per passionem et sanctam crucem tuam libera (nos Domine)
Per gloriosam resurreccionem tuam libera
Per admirabilem ascensionem tuam libera
Per gratiam sancti spiritus paracliti libera
In hora mortis nostre succurre nobis Domine
In die iudicii libera nos Domine ii
Peccatores te rogamus audi nos
Ut pacem et concordiam nobis dones te rogamus (audi nos)
Ut sanctam ecclesiam tuam catholicam regere et defensare digneris te rogamus
Ut dompnum apostolicum[95] et omnes gradus ecclesie custodire et conservare digneris te rogamus
Ut regi nostro et principibus nostris pacem et victoriam dones te rogamus
Ut episcopos et abbates et omnes congregaciones illis commissas in sancta religione con[f. 157v]servare digneris (te rogamus)
Ut congregaciones omnium sanctorum in tuo sancto servicio conservare digneris te rogamus
Ut cunctum populum cristianum precioso sanguine tuo redemptum conservare digneris te rogamus
Ut mentes nostras ad celestia desideria erigas te rogamus
Ut nos hodie sine peccato custodias te rogamus (audi nos)
Ut angelum tuum sanctum ad tutelam nobis mittere digneris te rogamus
Ut dies et actus nostros in tua voluntate disponas te rogamus
Ut remissionem omnium peccatorum nostrorum nobis donare digneris te rogamus
Ut fructus terre dare et conservare digneris te rogamus
Ut omnibus benefactoribus nostris sempiterna bona retribuas te rogamus

Ut inimicos sancte Dei ecclesie comprimere digneris te rogamus
Ut nos ab eorum insidiis potenter eripias te rogamus
[f. 184r] Ut animas nostras et parentum nostrorum ab eterna dampnacione eripias te rogamus
Ut cunctis fidelibus defunctis requiem eternam donare digneris te rogamus
Ut nos exaudire digneris te rogamus audi nos
Fili Dei te rogamus audi nos ii
Agnus Dei qui tollis peccata mundi parce nobis Domine
Agnus Dei qui tollis peccata mundi exaudi nos Domine
Agnus Dei qui tollis peccata mundi miserere nobis
Christe audi nos
Christe exaudi nos
Kyrieleyson
Christeleyson
Kyrieleyson

Ut inimicos sancte Dei ecclesie comprimere digneris te rogamus
Ut nos ab eorum insidiis potenter eripias te rogamus
Ut animas nostras et parentum nostrorum ab eterna dampnacione eripias te rogamus
[f. 158r] Ut cunctis fidelibus defunctis requiem eternam donare digneris te rogamus audi nos
Ut nos exaudire digneris te rogamus
Fili Dei te rogamus audi nos ii
Agnus Dei qui tollis peccata mundi parce nobis Domine
Agnus Dei qui tollis peccata mundi exaudi nos Domine
Agnus Dei qui tollis peccata mundi miserere nobis
Christe audi nos
–
Kyrieleison
Christeleison
Kyrieleison

Evesham, Benedictine Abbey of the Blessed Virgin Mary and St Egwin

XXXIV London, British Library Add. 44874, fols. 219v–223v c. 1250–60

[f. 219v] Kyrieleison
Christeleison
Christe audi nos ii
Pater de celis Deus miserere nobis
Fili redemptor mundi Deus miserere nobis
Spiritus sancte Deus miserere nobis
Sancta trinitas unus Deus miserere nobis
Sancta Maria ora pro (nobis)
Sancta Dei genetrix ora
Sancta virgo virginum ora
Sancte Michael ora
Sancte Gabriel ora
Sancte Raphael ora
Omnes sancti angeli et archangeli orate pro nobis
Omnes sancti beatorum spirituum ordines orate (pro nobis)
[f. 220r] Sancte Iohannes baptista (ora)
Omnes sancti patriarche et prophete orate
Sancte Petre ora
Sancte Paule ora
Sancte Andrea ora
Sancte Iohannes ora
Sancte Iacobe ora
Sancte Phylippe[96] ora
Sancte Bartholomee ora
Sancte Mathee ora
Sancte Thoma ora
Sancte Iacobe ora
Sancte Symon ora
Sancte Thaddee ora
Sancte Mathia ora
Sancte Barnaba ora
Sancte Marce ora
Sancte Luca ora
Omnes sancti apostoli et evangeliste orate (pro nobis)
Omnes sancti discipuli domini orate
Omnes sancti innocentes orate
Sancte Stephane ora
Sancte Line ora
Sancte Clete ora
Sancte Clemens ora
Sancte Syxte ora
Sancte Alexander ora
Sancte Marcelle ora
Sancte Corneli ora
Sancte Cypriane ora
Sancte Alphege ora
Sancte Thoma[97] ora
Sancte Dyonisi cum sociis tuis ora
Sancte Maurici cum sociis tuis ora
Sancte Eustachi cum sociis tuis ora

XXXV Evesham, Almonry Museum, fols. 152r–155r c. 1320–30

[f. 152r] Kyrieleison
Christeleison
Christe audi nos
Pater de celis Deus miserere nobis
Fili redemptor mundi (Deus) miserere nobis
Spiritus sancte Deus miserere nobis
Sancta trinitas unus Deus miserere nobis
Sancta Maria ora
Sancta Dei genetrix ora
Sancta virgo virginum ora
Sancte Michael ora
Sancte Gabriel ora
Sancte Raphael ora
Omnes sancti angeli et archangeli orate pro nobis
Omnes sancti beatorum spirituum ordines orate pro nobis
Sancte Iohannes baptista ora
Omnes sancti patriarche et prophete orate pro nobis
Sancte Petre ii ora
Sancte Paule ora
Sancte Andrea ora
[f. 152v] Sancte Iohannes ora
Sancte Iacobe ora
Sancte Philippe ora
Sancte Bartholomee ora
Sancte Mathee ora
Sancta Thoma ora
Sancte Iacobe ora
Sancte Simon ora
Sancte Taddee ora
Sancte Mathia ora
Sancte Barnaba ora
Sancte Marce ora
Sancte Luca ora
Omnes sancti apostoli et evangeliste orate pro nobis
Omnes sancti discipuli domini (orate)
Omnes sancti innocentes orate
Sancte Stephane ora
Sancte Line ora
Sancte Clete ora
Sancte Clemens ora
Sancte Sixte ora
Sancte Alexander ora
Sancte Marcelle ora
Sancte Corneli ora
Sancte Cipriane ora
Sancte Alphege ora
Sancte Thoma[100] ora
Sancte Dionisi cum sociis tuis (ora)
Sancte Maurici cum sociis tuis (ora)
Sancte Eustachi cum sociis tuis (ora)

Sancte Gereon cum sociis tuis ora
[f. 220v] Sancte Nichasi cum sociis tuis ora
Sancte Ypolite cum sociis tuis ora
Sancte Adriane cum sociis tuis ora
Sancte Laurenti ora
Sancte Vincenti ora
Sancte Gervasi ora
Sancte Prothasi ora
Sancte Georgi ora
Sancte Blasi ora
Sancte Fabiane ora
Sancte Sebastiane ora
Sancte Christofore ora
Sancte Crispine ora
Sancte Crispiniane ora
Sancte Albane ora
Sancte Edmunde ora
Sancte Osuualde ora
Sancte Kenelme ora
Sancte Kanuce ora
Sancte Edwarde ora
Sancte Wistane ii ora
Sancti Marcelline et Petre orate
Sancti Iohannes et Paule orate
Sancti Cosma et Damiane orate
Omnes sancti martyres orate
Sancte Silvester ora
Sancte Marcialis ora
Sancte Hylari ora
Sancte Martine ora
Sancte Ambrosi ora
Sancte Augustine ora
Sancte Nicholae ora
Sancte Leo ora
Sancte Athanasi ora
Sancte Gregori ora
Sancte Augustine cum sociis tuis ora
[f. 221r] Sancte Dunstane ora
–
Sancte Egwine ii ora
Sancte Thoma ora[98]
Sancte Cuthberte ora
Sancte Odulfe ora
Sancte Maxime ora
Sancte Ceadda ora
Sancte Medarde ora
Sancte Gildarde ora
Sancte Aldelme ora
Sancte Audoene ora
Sancte Germane ora
Sancte Remigi ora
Sancte Aniane ora
Sancte Iuliane ora
Sancte Vigor ora
Sancte Suithune ora
Sancte Ædelwolde ora
Sancte Osuualde ora
Sancte Wlstane ora

Sancte Gereon cum sociis tuis (ora)
Sancte Nichasi cum sociis tuis (ora)
Sancte Ypolite cum sociis tuis (ora)
Sancte Adriane cum sociis tuis (ora)
Sancte Laurenti ora
Sancte Vincenti ora
Sancte Gervasi ora
Sancte Prothasi ora
Sancte Georgi ora
Sancte Blasi ora
Sancte Fabiane ora
Sancte Sebastiane ora
[f. 153r] Sancte Christofore ora
Sancte Crispine ora
Sancte Crispiniane ora
Sancte Albane ora
Sancte Admunde ora
Sancte Oswalde ora
Sancte Kenelme ora
Sancte Kanute ora
Sancte Adwarde ora
Sancte Wistane ii ora[101]
Sancti Marcellini et Petre orate
Sancti Iohannes et Pauli orate
Sancti Cosma et Damiani orate
Omnes sancti martires orate
Sancte Silvester ora
Sancte Marcialis ora
Sancte Hylari ora
Sancte Martine ora
Sancte Ambrosi ora
Sancte Augustine ora
Sancte Nicholae ora
Sancte Leo ora
Sancte Athanasi ora
Sancte Gregorii ora
Sancte Augustine cum sociis tuis ora
Sancte Dunstane ora
Sancte Eadmunde ora
Sancte Egwine ii ora[102]
–
Sancte Cuthberte ora
Sancte Odulfe ora
Sancte Maxime ora
Sancte Cedda ora
Sancte Medarde ora
Sancte Gildarde ora
Sancte Aldelme ora
Sancte Audoene ora
Sancte Germane ora
Sancte Remigi ora
Sancte Aniane ora
Sancte Juliane ora
Sancte Vigor ora
Sancte Suithine ora
[f. 153v] Sancte Æthelwolde (ora)
Sancte Oswalde ora
Sancte Wlstane ora

Sancte Ieronime ora
Sancte Benedicte ii ora
Sancte Maure ora
Sancte Credane ora
Sancte Paule ora
Sancte Antoni ora
Sancte Machari ora
Sancte Columbane ora
Sancte Wandregisile ora
Sancte Iudoce ora
Sancte Egidi ora
Sancte Maiole ora
Sancte Leonarde ora
Sancte Edmunde ora
Omnes sancti confessores orate
Omnes sancti monachi et heremite orate
Sancta Anna ora
Sancta Maria Magdalene ora
[f. 221v] Sancta Maria Egypciaca ora
Sancta Felicitas ora
Sancta Perpetua ora
Sancta Petronilla ora
Sancta Agatha ora
Sancta Agnes ora
Sancta Cecilia ora
Sancta Lucia ora
Sancta Columba ora
Sancta Scolastica ora
Sancta Anastasia ora
Sancta Eugenia ora
Sancta Eufemia ora
Sancta Katerina ora
Sancta Tecla ora
Sancta Margareta ora
Sancta Praxedis ora
Sancta Milburga ora
Sancta Eadburga ora
Sancta Edeldrida ora
Sancta Hylda ora
Sancta Venera ora
Sancta Brigida ora
Omnes sancte virgines orate
Omnes sancti orate pro nobis
Propitius esto parce nobis Domine
Ab omni malo libera nos Domine
Ab insidiis diaboli libera
A dampnatione perpetua libera
Ab iminentibus peccatorum nostrorum periculis libera
Ab infestationibus demonum libera
A spiritu fornicationis libera
[f. 222r] Ab appetitu inanis glorie libera
Ab omni immunditia mentis et corporis libera
Ab ira et odio et omni mala voluntate libera
Ab inmundis cogitationibus libera
A cecitate cordis libera
A fulgure et tempestate libera
A subitanea morte libera

Sancte Ieronime ora
Sancte Benedicte ii ora[103]
Sancte Maure ora
Sancte Credane ora
Sancte Paule ora
Sancte Antoni ora
Sancte Machari ora
Sancte Columbane (ora)
Sancte Wandregisile (ora)
Sancte Iudoce ora
Sancte Egidi ora
Sancte Maiole ora
Sancte Leonarde ora
–
Omnes sancti confessores orate
Omnes sancti monachi et heremite orate
Sancta Anna ora
Sancta Maria Magdalena (ora)
Sancta Maria Egipciaca (ora)
Sancta Felicitas ora
Sancta Perpetua ora
Sancta Petronella ora
Sancta Agatha ora
Sancta Agnes ora
Sancta Cecilia ora
Sancta Lucia ora
Sancta Columba ora
Sancta Scolastica ora
Sancta Anastasia ora
Sancta Eugenia ora
Sancta Eufemia ora
Sancta Katerina ora
Sancta Tecla ora
Sancta Margareta ora
Sancta Praxedis ora
Sancta Milburga ora
Sancta Adburga ora
Sancta Ateldrida ora
Sancta Hilda ora
–
Sancta Brigida ora
Omnes sancte virgines (orate)
[f. 154r] Omnes sancti ii orate
Propicius esto parce nobis Domine
Ab omni malo libera (nos Domine)
Ab insidiis diaboli libera nos Domine
A dampnacione perpetua libera
Ab iminentibus peccatorum nostrorum periculis libera
Ab infestacionibus demonum libera
A spiritu fornicacionis (libera)
Ab appetitu inanis glorie libera
Ab omni inmundicia mentis et corporis (libera)
Ab ira et odio et omni mala voluntate libera
Ab inmundis cogitacionibus libera
A cecitate cordis libera
A fulgure et tempestate libera nos Domine
A subitanea morte libera

Per misterium sancte incarnationis tue libera
Per passionem et crucem tuam libera
Per gloriosam resurrectionem tuam libera
Per admirabilem ascensionem tuam libera
Per gratiam sancti spiritus paracliti libera
In hora mortis succurre nobis Domine
In die iudicii libera
Peccatores te rogamus audi nos
Ut pacem nobis dones te rogamus
Ut misericordia et pietas tua nos custodiat te rogamus
Ut ecclesiam tuam regere et defensare digneris te rogamus
Ut dompnum apostolicum[99] et omnes gradus ecclesie in [f. 222v] sancta religione conservare digneris te rogamus
Ut regibus et principibus nostris pacem et veram concordiam atque victoriam donare digneris te rogamus
Ut episcopos et abbates nostros et omnes congregationes illis comissas in sancta religione conservare digneris te rogamus
Ut congregationes omnium sanctorum in tuo sancto servitio conservare digneris te rogamus
Ut cunctum populum christianum precioso sanguine tuo redemptum conservare digneris te rogamus
Ut omnibus benefactoribus nostris sempiterna bona retribuas te rogamus
Ut animas nostras et parentum nostrorum ab eterna dampnatione eripias te rogamus
Ut fructus terre dare et conservare digneris te rogamus
Ut locum istum et omnes habitantes in eo visitare et consolari digneris te rogamus
Ut oculos misericordie tue super nos reducere digneris te rogamus
–
–
[f. 223r] Ut obsequium servitutis nostre racionabile facias te rogamus
Ut mentes nostras ad celestia desideria erigas te rogamus
Ut miserias pauperum et captivorum intueri et relevare digneris te rogamus
Ut iter famulorum tuorum in salutis tue prosperitate disponas te rogamus
Ut regularibus disciplinis nos instruere digneris te rogamus
Ut omnibus fidelibus defunctis requiem eternam donare digneris te rogamus
Ut nos exaudire digneris te rogamus
Fili Dei te rogamus
Agnus Dei qui tollis peccata mundi parce nobis Domine
Agnus Dei qui tollis peccata mundi exaudi nos Domine
Agnus Dei qui tollis peccata mundi miserere nobis

Per misterium sancte incarnacionis tue libera
Per passionem et crucem tuam libera
Per gloriosam resurrectionem tuam libera
Per admirabilem ascensionem tuam (libera)
Per graciam spiritus sancti paracliti libera
In hora mortis succurre nobis Domine
In die iudicii ii (libera)[104]
Peccatores te rogamus (audi nos)
Ut pacem nobis dones te rogamus
Ut misericordia et pietas tua nos [f. 154v] custodiat te rogamus
Ut ecclesiam tuam regere et defensare digneris te rogamus
Ut dompnum apostolicum[105] et omnes gradus ecclesie in sancta religione conservare digneris te rogamus
Ut regibus et principibus nostris pacem et veram concordiam atque victoriam donare digneris te rogamus
Ut episcopos et abbates nostros et omnes congregaciones illis commissas in sancta religione conservare digneris te rogamus
Ut congregaciones omnium sanctorum in tuo sancto servicio conservare digneris (te rogamus)
Ut cunctum populum christianum precioso sanguine tuo redemptum conservare digneris te rogamus
Ut omnibus benefactoribus nostris sempiterna bona retribuas te rogamus
Ut animas nostras et parentum nostrorum ab eterna dampnacione eripias te rogamus
Ut fructus terre dare et conservare digneris te rogamus
Ut locum istum et omnes habitantes in eo visitare et consolari digneris te rogamus
[f. 155r] Ut oculos misericordie tue super nos reducere digneris (te rogamus)
Ut oculos misericordie tue super nos reducere digneris (te rogamus)[106]
Ut obsequium servitutis nostre racionabile facias te rogamus
Ut mentes nostras ad celestia desideria erigas te rogamus
Ut miserias pauperum et captivorum intueri et relevare digneris te rogamus
Ut iter famulorum tuorum in salutis tue prosperitate disponas te rogamus
Ut regularibus disciplinis nos instruere digneris te rogamus
Ut omnibus fidelibus defunctis requiem eternam donare digneris te rogamus
Ut nos exaudire digneris te rogamus
Fili Dei te rogamus audi nos ii[107]
Agnus Dei qui tollis peccata mundi parce nobis Domine
Agnus Dei qui tollis peccata mundi exaudi nos Domine
Agnus Dei qui tollis peccata mundi miserere nobis

[f. 223v] Christe audi nos ii
Kyrieleison
Christeleison
Kyrieleison

Christe audi nos
Kyrieleyson
Christeleyson
Kyrieleison

XXXVI Oxford, Bodleian Library Barlow 41, fols. 239r–240v c. 1350–75

[f. 239r] Kyrieleyson
Christeleyson
Christe audi nos
Pater de celis Deus miserere nobis
Filii (sic!) redemptor mundi Deus miserere nobis
Spiritus sancte Deus miserere nobis
Sancta trinitas unus Deus miserere nobis
Sancta Maria ora pro nobis
Sancta Dei genetrix ora
Sancta virgo virginum ora
Sancte Michael ora
Sancte Gabriel ora
Sancte Raphael ora
Omnes sancti angeli et archangeli orate pro nobis
Omnes sancti beatorum spirituum ordines orate pro nobis
Sancte Iohannes baptista ora
Omnes sancti patriarche et prophete (orate)
Sancte Petre ora ora[108]
Sancte Paule ora
Sancte Andrea ora
Sancte Iohannes ora
Sancte Iacobe ora
Sancte Philippe ora
Sancte Bartholomee ora
Sancte Mathee ora
Sancte Thoma ora
Sancte Iacobe ora
Sancte Symon ora
Sancte Thadee ora
Sancte Mathia ora
Sancte Barnaba ora
Sancte Marce ora
Sancte Luca ora
Omnes sancti apostoli et evangeliste orate
Omnes sancti discipuli domini orate
Omnes sancti innocentes orate
Sancte Stephane ora
Sancte Line ora
Sancte Clete ora
Sancte Clemens ora
Sancte Sixte ora
Sancte Alexander ora
Sancte Marcelle ora
Sancte Corneli ora
Sancte Cipriane ora
Sancte Alphege ora
Sancte Thoma[109] ora
Sancte Dyonisi cum sociis tuis ora
Sancte Maurici cum sociis tuis ora
Sancte Eustachi cum sociis tuis ora
Sancte Gereon cum sociis tuis ora
Sancte Nichasi cum sociis tuis ora
Sancte Ypolite cum sociis tuis ora
[f. 239v] Sancte Adriane cum sociis tuis ora
Sancte Laurenti ora
Sancte Vincenti ora
Sancte Gervasi ora
Sancte Prothasi ora
Sancte Georgi ora
Sancte Blasii ora
Sancte Fabiane ora
Sancte Sebastiane ora
Sancte Christofore ora
Sancte Crispine ora
Sancte Crispiniane ora
Sancte Albane ora
Sancte Eadmunde ora
Sancte Oswalde ora
Sancte Kenelme ora
Sancte Kanute ora
Sancte Edwarde ora
Sancte Wistane ora
Sancti Marcelline et Petre (orate)
Sancti Iohannes et Paule orate
Sancti Cosma et Damiani orate
Omnes sancti martires orate
Sancte Silvester ora
Sancte Marcealis ora
Sancte Hyllari ora
Sancte Martine ora
Sancte Ambrosi ora
Sancte Augustine ora
Sancte Nicholae ora
Sancte Leo ora
Sancte Athanasi ora
Sancte Gregori ora
Sancte Augustine cum (sociis tuis ora)
Sancte Dunstane ora
Sancte Edmunde ora[110]
Sancte Egwine ora
Sancte Thoma ora[111]
Sancte Cuthberte ora
Sancte Odulfe ora
Sancte Maxime ora
Sancte Cedda ora
Sancte Medarde ora
Sancte Gildarde ora
Sancte Aldelme ora
Sancte Audoene ora
Sancte Germane ora
Sancte Remigi ora
Sancte Aniane ora[112]
Sancte Iuliane ora
Sancte Vigor ora
Sancte Suithune ora
Sancte Athelwolde ora
Sancte Oswalde ora
Sancte Wlstane ora
Sancte Ieronime ora
Sancte Benedicte ii ora
Sancte Maure ora

Sancte Credane ora
Sancte Paule ora
Sancte Antoni ora
Sancte Machari ora
Sancte Columbane ora
Sancte Wandregesile ora
Sancte Iudoce ora
Sancte Egidi ora
Sancte Maiole ora
Sancte Leonarde ora
Omnes sancti confessores orate
Omnes sancti monachi et heremite orate
Sancta Anna ora
Sancta Maria Magdalena ora
Sancta Maria Egipciaca ora
Sancta Felicitas ora
Sancta Perpetua ora
Sancta Petronilla ora
Sancta Agatha ora
Sancta Agnes ora
Sancta Cecilia ora
Sancta Lucia ora
Sancta Columba ora
Sancta Scolastica ora
Sancta Anastasia ora
Sancta Eugenia ora
Sancta Euphemia ora
Sancta Katerina ora
Sancta Tecla ora
Sancta Margareta ora
Sancta Praxedis ora
Sancta Milburga ora
Sancta Edburga ora
Sancta Atheldreda ora
Sancta Hylda ora
Sancta Brigida ora
Omnes sancte virgines orate
Omnes sancti ii orate
Propicius esto parce nobis Domine
Ab omni malo libera nos Domine
Ab insidiis diaboli libera
A dampnacione perpetua libera
Ab iminentibus peccatorum nostrorum periculis libera
Ab infestacionibus demonum libera
A spiritu fornicacionis libera
Ab appetitu inanis glorie libera
Ab omni inmundicia mentis et corporis libera
Ab ira et odio et omni mala voluntate libera
Ab inmundis cogitacionibus libera
A cecitate cordis libera
A fulgure et tempestate libera
A subitanea morte libera
Per misterium sancte incarnacionis tue libera
Per passionem et c(rucem) t(uam) libera
Per gloriosam resurrectionem tuam libera
Per admirabilem ascensionem tuam libera
Per gratiam sancti spiritus paracliti libera
In hora mortis succurre nobis Domine libera
In die iudicii libera
Peccatores te rogamus audi nos
[f. 240v] Ut pacem nobis dones te rogamus
Ut misericordia et pietas tua nos custodiat te rogamus
Ut ecclesiam tuam catholicam regere et defensare digneris te rogamus
Ut dompnum apostolicum[113] et omnes gradus ecclesie in sancta religione et conservare digneris te rogamus
Ut regibus et principibus nostris pacem et veram concordiam atque victoriam donare digneris te rogamus
Ut episcopos et abbates nostros et omnes congregaciones illis commissas in sancta religione conservare digneris te rogamus
Ut congregaciones omnium sanctorum in tuo sancto servitio conservare digneris te rogamus
Ut cunctum populum christianum precioso sanguine tuo redemptum conservare digneris te rogamus
Ut omnibus benefactoribus nostris sempiterna bona retribuas te rogamus
Ut animas nostras et parentum nostrorum ab eterna dampnacione eripias te rogamus
Ut fructus terre dare et conservare digneris te rogamus[114]
Ut locum istum et omnes habitantes in eo visitare et consolari digneris te rogamus
Ut oculos misericordie tue super nos reducere digneris te rogamus
Ut obsequium servitutis nostre racionabile facias te rogamus
Ut mentes nostras ad celestia desideria erigas te rogamus
Ut miserias pauperum et captivorum intueri et relevare digneris te rogamus
Ut iter famulorum tuorum in salutis tue prosperitate disponas te rogamus
Ut regularibus disciplinis nos instruere digneris te rogamus
Ut omnibus fidelibus defunctis requiem eternam donare digneris te rogamus
Ut nos exaudire digneris te rogamus
Fili Dei te rogamus
Agnus Dei qui tollis peccata mundi parce nobis Domine
Agnus Dei qui tollis peccata mundi exaudi nos Domine
Agnus Dei qui tollis peccata mundi miserere nobis
Christe audi nos
Kyrieleyson
Christeleyson
Kyrieleyson

Fountains, Cistercian Abbey of the Blessed Virgin Mary

XXXVII London, British Library Burney 335, fol. 32r c. 1325–50

[f. 32r] Kyrieleison
Christeleison
Christe audi nos
Pater de celis Deus miserere nobis
Fili redemptor mundi Deus miserere (nobis)
Spiritus sancte Deus miserere (nobis)
Sancta trinitas unus Deus miserere (nobis)
Sancta Maria ora
Sancta Dei genetrix ora
Sancta virgo virginum ora
Sancte Michael ora
Sancte Gabriel ora
Sancte Raphael ora
Omnes sancti angeli et archangeli orate
Omnes sancti beatorum spirituum ordines orate
Sancte Iohannes baptiste ora
Omnes sancti patriarche et prophete orate
Sancte Petre ora
Sancte Paule ora
Sancte Andrea ora
Sancte Iacobe ora
Sancte Iohannes ora
Omnes sancti apostoli et evangeliste (orate)
Sancte Stephane ora
Sancte Laurenti ora
Sancte Vincenti ora
Sancte Thoma ora
Sancte Edmunde ora
Sancti Iohannes et Paule orate
Omnes sancti martires orate
Sancte Martine ora
Sancte Nicholae ora
Sancte Edmunde ora
Sancte Petre ora
Sancte Malachia ora
Sancte Willelme ora
Sancte Benedicte ora
Sancte Bernarde ora
Sancte Roberte ora
Omnes sancti confessores orate etc.[115]

Glastonbury, Benedictine Abbey of the Blessed Virgin Mary

XXXVIII London, British Library Add. 64952, fols. 221r–229r c. 1460–80

[f. 221r] Kyrieleyson
Christeleyson
Christe audi nos
Pater de celis Deus miserere nobis
Fili redemptor mundi Deus miserere nobis
Spiritus sancti (sic!) Deus miserere nobis
Sancta trinitas unus Deus miserere nobis
Sancta Maria ora
Sancta Dei genetrix ora
[f. 221v] Sancta virgo virginum ora
Sancte Mychael ora
Sancte Gabriel ora
Sancte Raphael ora
Omnes sancti angeli et archangeli orate
Omnes sancti beatorum spirituum ordines orate
Sancte Iohannes baptista ora
Omnes sancti patriarche et prophete orate
Sancte Petre ora
Sancte Paule ora
Sancte Andrea ora
Sancte Iohannes ora
Sancte Iacobe ora
Sancte Philippe ora
Sancte Bartholomee ora
Sancte Mathee ora
[f. 222r] Sancte Thoma ora
Sancte Iacobe ora
Sancte Symon ora
Sancte Taddee ora
Sancte Mathia ora
Sancte Barnaba ora
Sancte Luca ora
Sancte Marche ora
Omnes sancti apostoli et evangeliste orate
Sancte Joseph cum sociis tuis ora
Omnes sancti discipuli domini orate
Omnes sancti innocentes orate
Sancte Stephane ora
Sancte Clemens ora
Sancte Alexander ora
Sancte Marcelle ora
[f. 222v] Sancte Syxte ora
Sancte Blasi ora
Sancte Laurenti ora
Sancte Thoma ora
Sancte Ypolite cum sociis tuis ora
Sancte Corneli ora
Sancte Cypriane ora
Sancte Policarpe ora
Sancte Theodore ora
Sancte Vincenti ora
Sancte Georgi ii ora
Sancte Pantaleon ora
Sancte Appollinaris ora
Sancte Indracte cum sociis tuis ora
Sancte Dyonisi cum sociis tuis ora
Sancte Maurici cum sociis tuis ora
[f. 223r] Sancte Eustachi cum sociis tuis ora
Sancte Albane ora
Sancte Oswalde ora
Sancte Edmunde ora
Sancte ffabiane ora
Sancte Sebastiane ora
Sancte Alphege ora
Sancte Grisogone ora
Sancte Gorgoni ora
Sancte Saturnine ora
Sancte Quintine ora
Sancte Gervasi ora
Sancte Prothasi ora
Sancte Cristofore ora
Sancte Edwarde ora
Sancte Besili ora
[f. 223v] Omnes sancti martires orate
Sancte Silvester ora
Sancte Marcialis ora
Sancte Hillari ora
Sancte Martine ora
Sancte Ambrosi ora
Sancte Augustine ora
Sancte Damase ora
Sancte Leo ora
Sancte Gregori ora
Sancte Augustine cum sociis tuis ora
Sancte Athanasi ora
Sancte Dunstane ii ora
Sancte Aidane ora
Sancte Audoene ora
Sancte Nicholae ora
[f. 224r] Sancte Basili ora
Sancte Patrici ora
Sancte Benigne ora
Sancte David ora
Sancte Taurine ora
Sancte Cuthberte ora
Sancte Swithune ora
Sancte Athelwolde ora
Sancte Edmunde ora
Sancte Ricarde ora
Sancte Osmunde ora
Sancte Paule ora
Sancte Hillarion ora
Sancte Pacomi ora
Sancte Arseni ora
Sancte Machari ora
[f. 224v] Sancte Wynwaloee ora

Sancte Ieronime ora
Sancte Beda ora
Sancte Benedicte ii ora
Sancte Maure ora
Sancte Ceolfride ora
Sancte Gudlace ora
Sancte Columbane ora
Sancte Leonarde ora
Sancte Neote ora
Sancte Cadoce ora
Sancte Maiole ora
Sancte Gilda ora
Sancte Egidi ora
Sancte Edwarde ora
Omnes sancti confessores orate
[f. 225r] Sancta Anna ora
Sancta Maria Magdalene ora
Sancta ffelicitas ora
Sancta Perpetua ora
Sancta Agatha ora
Sancta Agnes ora
Sancta Petronilla ora
Sancta Cecilia ora
Sancta Lucia ora
Sancta Scolastica ora
Sancta Radegundis ora
Sancta Baltildis ora
Sancta ffides ora
Sancta Spes ora
Sancta Caritas ora
Sancta Katerina ora
[f. 225v] Sancta Tecla ora
Sancta Margareta ora
Sancta Juliana ora
Sancta Praxedis ora
Sancta Anastasia ora
Sancta Eufemia ora
Sancta Brigida ora
Sancta Etheldrida ora
Sancta ffidis ora
Sancta Hylda ora
Sancta ffredeswyda ora
Sancta Wenefreda ora
Sancta Barbara ora
Sancta Ursula cum sociabus tuis ora
Sancta Sabina ora
Sancta Appollonia ora
[f. 226r] Sancta Editha ora
Omnes sancte virgines orate
Omnes sancti orate pro nobis ii
Propicius esto parce nobis Domine
Propicius esto libera nos Domine
Ab omni malo libera
Ab insidiis diaboli libera
A dampnacione perpetua libera
Ab iminentibus peccatorum nostrorum periculis libera
Ab infestacionibus demonum libera
A spiritu fornicacionis libera
Ab appetitu inanis glorie libera
Ab omni imundicia mentis et corporis libera nos Domine
Ab ira et odio et omni mala [f. 226v] voluntate libera
Ab immundis cogitacionibus libera
A cecitate cordis libera
A fulgure et tempestate libera
A subitanea et eterna morte libera
Per misterium sancte incarnacionis tue libera
Per passionem et crucem tuam libera
Per piissimam mortem tuam libera
Per gloriosam resurrectionem tuam libera
Per admirabilem ascensionem tuam libera
Per gratiam sancti spiritus paracliti libera
[f. 227r] In hora mortis succurre nobis Domine libera
In die iudicii libera
Peccatores te rogamus audi nos
Ut pacem nobis dones te rogamus
Ut misericordia et pietas tua nos in pace custodiat te rogamus
Ut ecclesiam tuam regere et defensare digneris te rogamus
Ut dompnum apostolicum et omnis (sic!) gradus ecclesie in sancta religione conservare digneris te rogamus
Ut regi nostro et principibus nostris pacem et veram concordiam atque victoriam [f. 227v] donare digneris te rogamus
Ut episcopos et abbates nostros et omnes congregaciones illis commissas in sancta religione conservare digneris te rogamus
Ut congregaciones omnium sanctorum in tuo sancto servicio conservare digneris te rogamus
Ut cunctum populum christianum precioso sanguine (tuo) redemptum conservare digneris te rogamus
Ut omnibus benefactoribus nostris sempiterna bona retribuas te rogamus
Ut locum istum et omnes habitantes in eo visitare et consolare (sic!) digneris te rogamus
[f. 228r] Ut animas nostras et parentum nostrorum ab eterna dampnacione eripias te rogamus
Ut fructus terre dare et conservare digneris te rogamus
Ut oculos misericordie tue super nos reducere digneris te rogamus
Ut obsequium servitutis nostre racionabile facias te rogamus
Ut mentes nostras ad celestia desideria erigas te rogamus
Ut miserias pauperum et captivorum intueri et relevari (sic!) digneris te rogamus
Ut regularibus disciplinis nos instruere digneris te rogamus
[f. 228v] Ut iter et actus famulorum tuorum in salutis tue prosperitate disponas te rogamus

Ut aeris serenitatem nobis dones te rogamus
Ut omnibus fidelibus defunctis requiem eternam dones te rogamus
Ut nos exaudire digneris te rogamus
Fili Dei te rogamus audi nos
Agnus Dei qui tollis peccata mundi parce nobis Domine
Agnus Dei qui tollis peccata mundi exaudi nos Domine
Agnus Dei qui tollis peccata mundi miserere nobis
Christe audi nos
Kyrieleyson
[f. 229r] Christeleyson
Kyrieleyson

Gloucester, Benedictine Abbey of St Peter

XXXIX Oxford, Bodleian Library lat.bibl.d.9, fols. 319r–320r c. 1300–25

[f. 319r] Kyrieleyson
Christeleyson
Christe audi nos
Pater de celis Deus miserere nobis
Fili redemptor mundi Deus miserere nobis
Spiritus sancte Deus miserere nobis
Sancta trinitas unus Deus miserere nobis
Sancta Maria ora pro nobis
Sancta Dei genetrix ora
Sancta virgo virginum ora
Sancte Michael ora
Sancte Gabriel ora
Sancte Raphael ora
Omnes sancti angeli et archangeli orate
Omnes sancti beatorum spirituum ordines orate (pro nobis)
Sancte Iohannes baptista ora
Omnes sancti patriarche et prophete orate
Sancte Petre ii ora
Sancte Paule ora
Sancte Andrea ora
Sancte Iacobe ora
Sancte Iohannes ora
Sancte Thoma ora
Sancte Iacobe ora
Sancte Philippe ora
Sancte Bartholomee ora
Sancte Mathee ora
Sancte Symon ora
Sancte Tadee ora
Sancte Mathia ora
Sancte Barnaba ora
Sancte Marce ora
Sancte Luca ora
Omnes sancti apostoli et euangeliste orate (pro nobis)
Sancte Marcialis ora
Omnes sancti discipuli domini orate
Omnes sancti innocentes orate
Sancte Stephane ora
Sancte Clemens ora
Sancte Sixte ora
Sancte Marcelline ora
Sancte Dionisii cum sociis tuis ora
Sancte Mauri(ci) cum sociis tuis ora
Sancte Nichasi cum sociis tuis ora
Sancte Eustachi cum sociis tuis ora
Sancte Corneli ora
Sancte Cipriane ora
Sancte Laurenti ora
Sancte Innocenti ora
Sancte Agapite ora

XL Oxford, Bodleian Library Rawl.liturg.f.1, fols. 134v–141v c. 1450

[f. 134v] Kyrieleison
Christe eleison
Christe audi nos ii
Pater de celis Deus miserere nobis
Fili redemptor mundi Deus miserere nobis
Spiritus sancte Deus miserere nobis
Sancta trinitas unus Deus miserere (nobis)
Sancta Maria ora pro nobis
Sancta Dei genetrix ora
Sancta virgo virginum ora
Sancte Michael ii ora
Sancte Gabriel ora
Sancte Raphael ora
Omnes sancti angeli et archangeli orate pro nobis
Omnes sancti beatorum spirituum ordines orate pro nobis
[f. 135r] Sancte Iohannes baptista ora
Omnes sancti patriarche et prophete orate pro nobis
Sancte Petre ii ora
Sancte Paule ora
Sancte Andrea ora
Sancte Iacobe ora
Sancte Iohannes ora
Sancte Thoma ora
Sancte Iocobe ora
Sancte Philippe ora
Sancte Bartholomee ora
Sancte Mathee ora
Sancte Symon ora
Sancte Thadee ora
Sancte Mathia ora
[f. 135v] Sancte Barnaba ora
Sancte Marce ora
Sancte Luca ora
Omnes sancti apostoli et evangeliste orate pro nobis
Sancte Marcialis ora
Omnes sancti discipuli domini orate
Omnes sancti innocentes orate
Sancte Stephane ora
Sancte Clemens ora
Sancte Sixte ora
Sancte Marcelline ora
Sancte Dionisi cum sociis tuis ora
Sancte Maurici cum sociis tuis ora
Sancte Nichasi cum sociis tuis ora
Sancte Eustachi cum sociis tuis ora
[f. 136r] Sancte Corneli ora
Sancte Cipriane ora
Sancte Laurenti ora
Sancte Innocenti ora
Sancte Agapite ora

Sancte Vincenti ora
Sancte Fabiane ora
Sancte Sebastiane ora
Sancte Gulberte ora
Sancte Valentine ora
Sancte Simphoriane ora
Sancte Quintine ora
Sancte Christofore ora
Sancte Georgi ora
Sancte Gervasi ora
Sancte Prothasi ora
Sancte Leodegari ora
Sancte Albane ora
Sancte Eadmunde ora
Sancte Oswalde ora
Sancte Antonine ora
Sancte Ambi ora
Sancte Elphege ora
[f. 319v] Sancte Thoma ora
Sancte Kenelme ora
Sancte Blasi ora
–
Omnes sancti martires orate
Sancte Silvester ora
Sancte Hilari ora
Sancte Martine ora
Sancte Gregori ora
Sancte Ambrosi ora
Sancte Augustine ora
Sancte Taurine ora
Sancte Ieronime ora
Sancte Germane ora
Sancte Nicholae ora
Sancte Autberte ora
Sancte Audoene ora
Sancte Romane ora
Sancte Chanan ora
Sancte Godeberte ora
Sancte Swithune ora
Sancte Edelwolde ora
Sancte Dunstane ora
Sancte Cuthberte ora
Sancte Oswalde ora
Sancte Paterne ora
Sancte Iuliane ora
Sancte Sampson
Sancte Albine ora
Sancte David ora
Sancte Brici ora
Sancte Augustine cum sociis tuis ora
Sancte Wlstane ora
Sancte Egwine ora
Sancte Theleae ora
Sancte Aldathe ora
Sancte Eadmunde ora
–
–
Sancte Benedicte ii ora

Sancte Vincenti ora
Sancte Fabiane ora
Sancte Sebastiane ora
Sancte Gulberte ora
Sancte Valentine ora
Sancte Simphoriane ora
Sancte Quintine ora
Sancte Christofore ora
Sancte Georgi ora
Sancte Gervasi ora
Sancte Prothasi ora
[f. 136v] Sancte Leodegari ora
Sancte Albane ora
Sancte Edmunde ora
Sancte Osuualde ora
Sancte Antonine ora
Sancte Ambrosi[116] ora
Sancte Alphegi ora
Sancte Thoma ora
Sancte Kenelme ora
Sancte Blasi ora
Sancte Ethelberte ora
Omnes sancti martires orate pro nobis
Sancte Silvester ora
Sancte Hilari ora
Sancte Martine ora
Sancte Gregori ora
Sancte Ambrosi ora
[f. 137r] Sancte Augustine ora
Sancte Taurine ora
Sancte Ieronime ora
Sancte Germane ora
Sancte Nicholae ora
Sancte Authberte ora
Sancte Audoene ora
Sancte Romane ora
Sancte Canan ora
Sancte Godeberte ora
Sancte Suuithine ora
Sancte Atheluuolde ora
Sancte Dunstane ora
Sancte Cuthberte ora
Sancte Osuualde ora
Sancte Paterne ora
[f. 137v] Sancte Iuliane ora
Sancte Sampson ora
Sancte Albine ora
Sancte David ora
Sancte Brici ora
Sancte Augustine ora
Sancte Uulstane ora
Sancte Egwyne ora
Sancte Theliae ora
Sancte Aldate ora
Sancte Edmunde ora
Sancte Ricarde ora
Sancte Thoma ora
Sancte Benedicte ii ora

XXXIX	XL	
Sancte Maure ora	Sancte Maure ora	
Sancte Antoni ora	Sancte Antoni ora	
Sancte Philiberte ora	[f. 138r] Sancte Philiberte ora	
Sancte Wandregesile ora	Sancte Uuandregesili ora	
Sancte Ausberte ora	Sancte Ausberte ora	115
Sancte Maximine ora	Sancte Maximine ora	
Sancte Maiole ora	Sancte Maiole ora	
Sancte Egidi ora	Sancte Egidi ora	
Sancte Leonarde ora	Sancte Leonarde ora	
Sancte Guthlace ora	Sancte Guthlace ora	120
Sancte Gundlee ora	Sancte Gundlee ora	
Sancte Eilwine ora	Sancte Aeluuine ora	
Omnes sancti confessores orate	Omnes sancti confessores orate	
Sancta Anna ora	Sancta Anna ii ora	
Sancta Maria Magdalene ora	Sancta Maria Magdalene ora	125
Sancta Maria Egypciaca ora	–	
Sancta Felicitas ora	Sancta Felicitas ora	
Sancta Perpetua ora	Sancta Perpetua ora	
Sancta Petronilla ora	Sancta Petronilla ora	
Sancta Agatha ora	[f. 138v] Sancta Agatha ora	130
Sancta Agnes ora	Sancta Agnes ora	
Sancta Cecilia ora	Sancta Cecilia ora	
Sancta Lucia ora	Sancta Lucia ora	
Sancta Scolastica ora	Sancta Scolastica ora	
Sancta Celumpna ora	Sancta Celumpna ora	135
Sancta Genovefa ora	Sancta Genovefa ora	
Sancta Columba ora	Sancta Columba ora	
Sancta Radegundis ora	Sancta Radegundis ora	
Sancta Etheldrida ora	Sancta Etheldrida ora	
[f. 320r] Sancta Katerina ora	–	140
Sancta Margareta ora	Sancta Margareta ora	
–	Sancta Fidis ora	
–	Sancta Barbara ora	
–	Sancta Brigida or	
–	[f. 139r] Sancta Arildis ora	145
–	Sancta Kyneburga ora	
–	Sancta Milburga ora	
Omnes sancte virgines orate pro nobis	Omnes sancte virgines orate pro nobis	
Omnes sancti et sancte intercedite pro nobis	Omnes sancti orate pro nobis ii	
Propicius esto parce nobis Domine	Propicius esto parce nobis Domine	150
Propicius esto exaudi nos Domine	–	
Ab omni malo libera nos Domine	Ab insidiis diaboli libera nos Domine	
Ab omni peccato libera	A dampnacione perpetua libera	
Ab ira tua libera	Ab iminentibus peccatorum nostrorum periculis	
A subitanea et improvisa morte libera	libera	155
Ab insidiis diaboli libera	Ab infestacionibus demonum libera	
Ab ira et odio et omni mala voluntate libera	A spiritu fornicacionis libera	
A spiritu fornicacionis libera	Ab apetitu inanis glorie libera	
Ab appetitu inanis glorie libera	Ab omni inmundicia mentis et corporis libera	
A fulgure et tempestate libera	Ab ira et omni mala [f. 139v] voluntate libera	160
A morte perpetua libera	Ab inmundis cogitacionibus libera	
–	A cecitate cordis libera	
–	A fulgure et tempestate libera	
–	A subitanea et improvisa morte libera	
Per misterium sancte incarnacionis tue libera	Per misterium sancte incarnacionis tue (libera)	165
Per adventum tuum libera	–	
Per nativitatem tuam libera	–	
Per baptismum et sanctum ieiunium tuum libera	–	

Per crucem et passionem tuam libera
Per mortem et sepulturam tuam libera
Per sanctam resurreccionem tuam libera
Per admirabilem ascensionem tuam libera
Per adventum spiritus paracliti libera
–
In die iudicii libera
Peccatores te rogamus audi nos
Ut nobis parcas te rogamus
Ut nobis indulgeas te rogamus
Ut ad veram penitencia(m) nos perducas
Ut ecclesiam tuam sanctam regere et conservare digneris te rogamus
Ut dompnum apostolicum et omnes ecclesiasticos ordines in sancta religione conservare digneris te rogamus
Ut inimicos sancte ecclesie humiliare digneris te rogamus
Ut regibus et principibus christianis pacem et veram concordiam (atque victoriam) donare digneris te rogamus
Ut cuncto populo christiano pacem et veritatem largire digneris te rogamus
Ut nos semetipsos in tuo sancto servicio confortare et conservare digneris te rogamus
Ut mentes nostras ad celestia desideria erigas te rogamus
–
–
Ut omnibus benefactoribus nostris sempiterna bona (retribuas) te rogamus
Ut animas nostras (et) fratrum (et) parentum nostrorum et benefactorum (ab eterna dampnatione eripias) te rogamus
Ut fructus terre dare et conservare digneris te rogamus
–
–
–
–
–
–
–
–
–
–
–
–
Ut omnibus fidelibus defunctis requiem eternam dones te rogamus
Ut nos exaudire digneris te rogamus
Fili Dei te rogamus
Agnus Dei qui tollis peccata mundi parce nobis Domine
Agnus Dei qui tollis peccata mundi exaudi nos Domine
Agnus Dei qui tollis peccata mundi miserere nobis

Per passionem et crucem tuam libera
Per gloriosam resurrectionem tuam libera
Per admirabilem ascensionem tuam libera
Per graciam sancti spiritus paracliti libera
In hora mortis succurre no[f. 140r]bis Domine libera
In die iudicii libera nos Domine
Peccatores te rogamus audi nos
Ut pacem nobis dones te rogamus
Ut misericordia et pietas tua nos custodiat te rogamus
Ut ecclesiam tuam regere et defensare digneris te rogamus
Ut dompnum apostolicum[117] et omnes gradus ecclesie in sancta religione conservare digneris te rogamus
Ut regibus et principibus nostris pacem et veram concordiam atque victoriam donare digneris te rogamus
Ut episcopos et abbates nostros et [f. 140v] omnes congregationes illis commissas in sancta religione conservare digneris te rogamus
Ut locum istum et omnes habitante in eo visitare et consolari digneris te rogamus
Ut congregaciones omnium sanctorum in tuo sancto servicio conservare digneris te rogamus
Ut cunctum populum cristianum precioso sanguine tuo redemptum conservare digneris te rogamus
Ut omnibus benefactoribus nostris sempiterna bona retribuas te rogamus
Ut animas nostras et parentum [f. 141r] nostrorum ab eterna dampnatione eripias te rogamus
Ut fructus terre dare et conservare digneris te rogamus
Ut oculos misericordie tue super nos reducere digneris te rogamus
Ut obsequium servitutis nostre racionabile facias te rogamus
Ut mentes nostras ad celestia desideria erigas te rogamus
Ut miserias pauperum et captivorum intueri et relevare digneris te rogamus
Ut iter famulorum tuorum in salutis tue prosperitate disponas te rogamus
Ut regularibus disciplinis [f. 141v] nos instruere digneris te rogamus
Ut omnibus fidelibus defunctis requiem eternam dones te rogamus
Ut nos exaudiri (sic!) digneris te rogamus
Fili Dei te rogamus
Agnus Dei qui tollis peccata mundi parce nobis Domine
Agnus Dei qui tollis peccata mundi exaudi nos Domine
Agnus Dei qui tollis peccata mundi miserere nobis

XXXIX	XL
Christe audi nos	Christe audi nos
Christe audi nos	–
Kyrieleyson	Kyrieleyson
Christeleyson	Christe eleyson
Kyrieleyson	Kyrieleyson

Kirkstead, Cistercian Abbey of the Blessed Virgin Mary

XLI London, British Library Add. 88905, fols. 135v–137v c. 1300

[f. 135v] Kyrieleyson
Christeleyson
Christe audi nos
Pater de celis Deus miserere nobis
Fili redemptor mundi Deus miserere nobis
Spiritus sancte Deus miserere nobis
Sancta trinitas unus Deus miserere nobis
Sancta Maria ora pro nobis
Sancta Dei genetrix ora
Sancta virgo virginum ora
Sancte Michael ora
Sancte Gabriel ora
Sancte Raphael ora
Omnes sancti angeli et archangeli orate pro nobis
Omnes sancti beatorum spirituum ordines orate
Sancte Iohannes baptista ora
Omnes sancte patriarche et prophete orate
Sancte Petre ora
Sancte Paule ora
Sancte Andrea ora
Sancte Iohannes ora
Sancte Jacobe ora
[f. 136r] Sancte Philippe ora
Sancte Bartholomee ora
Sancte Thoma ora
Sancte Mathee ora
Sancte Jacobe ora
Sancte Simon ora
Sancte Taddee ora
Sancte Mathia ora
Sancte Barnaba ora
Sancte Luca ora
Sancte Marce ora
Omnes sancti apostoli et ewangeliste orate
Omnes sancti discipuli domini orate
Omnes sancti innocentes orate
Sancte Stephane ora
Sancte Line ora
Sancte Clete ora
Sancte Clemens ora
Sancte Sixte ora
Sancte Corneli ora
Sancte Cipriane ora
Sancte Laurenti ora
Sancte Vincenti ora
Sancte Sebastiane ora
Sancte Gervasi ora
Sancte Prothasi ora
Sancte Dionisi cum sociis tuis ora
Sancte Maurici cum sociis tuis ora
Sancte Eustagi cum sociis tuis ora
Sancte Hirenei cum sociis tuis ora
Sancte Christophore ora
Sancte Quintine ora
Sancte Georgi ora
Sancte Cosma ora
Sancte Damiane ora
Sancte Gorgoni ora
Sancte Ypolite ora
Sancte Romane ora
Sancte Tyburci ora
Sancte Adriane ora
Sancte Albane ora
Sancte Edmunde ora
Sancte Alexander ora
Sancte Theodore ora
Sancte Abdon ora
Sancte Sennes ora
Sancte Oswalde ora
Sancte Thoma ora
[f. 136v] Omnes sancti martires orate pro nobis
Sancte Silvester ora
Sancte Leo ora
Sancte Hilari ora
Sancte Ambrosi ora
Sancte Ieronime ora
Sancte Augustine ora
Sancte Eadmunde ora
Sancte Malachia ora
Sancte Benedicte ora
Sancte Bernarde ora
Sancte Martine ora
Sancte Nicholae ora
Sancte Remigi ora
Sancte Vedasti ora
Sancte Amande ora
Sancte Gregori ora
Sancte Egidi ora
Sancte Leonarde ora
Sancte Basili ora
Sancte Blasi ora ora
Sancte Audomare ora
Sancte Ausberte ora
Sancte Germane ora
Sancte Paule ora
Sancte Antoni ora
Sancte Machari ora
Sancte Maure ora
Sancte Columbane ora
Sancte Cuthberte ora
Sancte Wilfride ora
Sancte Willeme ora
Sancte Johannes ora
Sancte Eusebi ora
Sancte Wandragesili ora
Sancte Severine ora

Sancte Osuualde ora
Omnes sancti confessores orate pro nobis
Omnes sancti monachi et heremite orate
Sancta Maria Magdalena ora
Sancta Felicitas ora
Sancta Perpetua ora
Sancta Agatha ora
Sancta Agnes ora
Sancta Cecilia ora
Sancta Lucia ora
Sancta Anastasia ora
Sancta Petronilla ora
[f. 137r] Sancta Scolastica ora
Sancta Margareta ora
Sancta Praxedis ora
Sancta Maria Egipciaca ora
Sancta Christina ora
Sancta Fides ora
Sancta Spes ora
Sancta Caritas ora
Sancta Katerina ora
Sancta Eufrosina ora
Sancta Genovefa ora
Sancta Thecla ora
Sancta Susanna ora
Sancta Sabina ora
Sancta Brigida ora
Sancta Helena ora
Sancta Potenciana ora
Sancta Aldreda ora
Omnes sancte virgines orate pro nobis
Omnes sancti orate pro nobis
Propicius esto parce nobis Domine
Ab omni malo libera
Ab insidiis diaboli libera
A carnalibus desideriis libera nos
Ab appetitu inanis glorie libera
A peste superbie libera
A cecitate cordis libera
Ab ira et odio et omni mala voluntate libera
Ab omni immundicia mentis et corporis libera
A spiritu fornicacionis libera
A subitanea et improvisa mala morte libera
Ab imminentibus peccatorum nostrorum periculis libera
Ab infestacionibus demonum libera
A fulgure et tempestate libera
A penis inferni libera
A dampnacione perpetua libera
Per misterium sancte incarnacionis tue libera
Per sanctam nativitatem tuam libera
Per passionem et crucem tuam libera
Per gloriosam resurreccionem tuam libera
Per admirabilem ascensionem tuam libera
Per adventum sancti spiritus paracliti libera
Per merita omnium sanctorum libera
In hora mortis succurre nobis Domine
In die iudicii libera
Peccatores te rogamus audi nos
Ut pacem et concordiam nobis dones te rogamus
Ut indulgenciam et remissionem [f. 137v] omnium peccatorum nostrorum nobis tribuas te rogamus
Ut spacium vere penitencie nobis dones te rogamus
Ut nobis in bonis operibus perseverenciam dones te rogamus
Ut ecclesiam tuam pacificare et custodire ac regere digneris te rogamus
Ut regibus et principibus nostris pacem atque concordiam dones te rogamus
Ut episcopos et abbates nostros et omnes congregaciones illis commissas in sancta religione conservare digneris te rogamus
Ut morbos auferas famem mortalitatemque a nobis repellas te rogamus
Ut dies et actus nostras in tua voluntate disponas te rogamus
Ut animas nostras et parentum nostrorum ab eterna dampnacione eripias te rogamus
Ut omnibus benefactoribus nostris sempiterna bona retribuas te rogamus
Ut loca nostra et omnes habitantes in eis visitare et consolari digneris te rogamus
Ut regularibus disciplinis nos instruere digneris te rogamus
Ut mentes nostras ad celestia desideria erigas te rogamus
Ut oculos misericordie tue super nos perducere[118] digneris te rogamus
Ut miserias pauperum et captivorum intueri et relevare digneris te rogamus
Ut nobis miseris misericors misereri digneris te rogamus
Ut fructus terre dare et conservare digneris te rogamus
Ut cunctis fidelibus defunctis requiem eternam dones te rogamus
Ut nos exaudire digneris te rogamus
Fili Dei te rogamus
Agnus Dei qui tollis peccata mundi parce nobis Domine
Agnus Dei (qui tollis peccata mundi) exaudi nos Domine
Agnus Dei (qui tollis peccata mundi) miserere nobis
Christe audi nos
Kyrieleyson
Christeleyson
Kyrieleyson

Lewes, Cluniac Priory of St Pancras

XLII Cambridge, Fitzwilliam Museum 369, fols. 55r–56r c. 1275–1300

[f. 55r] Kyrieleyson
Christeleyson
Christe audi nos
Pater de celis Deus miserere nobis
Fili redemptor mundi Deus miserere nobis
Spiritus sancte Deus miserere nobis
Sancta trinitas unus Deus miserere nobis
Sancta Maria ora pro nobis
Sancta Dei genetrix ora
Sancta virgo virginum ora
Sancte Michael ora
Sancte Gabriel ora
Sancte Raphael ora
Omnes sancti angeli et archangeli orate pro nobis
Omnes sancti beatorum spirituum ordines orate pro nobis
Sancte Iohannes baptista ora
Omnes sancti patriarche et prophete orate
Sancte Petre ora
Sancte Paule ora
Sancte Andrea ora
Sancte Iohannes ora
Sancte Iacobe ora
Sancte Philippe ora
Sancte Bartholomee ora
Sancte Mathee ora
Sancte Thoma ora
Sancte Iacobe ora
Sancte Symon ora
Sancte Taddee ora
Sancte Mathia ora
Sancte Barnaba ora
Sancte Luca ora
Omnes sancti apostoli et evangeliste orate
Sancte Marcialis ora
Omnes sancti discipuli domini orate
Omnes sancti innocentes orate
Sancte Stephane ora
Sancte Pancrati ora
Sancte Clemens ora
Sancte Alexander ora
Sancte Marcelle ora
Sancte Austremoni ora
Sancte Marine ora
Sancte Laurenti ora
Sancte Vincenti ora
Sancte Thoma ora
Sancte Marcelle ora
Sancte Quintine ora
Sancte Maurici cum sociis tuis ora
Sancte Yrenee cum sociis tuis ora
Sancte Dyonisi cum sociis tuis ora
Sancte Luciani cum sociis tuis ora
Sancte Leodegari ora
Sancte Blasi ora
Sancte Iuliane ora
[f. 55v] Sancte Sebastiane ora
Sancte Fortunate ora
Sancte Eadmunde ora
Sancte Christofore ora
Sancti Marcelline et Petre orate
Sancti Nazari et Celse orate
Omne sancti martires orate
Sancte Silvester ora
Sancte Hyllari ora
Sancte Martine ora
Sancte Gregori ora
Sancte Germane ora
Sancte Taurine ora
Sancte Aquiline ora
Sancte Ambrosi ora
Sancte Augustine ora
Sancte Ieronime ora
Sancte Eucheri ora
Sancte Nicholae ora
Sancte Flore ora
Sancte Dunstane ora
Sancte Eadmunde ora
Sancte Richarde ora
Sancte Wlstane ora
Sancte Basili ora
Sancte Benedicte ora
Sancte Maure ora
Sancte Philiberte ora
Sancte Columbane ora
Sancte Egidi ora
Sancte Antoni ora
Sancte Oddo ora
Sancte Mayole ora
Sancte Odilo ora
Sancte Hugo ora
Sancte Geremare ora
Sancte Leonarde ora
Sancte Geralde ora
Omnes sancti confessores orate
Sancta Maria Magdalene ora
Sancta Felicitas ora
Sancta Perpetua ora
Sancta Agatha ora
Sancta Agnes ora
Sancta Cecilia ora
Sancta Lucia ora
Sancta Cyrilla ora
Sancta Margareta ora
Sancta Scolastica ora
Sancta Radegundis ora

Sancta Walburgis ora
Sancta Florentia ora
Sancta Consorcia ora
Sancta Daria ora
Sancta Columba ora
Sancta Fides ora
Sancta Katerina ora
Sancta Milburga ora
Sancta Mildreda ora
Omnes sancti (orate)
Omnes sancti orate
Propicius esto parce nobis Domine
Ab insidiis diaboli libera nos Domine
A dampnatione perpetua libera nos Domine
Ab iminentibus peccatorum nostrorum periculis libera nos Domine
Ab infestationibus demonum libera
A spiritu fornicationis libera
Ab appetitu inanis glorie libera
Ab omni inmundicia mentis et corporis libera
Ab ira et odio et omni mala voluntate libera nos Domine
Ab inmundis cogitationibus libera
A cecitate cordis libera
A fulgure et tempestate libera
Per mysterium sancte incarnacionis tue libera
Per passionem et crucem tuam libera
Per gloriosam resurrectionem tuam libera
Per admirabilem ascensionem tuam libera
Per gratiam sancti spiritus paracliti libera
In die iudicii libera nos Domine
[f. 56r] Peccatores te rogamus audi nos
Ut pacem nobis dones te rogamus
Ut misericordia et pietas tua nos custodiat te rogamus
Ut ecclesiam tuam regere et defensare digneris te rogamus
Ut dompnum apostolicum et omnes gradus ecclesie in sancta religione conservare digneris te rogamus
Ut regibus et principibus nostris pacem et veram concordiam atque victoriam donare digneris te rogamus
Ut episcopos et abbates nostros et omnes congregaciones illis comissas in sancta religione conservare digneris te rogamus
Ut congregationes omnium sanctorum in tuo sancto servicio conservare digneris te rogamus
Ut cunctum populum christianum precioso sanguine tuo redemptum conservare digneris te rogamus
Ut omnibus benefactoribus nostris sempiterna bona retribuas te rogamus
Ut animas nostras et parentum nostrorum ab eterna dampnatione eripias te rogamus
Ut fructus terre dare et conservare digneris te rogamus
Ut oculos misericordie tue super nos reducere digneris te rogamus
Ut obsequium servitutis nostre racionabile facias te rogamus
Ut mentes nostras ad celestia desideria erigas te rogamus
Ut miserias pauperum et captivorum intueri et relevare digneris te rogamus
Ut regularibus disciplinis nos instruere digneris te rogamus
Ut omnibus fidelibus defunctis requiem eternam dones te rogamus
Ut nos exaudire digneris te rogamus
Fili Dei te rogamus
Fili Dei te rogamus
Agnus Dei qui tollis peccata mundi parce nobis Domine
Agnus Dei qui tollis peccata mundi exaudi nos Domine
Agnus Dei qui tollis peccata mundi miserere nobis
Christe audi nos
Kyrieleyson
Christeleyson
Kyrieleyson

Malmesbury, Benedictine Abbey of the Blessed Virgin Mary and St Aldhelm

XLIII St Gallen, Stiftsbibliothek Cod. Sang. 26, pp. 75–78 c. 1325–50

[p. 75] Kyrieleyson
Christeleyson
Christe audi nos ii
Pater de celis Deus miserere nobis
Fili redemptor mundi Deus miserere (nobis)
Spiritus sancte Deus miserere nobis
Sancta trinitas unus Deus miserere nobis
Sancta Maria ora pro nobis
Sancta Dei genetrix ora
Sancta virgo virginum ora
Sancte Michael ora
Sancte Gabriel ora
Sancte Raphael ora
Omnes sancti angeli et archangeli orate pro nobis
Omnes sancti beatorum spirituum ordines orate pro nobis
Sancte Johannes baptista ora
Omnes sancti patriarche et prophete orate
Sancte Petre ii ora
Sancte Paule ora
–
Sancte Jacobe ora
Sancte Johannes ora
Sancte Thoma ora
Sancte Jacobe ora
Sancte Philippe ora
Sancte Bartholomee ora
Sancte Mathee ora
Sancte Symon ora
Sancte Thadee ora
Sancte Mathia ora
Sancte Barnaba ora
Sancte Marce ora
Sancte Luca ora
Sancte Ursine ora
Omnes sancti apostoli et euangeliste orate
Omnes sancti discipuli domini orate
Omnes sancti innocentes orate
Sancte Stephane ii ora
Sancte Thoma ora
Sancte Line ora
Sancte Clete ora
Sancte Clemens ora
Sancte Alexander ora
Sancte Marcelle ora
Sancte Syxte ora
Sancte Corneli ora
Sancte Cipriane ora
Sancte Laurenti ora
Sancte Crisogone ora
[p.76] Sancte Vincenti ora
Sancte Georgi ora

XLIV Oxford, Bodleian Library Rawl.liturg.g.12, fols. 190v–195r c. 1521

[f. 190v] Kyrieleyson
Christe eleyson
Christe audi nos
Pater de celis Deus miserere nobis
Fili redemptor mundi Deus miserere nobis
Spiritus sancte Deus miserere nobis
Sancta trinitas unus Deus miserere nobis
Sancta Maria ora pro nobis
Sancta Dei genetrix ora pro nobis
Sancta virgo virginum ora pro nobis
[f. 191r] Sancte Michael ora
Sancte Gabriel ora
Sancte Raphael ora
Omnes sancti angeli et archangeli orate
Omnes sancti beatorum spirituum ordines orate (pro nobis)
Sancte Iohannes baptista ora
Omnes sancti patriarche et prophete orate
Sancte Petre ii ora
Sancte Paule ora
Sancte Andrea ora
Sancte Iacobe ora
Sancte Iohannes ora
Sancte Thoma ora
Sancte Iacobe ora
Sancte Philippe ora
Sancte Bartholomee (ora)
Sancte Mathei ora
Sancte Symon ora
Sancte Taddee ora
Sancte Mathia ora
Sancte Barnaba ora
Sancte Marce ora
Sancte Luca ora
Sancte Ursine ora
Omnes sancti apostoli et euangeliste orate
[f. 191v] Omnes sancti discipuli domini orate
Omnes sancti innocentes orate
Sancte Stephane ora
Sancte Thoma ora
Sancte Line ora
Sancte Clete ora
Sancte Clemens ora
Sancte Alexander ora
Sancte Marcelle ora
Sancte Sixte ora
Sancte Corneli ora
Sancte Cipriane ora
Sancte Laurenti ora
Sancte Grisogone ora
Sancte Vincenti ora
Sancte Georgi ora

Sancte Blasi ora
Sancte Dionisi cum sociis tuis ora
Sancte Maurici cum sociis tuis ora
Sancte Nichasi cum sociis tuis ora
Sancte Luciane cum sociis tuis ora
Sancte Eustachi cum sociis tuis ora
Sancte Ypolite cum sociis tuis ora
Sancte ffabiane ora
Sancte Sebastiane ora
Sancte Gervasi ora
Sancte Prothasi ora
Sancte Christofore ora
Sancte Leodegari ora
Sancte Juliane ora
Sancte Ignaci ora
Sancti Marcelline et Petre orate
Sancti Johannes et Paule orate
Sancti Cosma et Damiane orate
Sancte Albane ora
Sancte Oswalde ora
Sancte Edmunde ora
Sancte Kenelme ora
Sancte Edwarde ora
Sancte Rufe ora
–
–
Omnes sancti martires orate
Sancte Aldelme ora
Sancte Silvester ora
Sancte Hilari ora
Sancte Martine ora
Sancte Gregori ora
Sancte Ambrosi ora
Sancte Augustine ora
Sancte Jeronime ora
Sancte Johannes ora
Sancte Nicholae ora
Sancte Taurine ora
Sancte Germane ora
Sancte Audoene ora
Sancte Swithine ora
Sancte Ethelwolde ora
Sancte Romane ora
Sancte Paterne ii ora
Sancte Edwarde ora
Sancte Augustine cum sociis tuis ora
Sancte Cuthberte ora
Sancte Dunstane ora
Sancte Egwine ora
Sancte Wlstane ora
Sancte Edmunde ora
Sancte Benedicte ii ora
Sancte Maure ora
Sancte Philiberte ora
Sancte Wandregesile ora
Sancte Leufrede ora
Sancte Maiole ora
Sancte Egidi ora

Sancte Blasi ora
Sancte Dionisi cum sociis tuis ora
Sancte Maurici cum sociis tuis ora
Sancte Nigasi cum sociis tuis ora
Sancte Luciane cum sociis tuis ora
Sancte Eustachi cum sociis tuis ora
Sancte Ypolite cum sociis tuis ora
Sancte Fabiane ora
Sancte Sebastiane ora
[f. 192r] Sancte Gervasi ora
Sancte Prothasi ora
Sancte Christofore ora
Sancte Leodegari ora
Sancte Iuliane ora
Sancte Ignasi ora
Sancte (sic!) Marcelline et Petri orate
Sancti Iohannes et Paule orate
Sancti Cosma et Damiane orate
Sancte Albane ora
Sancte Oswalde ora
Sancte Edmunde ora
Sancte Kenelme ora
Sancte Edwarde ora
Sancte Rufe ora
Sancte Nectane ora
Sancte Erasme ora
Omnes sancti martires orate
Sancte Aldelme ii ora
Sancte Silvester ora
Sancte Hyllari ora
Sancte Martine ora
Sancte Gregori ora
Sancte Ambrosi ora
Sancte Augustine ora
Sancte Ieronime ora
Sancte Iohannes ora
Sancte Nicholae ora
[f. 192v] Sancte Taurine ora
Sancte Germane ora
Sancte Audoene ora
Sancte Swythine ora
Sancte Etheluolde ora
Sancte Romane ora
Sancte Paterne ii ora
Sancte Edwarde ora
Sancte Augustine cum sociis tuis ora
Sancte Cuthberte ora
Sancte Dunstane ora
Sancte Egwyne ora
Sancte Wolfstane ora
Sancte Edmunde ora
Sancte Benedicte ii ora
Sancte Maure ora
Sancte Philiberte ora
Sancte Wandragesile ora
Sancte Leufrede ora
Sancte Maiole ora
Sancte Egidi ora

Sancte Leonarde ora
Sancte Grimbalde ora
Sancte Petroce ora
Omnes sancti confessores orate
Sancta Anna ora
Sancta Maria Magdalena ora
Sancta Maria Egipciaca ora
Sancta Fidis ora
Sancta Felicitas ora
Sancta Perpetua ora
[p. 77] Sancta Petronilla ora
Sancta Margareta ora
Sancta Katerina ora
Sancta Agatha ora
Sancta Agnes ora
Sancta Cecilia ora
Sancta Anastacia ora
Sancta Lucia ora
Sancta Barbara ora
Sancta Juliana ora
Sancta Scolastica ora
Sancta Radegundis ora
Sancta Columba ora
Sancta Austroberta ora
Sancta Bathildis ora
Sancta ffides ora
Sancta Spes ora
Sancta Karitas ora
Sancta Consorcia ora
Sancta Etheldrida ora
Sancta Editha ora
Sancta Eadburga ora
Sancta Milburga ora
Sancta Brigida ora
–
Omnes sancti (sic!) virgines orate
Omnes sancti ii orate pro nobis
Propicius esto parce nobis
Ab omni malo libera nos Domine
Ab insidiis diaboli libera
A dampnacione perpetua libera
Ab imminentibus peccatorum nostrorum periculis libera
Ab infestacionibus demonum libera
A spiritu fornicacionis libera
Ab appetitu inanis glorie libera
Ab omni inmundicia mentis et corporis libera (nos Domine)
Ab ira et odio et omni mala voluntate libera nos Domine
Ab inmundis cogitationibus libera
A cecietate (sic!) cordis libera
A fulgure et tempestate libera
A subitanea et inprovisa morte libera
Per misterium (sancte) incarnacionis tue libera (nos domine)
Per passionem et sanctam crucem tuam libera
Per gloriosam resurreccionem tuam libera

Sancte Leonarde ora
Sancte Grimbalde ora
Sancte Petroce ora
Omnes sancti confessores orate
Sancta Anna ii ora
Sancta Maria Magdalena ora
Sancta Maria Egipciaca ora
Sancta Fidis ora
[f. 193r] Sancta Felicitas ora
Sancta Perpetua ora
Sancta Petronilla ora
Sancta Margareta ora
Sancta Katerina ora
Sancta Agatha ora
Sancta Agnes ora
Sancta Cecilia ora
Sancta Anastasia ora
Sancta Lucia ora
Sancta Barbara ora
Sancta Iuliana ora
Sancta Scolastica ora
Sancta Radegundis ora
Sancta Columba ora
Sancta Austroberta ora
Sancta Batildis ora
Sancta Fides ora
Sancta Spes ora
Sancta Caritas ora
Sancta Consorcia ora
Sancta Etheldrida ora
Sancta Editha ora
Sancta Edburga ora
Sancta Milburga ora
Sancta Brigida ora
Sancta Uritha ora
Omnes sancti (sic!) virgines orate
Omnes sancti ii orate
Propicius esto [f. 193v] parce nobis domnine
Ab omni malo libera nos Domine
Ab insidiis diaboli libera nos Domine
A dampnacione perpetua libera nos Domine
Ab imminentibus peccatorum nostrorum libera nos Domine
Ab infestacionibus demonum libera nos Domine
A spiritu fornicacionis libera nos Domine
Ab appetitu inanis glorie libera nos Domine
Ab omni inmundicia mentis et corporis libera nos Domine
Ab ira et odio et omni mala voluntate libera nos Domine
Ab immundis cogitacionibus libera
A cecitate cordis libera nos Domine
A fulgure et tempestate libera nos Domine
A subitanea et improvisa morte libera (nos Domine)
[f. 194r] Per misterium sancte incarnarcionis tue libera (nos domine)
Per passionem et sanctam crucem tuam libera
Per gloriosam resurreccionem tuam libera

Per admirabilem ascensionem tuam libera
Per gratiam spiritus sancti paracliti libera (nos Domine)
In hora mortis succurre nobis Domine
In die iudicii libera
Peccatores te rogamus audi nos
Ut pacem nobis dones te rogamus
Ut misericordia et pietas tua nos custodiat te rogamus
Ut ecclesiam tuam regere et defensare digneris te rogamus
Ut domnum apostolicum et omnes gradus (ecclesie) in sancta religione conservare digneris te rogamus
Ut regibus et principibus nostris pacem et veram concordiam atque victoriam donare digneris te rogamus
Ut episcopos et abbates nostros et omnes congregaciones illis commissas in sancta religione conservare digneris te rogamus
Ut congregaciones omnium sanctorum in tuo servicio conservare digneris te rogamus
Ut cunctum populum christianum pre[p. 78]cioso sanguine redemptum conservare digneris te rogamus
Ut omnibus benefactoribus nostris sempiterna bona retribuas te rogamus
Ut animas nostras et parentum nostrorum ab eterna dampnacione eripias te rogamus
Ut fructus terre dare et conservare digneris te rogamus
Ut oculos misericordie tue semper nos reducere digneris te rogamus
Ut obsequium servitutis nostre racionabile facias te rogamus
Ut mentes nostras ad celestia desideria erigas te rogamus
Ut miserias pauperum et captivorum intueri et relevare digneris te rogamus
Ut locum istum et omnes habitantes in eo visitare et consolari digneris te rogamus
Ut regularibus disciplinis nos instruere digneris te rogamus
Ut omnibus fidelibus defunctis requiem eternam dones te rogamus
Ut nos exaudire digneris te rogamus
Fili Dei te rogamus audi nos
Agnus Dei qui tollis peccata mundi parce nobis Domine
Agnus Dei qui tollis peccata mundi exaudi nos Domine
Agnus Dei qui tollis peccata mundi miserere nobis
Christe audi nos
Kyrieleyson
Christeleyson
Kyrieleyson

Per admirabilem ascensionem tuam libera
Per gratiam sancti spiritus paracliti libera nos Domine
In hora mortis succurre nobis Domine
In die iudicii libera
Peccatores te rogamus
Ut pacem nobis dones te rogamus audi nos
Ut misericordia et pietas tua nos custodiat te rogamus audi nos
Ut ecclesiam tuam regere et defensare digneris te rogamus
Ut dompnum apostolicum et omnes gradus ecclesie in sancta religione conservare digneris te rogamus
Ut regibus et principibus nostris pacem et veram concordiam atque victo[f. 194v]riam donare digneris te rogamus
Ut episcopos et abbates nostros et omnes congregaciones illis commissas in sancta religione conservare digneris te rogamus
Ut congregaciones omnium sanctorum in tuo sancto servicio conservare digneris te rogamus
Ut cunctum populum christianum precioso sanguine tuo redemptum conservare digneris te rogamus
Ut omnibus benefactoribus nostris sempiterna bona retribuas te rogamus
Ut animas nostras et parentum nostrorum ab eterna dampnacione eripias te rogamus
Ut fructus terre dare et conservare digneris te rogamus
Ut oculos misericordie tue super nos reducere digneris te rogamus
Ut obsequium servitutis nostre racionabile facias te rogamus
Ut mentes nostras ad celestia desideria erigas te rogamus
Ut miserias pauperum et captivorum intueri et releva[f. 195r]re digneris te rogamus
Ut locum istum et omnes habitantes in eo visitare et consolari digneris te rogamus
Ut regularibus disciplinis nos instruere digneris te rogamus
Ut omnibus fidelibus defunctis requiem eternam dones te rogamus
Ut nos exaudire digneris te rogamus
Fili Dei te rogamus audi nos ii
Agnus Dei qui tollis peccata mundi parce nobis Domine
Agnus Dei qui tollis peccata mundi exaudi nos Domine
Agnus Dei qui tollis peccata mundi miserere nobis
Christe audi nos
Kyrieleyson
Christe eleyson
Kyrieleyson

Muchelney, Benedictine Abbey of St Peter and St Paul

XLV London, British Library Add. 43406, fols. 87v–89v c. 1300

[f. 87v] Kyrieleyson
Christeleyson
Christe audi nos ii
Pater de celis Deus miserere nobis
Fili redemptor mundi Deus miserere nobis
Spiritus sancte Deus miserere nobis
Sancta trinitas unus Deus miserere nobis
Sancta Maria ora
Sancta Dei genetrix ora
Sancta virgo virginum ora
Sancte Michael ora
Sancte Gabriel ora
Sancte Raphael ora
Omnes sancti angeli et archangeli orate
Omnes sancti beatorum spirituum ordines orate
Sancte Johannes baptista ora
Omnes patriarche et prophete orate
Sancte Petre ii ora
Sancte Paule ora
Sancte Andrea ora
Sancte Iacobe ora
Sancte Iohannes pra
Sancte Philippe ora
Sancte Bartholomee ora
Sancte Iacobe ora
Sancte Mathee ora
Sancte Thoma ora
Sancte Symon ora
Sancte Taddee ora
Sancte Mathia ora
Sancte Marce ora
Sancte Luca ora
Sancte Barnaba ora
Omnes sancti apostoli et evangeliste orate pro nobis
Omnes sancti discipuli domini orate pro nobis
Omnes sancti innocentes orate pro nobis
Sancte Stephane ora
Sancte Thoma ora
Sancte Clemens ora
Sancte Alexander ora
Sancte Corneli ora
Sancte Cypriane ora
Sancte Sixte ora
Sancte Laurenti ora
Sancte Vincenti ora
[f. 88r] Sancte Georgi ora
Sancte Christofore ora
Sancte Sebastiane ora
Sancte Dionisi cum sociis tuis ora
Sancte Maurici cum sociis tuis ora
Sancte Ypolite cum sociis tuis ora
Sancte Eustachi cum sociis tuis ora
Sancte Albane ora
Sancte Osualde ora
Sancte Edmunde ora
Sancte Edwarde ora
Sancti Gervasi et Prothasi orate
Sancti Cosma et Damiane orate pro nobis
Sancti Johannes et Paule orate
Sancte Blasi ora
Sancte Elfege ora
Sancte Decumane ora
Sancte Leodegari ora
Sancte Pantaleon ora
Omnes sancti martires orate
Sancte Benedicte ii ora
Sancte Silvester ora
Sancte Leo ora
Sancte Marcialis ora
Sancte Nicholae ora
Sancte Hyllari ora
Sancte Martine ora
Sancte Ambrosi ora
Sancte Basili ora
Sancte Ieronime ora
Sancte Augustine ora
Sancte Gregori ora
Sancte Augustine cum sociis (tuis) ora
Sancte Birine ora
Sancte Grimbalde ora
Sancte Swithune ora
Sancte Ethelwolde ora
Sancte Dunstane ora
Sancte Egwine ora
Sancte Wlfride ora
Sancte Cuthberte ora
Sancte Remigi ora
Sancte Audoene ora
Sancte Maure ora
Sancte Columbane ora
Sancte Antoni ora
Sancte Egidi ora
Sancte Leonarde ora
Sancte Edwolde ora
Sancte Hugo ora
Sancte Edmunde ora
Sancte Wlstani ora[119]
Sancte Conungari ora
Omnes sancti confessores orate pro nobis
Omnes sancti monachi et eremite orate
Sancta Anna ora[120]
Sancta Maria Magdalena ora
Sancta Maria Egipciaca ora
[f. 88v] Sancta Felicitas ora
Sancta Perpetua ora
Sancta Cecilia ora

Sancta Lucia ora
Sancta Agatha ora
Sancta Agnes ora
Sancta Fidis ora
Sancta Katerina ora
Sancta Austroberta ora
Sancta Petronella ora
Sancta Scholastica ora
Sancta Iuliana ora
Sancta Helena ora
Sancta Margareta ora
Sancta Anastasia ora
Sancta Tecla ora
Sancta Brigida ora
Sancta Etheldrida ora
Sancta Editha ora
Sancta Barbara ora
Omnes sancte virgines orate pro nobis
Omnes sancti orate pro nobis ii
Propicius esto parce nobis Domine
Ab omni malo libera nos Domine
Ab insidiis diaboli libera
A dampnatione perpetua libera nos Domine
Ab imminentibus peccatorum nostrorum periculis libera
Ab infestacionibus demonum libera
A spiritu fornicacionis libera
Ab appetitu inanis glorie libera
Ab omni immundicia mentis et corporis libera
Ab ira et odio et omni mala voluntate libera
Ab inmundis cogitationibus libera
A cecitate cordis libera
A fulgure et tempestate libera
A subitanea et inprovisa morte libera
Per misterium sancte incarnacionis tue libera
Per passionem et crucem tuam libera
Per gloriosam resurreccionem tuam libera
Per admirabilem ascensionem tuam libera
Per gratiam sancti spiritus paracliti libera
In hora mortis suc[f. 89r]curre nobis Domine
In die iudicii libera
Peccatores te rogamus audi nos
Ut pacem nobis dones te rogamus
Ut misericordia et pietas tua nos custodiat te rogamus
Ut ecclesiam tuam regere et defensare digneris te rogamus
Ut dompnum apostolicum et omnes gradus ecclesie in sancta religione conservare digneris te rogamus
Ut regibus et principibus nostris pacem et veram concordiam atque victoriam donare digneris te rogamus
Ut episcopos et abbates nostros et omnes congregationes illis commissas in sancta religione conservare digneris te rogamus
Ut congregaciones omnium sanctorum in tuo sancto servicio conservare digneris te rogamus
Ut cunctum populum christianum precioso sanguine tuo redemptum conservare digneris te rogamus
Ut locum istum et omnes habitantes in eo visitare et conservare digneris te rogamus
Ut omnibus benefactoribus nostris sempiterna bona retribuas te rogamus
Ut animas nostras et parentum nostrorum ab eterna dampnacione eripias te rogamus
Ut fructus terre dare et conservare digneris (te rogamus)
Ut oculos misericordie tue super nos reducere digneris te rogamus
Ut obsequium servitutis nostre rationabile facias (te rogamus)
Ut mentes nostras ad celestia desideria erigas (te rogamus)
Ut miserias pauperum et captivorum intueri et relevare digneris te rogamus
Ut iter famulorum tuorum in salutis tue prosperitate disponas te rogamus
Ut regularibus disciplinis nos instruere digneris te rogamus
Ut omnibus fidelibus defunctis requiem eternam dones te rogamus
Ut nos exaudire digneris
Fili Dei te rogamus [f. 89v] audi nos ii
Agnus Dei qui tollis peccata mundi parce nobis Domine
Agnus Dei qui tollis peccata mundi exaudi nos Domine
Agnus Dei qui tollis peccata mundi miserere nobis
Christe audi nos ii
Kyrieleyson
Christeleyson
Kyrieleyson

Norwich, Benedictine Cathedral Priory of the Holy Trinity

XLVI Oxford, Bodleian Library Rawl. G.18, fols. 98v–100v c. 1250

[f. 98v] Kyrie eleyson
Christe eleyson
Christe audi nos
Pater de celis Deus miserere nobis
Fili redemptor mundi Deus miserere nobis
Spiritus sancte Deus miserere nobis
Sancta trinitas unus Deus miserere nobis
Sancta MARIA ora pro nobis
Sancta Dei genetrix ora
Sancta virgo virginum ora
Sancte Michael ora
Sancte Gabriel ora
Sancte Raphael ora
Omnes sanct angeli et archangeli orate pro nobis
Omnes sancti beatorum spirituum ordines orate (pro nobis)
Sancte Johannes baptista ora
Omnes sancti patriarche et prophete orate
Sancte Petre ora
Sancte Paule ora
Sancte Andrea ora
Sancte Johannes ora
Sancte Jacobe ora
Sancte Philippe ora
Sancte Bartholomee ora
Sancte Mathee ora
Sancte Thoma ora
Sancte Jacobe ora
Sancte Symon ora
Sancte Tadee ora
Sancte Mathia ora
Sancte Barnaba ora
Sancte Luca ora
[f. 99r] Sancte Marce ora
Omnes sancti apostoli et ewangeliste orate (pro nobis)
Omnes sancti discipuli domini orate
Omnes sancti innocentes orate
Sancte Stephane ora
Sancte Clemens ora
Sancte Alexander ora
Sancte Syxte ora
Sancte Laurenti ora
Sancte Vincenti ora
Sancte Georgi ora
Sancte Corneli ora
Sancte Cypriane ora
Sancte Dionisi cum sociis tuis ora
Sancte Maurici cum sociis tuis ora
Sancte Eustaci cum sociis tuis ora
Sancte Cyriace cum sociis tuis ora
Sancte Sebastiane ora

XLVII Ushaw College 7, fols. 93v–95v c. 1300

[f. 93v] Kyrieleyson
Christeleyson
Christe audi nos
Pater de celis Deus miserere nobis
Fili redemptor mundi Deus miserere nobis
Spiritus sancte Deus miserere nobis
Sancta trinitas unus Deus miserere nobis
Sancta Maria ora pro nobis
Sancta Dei genetrix ora
Sancta virgo virginum ora
Sancte Mychael ora
Sancte Gabriel ora
Sancte Raphael ora
Omnes sancti angeli et archangeli orate pro nobis
Omnes sancti beatorum spirituum ordines orate (pro nobis)
Sancte Iohannes baptista ora
Omnes sancti patriarche et prophete orate
Sancte Petre ii ora
Sancte Paule ora
Sancte Andrea ora
Sancte Iohannes ora
Sancte Iacobe ora
Sancte Philippe ora
Sancte Bartholomee ora
Sancte Mathee ora
Sancte Thoma ora
Sancte Iacobe ora
Sancte Symon ora
Sancte Thaddee ora
Sancte Mathia ora
[f. 94r] Sancta Barnaba ora
Sancte Luca ora
Sancte Marche ora
Omnes sancti apostoli et evangeliste orate (pro nobis)
Omnes sancti discipuli domini orate
Omnes sancti innocentes (orate)
Sancte Stephane ora
Sancte Clemens ora
Sancte Alexander ora
Sancte Syxte ora
Sancte Laurenti ora
Sancte Vincenti ora
Sancte Georgi ora
Sancte Corneli ora
Sancte Cypriane ora
Sancte Dionisi cum sociis tuis ora
Sancte Mauri(ci) cum sociis tuis ora
Sancte Eustachi cum sociis tuis ora
Sancte Ciriace cum sociis tuis ora
Sancte Sebastiane ora

Sancte Christofore ora
Sancte Albane ora
Sancte Oswalde ora
Sancte Edmunde ora
Sancte Elfege ora
Sancte Blasi ora
Sancte Thoma ora
Sancte Willelme ora
Omnes sancti martyres orate
Sancte Silvester ora
Sancte Marcialis ora
Sancte Taurine ora
Sancte Hylari ora
Sancte Martine ora
Sancte Ambrosi ora
Sancte Augustine ora
Sancte Ieronime ora
Sancte Basili ora
Sancte Gregori ora
Sancte Augustine cum sociis tuis ora
Sancte Nicholae ora
Sancte Audoene ora
Sancte Dunstane ora
Sancte Cuthberte ora
–
Sancte Juliane ora
Sancte Bonite ora
Sancte Benedicte ora
–
Sancte Maure ora
Sancte Leonarde ora
Sancte Paule ora
[f. 99v] Sancte Antoni ora
Sancte Egidi ora
Sancte Neote ora
Omnes sancti confessores orate
Omnes sancti monachi et heremite orate
Sancta Maria Magdalena ora
–
Sancta Maria Egypciaca ora
Sancta Petronilla ora
Sancta Felicitas ora
Sancta Perpetua ora
Sancta Agatha ora
Sancta Agnes ora
Sancta Lucia ora
Sancta Cecilia ora
Sancta Anastasia ora
Sancta Scolastica ora
Sancta Margareta ora
Sancta Austroberta ora
Sancta Christiana ora
Sancta Katerina ora
Sancta Onorina ora
Sancta Fides ora
Sancta Eufemia ora
Sancta Praxedis ora
Sancta Etheldrida ora

Sancte Cristophore ora
Sancte Albane ora
Sancte Osewalde ora
Sancte Ædmunde ora
Sancte Elphege ora
Sancte Thoma ora
Sancte Blasi ora
Sancte Willelme ii ora
Omnes sancti martires orate
Sancte Silvester ora
Sancte Marcialis ora
Sancte Taurine ora[121]
Sancte Hylari ora
Sancte Martine ora
Sancte Ambrosi ora
Sancte Augustine ora
Sancte Ieronime ora
Sancte Basili ora
Sancte Gregori ora
Sancte Augustine cum sociis tuis ora pro nobis
Sancte Nicholae ora
Sancte Audoene ora
Sancte Dunstane ora
Sancte Cuthberte ora
Sancte Felix ora[122]
Sancte Juliane ora
Sancte Bonite ora
Sancte Benedicte ii ora
Sancte Eadmunde ora[123]
Sancte Maure ora
Sancte Leonarde ii ora
Sancte Paule ora
Sancte Anthoni ora
Sancte Egidi ora
Sancte Neothe ora
Omnes sancti confessores orate pro nobis
Omnes sancti monachi et heremites orate pro nobis
[f. 94v] Sancta Maria Magdalena ora[124]
Sancta Anna ii ora[125]
Sancta Maria Egypciaca ora
Sancta Petronilla ora
Sancta Felicitas ora
Sancta Perpetua ora
Sancta Agatha ora
Sancta Agnes ora
Sancte Lucia ora
Sancta Cecilia ora
Sancta Anastasia ora
Sancta Scolastica ora
Sancta Margareta ora
Sancta Austroberta ora
Sancta Christina ora
Sancta Katerina ora
Sancta Honorina ora
Sancta Fides ora
Sancta Euphemia ora
Sancta Praxedis ora
Sancta Ætheldrida ora

Sancta Mildrida ora
Sancta Osida ora
Omnes sancte virgines orate
Omnes sancti orate pro nobis
Propicius esto parce nobis Domine
Propicius esto libera nos Domine
Ab omni malo libera nos Domine
Ab insidiis diaboli libera
A dampnatione perpetua libera
Ab iminentibus peccatorum nostrorum periculis libera (nos Domine)
Ab infestationibus demonum libera
A spiritu fornicationis libera
Ab appetitu inanis glorie libera
Ab omni inmundicia mentis et corporis libera (nos Domine)
Ab ira et odio et omni mala voluntate libera (nos Domine)
Ab inmundis cogitationibus libera
A cecitate cordis libera
A fulgure et tempestate libera
A subitanea et eterna morte libera
[f. 100r] Per misterium sancte incarnationis libera
Per passionem et crucem tuam libera
Per gloriosam resurrectionem tuam libera (nos Domine)
Per admirabilem ascensionem tuam libera (nos Domine)
Per gratiam sancti spiritus paracliti libera
In hora mortis succure nobis Domine
In die iudicii libera nos Domine
Peccatores te rogamus audi nos
Ut pacem dones te rogamus
Ut misericordia et pietas tua nos custodiat te rogamus (audi nos)
Ut ecclesiam tuam regere et defensare digneris te rogamus
Ut domnum apostolicum et omnes gradus ecclesie in sancta religione conservare digneris te rogamus
Ut regibus et principibus nostris pacem et veram concordiam atque victoriam donare digneris te rogamus
Ut episcopos et abbates nostros et omnes congregationes illis commissas in sancta religione conservare digneris te rogamus
Ut congregationes omnium sanctorum in tuo sancto servitio conservare digneris te rogamus
Ut cunctum populum christianum precioso sanguine tuo redemptum conservare digneris te rogamus
Ut omnibus benefactoribus nostris sempiterna bona retribuas te rogamus
Ut animas nostras et parentum nostrorum ab eterna dampnatione eripias te rogamus
[f. 100v] Ut fructus terre dare et conservare digneris te rogamus
Ut locum istum et omnes habitantes in eo visitare et consolari digneris te rogamus

---

Sancta Mildrida ora
Sancta Osida ora
Omnes sancte virgines orate
Omnes sancti ii orate
Propicius esto parce nobis Domine
Propicius esto libera nos Domine
Ab omni malo libera nos Domine
Ab insidiis diaboli (libera)
A dampnacione perpetua (libera nos Domine)
Ab iminentibus peccatorum nostrorum periculis libera nos Domine
Ab infestinacionibus demonum libera nos Domine
A spiritu fornicacionis libera
Ab appetitu inanis glorie (libera)
Ab omni inmundicia mentis et corporis libera (nos Domine)
Ab ira et odio et omni mala voluntate libera nos Domine
Ab inmundis cogitacionibus libera nos Domine
A cecitate cordis libera nos Domine
A fulgure et tempestate libera
A subitanea et eterna morte libera nos Domine
Per misterium sancte incarnacionis tue libera
Per passionem et crucem tuam libera nos Domine
Per gloriosam resurrecctionem tuam libera nos Domine
Per admirabilem ascensionem tuam libera nos Domine
Per gratiam sancti spiritus paracliti libera
In hora mortis succurre nobis Domine
In die iudicii libera
Peccatores te rogamus [f. 95r] audi nos
Ut pacem nobis te rogamus audi nos
Ut misericordia et pietas tua nos custodiat te rogamus audi nos
Ut ecclesiam tuam regere et defensare digneris te rogamus audi nos
Ut dompnum apostolicum et omnes gradus ecclesie in sancta religione conservare digneris te rogamus
Ut regibus et principibus nostris pacem et veram concordiam atque victoriam donare digneris te rogamus audi nos
Ut episcopos et abbates nostros et omnes congregaciones illis commissas in sancta religione conservare digneris te (rogamus)
Ut congregaciones omnium sanctorum in tuo sancto servicio conservare digneris te rogamus audi nos
Ut cunctum populum christianum precioso sanguine tuo redemptum conservare digneris te rogamus
Ut omnibus benefactoribus nostris sempiterna bona retribuas te rogamus
Ut animas nostras et parentum nostrorum ab eterna dampnacione eripias te rogamus
Ut fructus terre dare et conservare digneris te rogamus audi nos
Ut locum istum et omnes habitantes in eo visitare et consolari digneris te rogamus

Ut oculos misericordie tue super nos reducere digneris te rogamus
Ut obsequium servitutis nostre rationabile facias te rogamus
Ut mentes nostras ad celestia desideria erigas te rogamus
Ut miserias pauperum et captivorum intueri et relevare digneris te rogamus
Ut iter famulorum tuorum in salutis prosperitate disponas te rogamus
Ut regularibus disciplinis nos instruere digneris te rogamus
Ut omnibus fidelibus defunctis requiem eternam dones te rogamus
Ut remissionem peccatorum nostrorum nobis dones te rogamus
Ut nos exaudire digneris te rogamus
Fili Dei ii te rogamus audi nos
Agnus Dei qui tollis peccata mundi parce nobis Domine
Agnus Dei qui tollis peccata mundi exaudi nos Domine
Agnus Dei qui tollis peccata mundi miserere nobis Domine
Christe audi nos
–
Kyrie eleyson
Christe eleyson
Kyrie eleyson

Ut oculos misericordie tue super nos reducere digneris te rogamus audi nos
Ut obsequium servitutis nostre racionabile facias te rogamus
Ut mentes nostras ad celestia desideria erigas te rogamus
Ut miserias pauperum et captivorum intueri et relevare digneris te rogamus audi nos
Ut iter famulorum tuorum in salutis tue prosperitate disponas te rogamus audi nos
[f. 95v] Ut regularibus disciplinis nos instruere digneris te rogamus audi nos
Ut omnibus fidelibus defunctis requiem eternam dones te rogamus
Ut remmissionem omnium peccatorum nostrorum nobis donare digneris te rogamus audi nos
Ut nos exaudire digneris te rogamus audi nos
Fili Dei te rogamus audi nos
Agnus Dei qui tollis peccata mundi parce nobis Domine
Agnus Dei qui tollis peccata mundi exaudi nos Domine
Agnus Dei qui tollis peccata mundi miserere nobis (Domine)
Christe audi nos
Christe audi nos
Kyrieleyson
Christeleyson
Kyrieleyson

XLVIII London, British Library Harley 3950, fols. 162r–165v c. 1300

[f. 162r] Kyrieleyson
Christeleyson
–
Christe audi nos ii
Pater de celis Deus miserere nobis
Fili redemptor mundi Deus miserere nobis
Spiritus sancte Deus miserere nobis
Sancta trinitas unus Deus miserere nobis
Sancta Maria ora
Sancta Dei genetrix ora
Sancta virgo virginum ora
Sancte Michael ora
Sancte Gabriel ora
Sancte Raphael ora
Omnes sancti angeli et archangeli orate
Omnes sancti beatorum spirituum ordines orate (pro nobis)
Sancte Johannes baptista ora
Omnes sancti patriarche et prophete orate (pro nobis)
Sancte Petre ii ora
Sancte Paule ora
Sancte Andrea ora
Sancte Johannes ora
[f. 162v] Sancte Jacobe ora
Sancte Philippe ora
Sancte Bartholomee (ora)
Sancte Mathee ora
Sancte Thoma ora
Sancte Jacobe ora
Sancte Symon ora
Sancte Tadee ora
Sancte Mathia ora
Sancte Barnaba ora
Sancte Luca ora
Sancte Marce ora
Omnes sancti apostoli et ewangeliste orate pro (nobis)
Omnes sancti discipuli domini orate pro nobis
Omnes sancti innocentes orate pro nobis
Sancte Stephane ora
Sancte Clemens ora
Sancte Alexander ora
Sancte Sixte ora
Sancte Laurenti ora
Sancte Vincenti ora
Sancte Georgi ora
Sancte Corneli ora
Sancte Cypriane ora
Sancte Dionisi cum sociis tuis ora
Sancte Maurici cum sociis tuis ora
Sancte Eustachi cum sociis tuis ora
Sancte Cyriace cum sociis tuis ora
Sancte Sebastiane ora
Sancte Christofore ora

XLIX Oxford, Bodleian Library Douce 366, fols. 209v–211v c. 1320–25

[f. 209v] Kyrieleyson
Christeleyson
Kyrieleyson
Christe audi nos
Pater de celis Deus miserere nobis
Fili redemptor mundi Deus (miserere nobis)
Spiritus sancte Deus miserere nobis
Sancta trinitas unus Deus (miserere nobis)
Sancta Maria ora pro (nobis)
Sancta Dei genitrix ora
Sancta virgo virginum ora
Sancte Michael ora
Sancte Gabriel ora
Sancte Raphael ora
Omnes sancti angeli et archangeli (orate)
Omnes sancti beatorum spirituum (ordines) orate (pro nobis)
Sancte Johannes baptista ora
Omnes sancti patriarche et (prophete orate pro nobis)
Sancte Petre ora
Sancte Paule ora
Sancte Andrea ora
Sancte Iohannes ora
Sancte Iacobe ora
Sancte Philippe ora
Sancte Bartholomee ora
Sancte Mathee ora
Sancte Thoma ora
Sancte Iacobe ora
Sancte Symon ora
Sancte Thadee ora
Sancte Mathia ora
Sancte Barnaba ora
Sancte Luca ora
Sancte Marce ora
Omnes sancti apostoli et euangeliste orate (pro nobis)
Omnes sancti discipuli domini orate
Omnes sancti innocentes orate
Sancte Stephane ora
Sancte Clemens ora
Sancte Alexander ora
Sancte Sixte ora
Sancte Laurenti ora
Sancte Vincenti ora
Sancte Georgi ora
[f. 210r] Sancte Corneli ora
Sancte Cypriane ora
Sancte Dyonisi cum sociis tuis ora
Sancte Maurici cum sociis tuis ora
Sancte Eustachi cum sociis tuis ora
Sancte Cyriace cum sociis tuis ora
Sancte Sebastiane ora
Sancte Christofore ora

Sancte Albane ora
[f. 163r] Sancte Oswalde ora
Sancte Edmunde ora
Sancte Elphege ora
Sancte Thoma ora
Sancte Blasi ora
Sancte Willelme ii ora
Omnes sancti martires orate pro nobis
Sancte Silvester ora
Sancte Marcialis ora
Sancte Taurine ora
Sancte Hyllari ora
Sancte Martine ora
Sancte Ambrosi ora
Sancte Augustine ora
Sancte Ieronime ora
Sancte Basili ora
Sancte Gregori ora
Sancte Augustine cum sociis tuis ora
Sancte Nicholae ora
Sancte Audoene ora
Sancte Dunstane ora
Sancte Cutberte ora
Sancte Felix ora
Sancte Juliane ora
Sancte Bonite ora
Sancte Edmunde ora
Sancte Benedicte ii ora
Sancte Maure ora
Sancte Leonarde ora
Sancte Paule ora
Sancte Antoni ora
Sancte Egidi ora
Sancte Neote ora
Omnes sancti confessores orate pro nobis
[f. 163v] Omnes sancti monachi et heremite orate
Sancta Maria Magdalene ora
Sancta Maria Egypciaca ora
Sancta Petronilla ora
Sancta Felicitas ora
Sancta Perpetua ora
Sancta Agatha ora
Sancta Agnes ora
Sancta Lucia ora
Sancta Cecilia ora
Sancta Anastasia ora
Sancta Scolastica ora
Sancta Margareta ora
Sancta Austroberta ora
Sancta Christina ora
Sancta Katerina ora
Sancta Honorina ora
Sancta Fides ora
Sancta Eufemia ora
Sancta Praxedis ora
Sancta Etheldreda ora
Sancta Mildrida ora
Sancta Osida ora

Sancte Albane ora
Sancte Oswalde ora
Sancte Edmunde ora
Sancta Elphege ora
Sancte Thoma ora
Sancte Blasi ora
Sancte Willelme ii ora
Omnes sancti martires orate
Sancte Silvester ora
Sancte Marcialis ora
Sancte Taurine ora
Sancte Hylari ora
Sancte Martine ora
Sancte Ambrosi ora
Sancte Augustine ora
Sancte Ieronime ora
Sancte Basili ora
Sancte Gregori ora
Sancte Augustine cum sociis tuis ora
Sancte Nicholae ora
Sancte Audoene ora
Sancte Dunstane ora
Sancte Cuthberte ora
Sancte Felix ora
Sancte Iuliane ora
Sancte Bonite ora
Sancte Edmunde ora
Sancte Benedicte ii ora
Sancte Maure ora
Sancte Leonarde ora
Sancte Paule ora
Sancte Antoni ora
Sancte Egidi ora
Sancte Neote ora
[f. 210v] Omnes sancti confessores orate
Omnes sancti monachi orate
Sancta Maria Magdalena ora
Sancta Maria Egypciaca ora
Sancta Petronilla ora
Sancta Felicitas ora
Sancta Perpetua ora
Sancta Agatha ora
Sancta Agnes ora
Sancta Lucia ora
Sancta Cecilia ora
Sancta Anastasia ora
Sancta Scolastica ora
Sancta Margareta ora
Sancta Austroberta ora
Sancta Christina ora
Sancta Katerina ora
Sancta Honorina
Sancta Fides ora
Sancta Eufemia ora
Sancta Praxedis ora
Sancta Etheldreda ora
Sancta Mildreda ora
Sancta Osida ora

Omnes sancte virgines orate
Omnes sancti orate ii[126]
Propicius esto parce nobis Domine
Propicius esto libera nos Domine
Ab omni malo libera nos Domine
Ab insidiis diaboli libera nos Domine
A dampnacione perpetua libera nos Domine
Ab iminentibus pec[f. 164r]catorum nostrorum periculis libera nos Domine
Ab infestacionibus demonum libera
A spiritu fornicacionis libera
Ab appetitu inanis glorie libera
Ab omni inmundicia mentis et corporis libera (nos Domine)
Ab ira et odio et omni mala voluntate libera (nos Domine)
Ab inmundis cogitacionibus libera
A cecitate cordis libera
A fulgure et tempestate libera
A subitanea et eterna morte libera
Per mysterium sancte incarnacionis tue libera
Per passionem et crucem tuam libera
Per gloriosam resurrectionem tuam libera (nos Domine)
Per admirabilem ascensionem tuam libera nos Domine
Per gratiam sancti spiritus paracliti libera
In hora mortis succure nobis Domine
In die iudicii libera
Peccatores te rogamus audi nos
Ut pacem nobis dones te rogamus audi nos
[f. 164v] Ut misericordia et pietas tua nos custodiat te rogamus (audi nos)
Ut ecclesiam tuam regere et defensare digneris te rogamus
Ut dompnum apostolicum et omnes gradus ecclesie in sancta religione conservare digneris te rogamus
Ut regibus et principibus nostris pacem et veram concordiam atque victoriam donare digneris te rogamus
Ut episcopos et abbates nostros et omnes congregaciones illis commissas in sancta religione conservare digneris te rogamus
Ut congregaciones omnium sanctorum in tuo sancto servicio conservare digneris te rogamus
Ut cunctum populum christianum precioso sanguine tuo redemptum conservare digneris te rogamus
Ut omnibus benefactoribus nostris sempiterna bona retribuas (te rogamus)
Ut animas nostras et parentum nostrorum ab eterna dampnacione eripias te rogamus
Ut fructus terre dare et conservare digneris te rogamus
[f. 165r] Ut locum istum et omnes habitantes in eo visitare et consolari digneris te rogamus

Omnes sancte virgines orate
Omnes sancti ii orate
Propicius esto parce nobis Domine
Propicius esto libera nos (Domine)
Ab omni malo libera
Ab insidiis diaboli libera
A dampnacione perpetua libera
Ab imminentibus peccatorum nostrorum periculis libera (nos Domine)
Ab infestacionibus demonum libera
A spiritu fornicacionis libera
Ab appetitu inanis glorie libera
Ab omni inmunda cogitacione mentis et corporis libera (nos Domine)
Ab ira et odio et omni mala voluntate libera (nos Domine)
Ab inmundis cogitacionibus libera
A cecitate cordis libera
[f. 211r] A fulgure et tempestate libera
A subitanea et eterna morte libera
Per misterium sancte incarnacionis tue libera
Per passionem et crucem tuam (libera)
Per gloriosam resurreccionem tuam (libera nos Domine)
Per admirabilem ascensionem tuam libera (nos Domine)
Per graciam sancti spiritus paracliti libera
In hora mortis succurre (nobis Domine)
In die iudicii libera
Peccatores te rogamus audi nos
Ut pacem nobis dones te rogamus
Ut misericordia et pietas tua nos custodiat te rogamus (audi nos)
Ut ecclesiam tuam regere et defensare digneris te rogamus
Ut dompnum apostolicum et omnes gradus ecclesie in sancta religione conservare digneris te rogamus
Ut regibus et principibus nostris pacem et veram concordiam atque victoriam donare digneris te rogamus
Ut episcopos et abbates nostros et omnes congregaciones illis commissas in sancta religione conservare digneris te rogamus
Ut congregaciones omnium sanctorum in tuo sancto servicio conservare digneris te rogamus
Ut cunctum populum christianum precioso sanguine redemptum conservare digneris te rogamus
Ut omnibus benefactoribus nostris sempiterna bona retribuas (te rogamus)
Ut animas nostras et parentum nostrorum ab eterna dampnacione eripias te rogamus
Ut fructus terre dare et conservare digneris te rogamus
Ut locum istum et omnes habitantes in eo visitare et consolari digneris te rogamus

Ut oculos misericordie tue super nos reducere digneris te rogamus
Ut obsequium servitutis nostre racionabile facias te rogamus audi nos
Ut mentes nostras ad celestia desideria erigas te rogamus
Ut miserias pauperum et captivorum intueri et relevare digneris te rogamus
Ut iter famulorum tuorum in salutis tue prosperitate disponas te rogamus
Ut regularibus disciplinis nos instruere digneris te rogamus audi nos
Ut omnibus fidelibus defunctis requiem eternam dones te rogamus
Ut remissionem omnium peccatorum nostrorum nobis donare digneris te rogamus
Ut nos exaudire digneris te rogamus
Fili Dei te rogamus audi nos
[f. 165v] Agnus Dei qui tollis peccata mundi parce nobis Domine
Agnus Dei qui tollis peccata mundi exaudi nos Domine
Agnus Dei qui tollis peccata mundi miserere nobis (Domine)
Christe audi nos ii
Kyrieleyson
Christeleyson
Kyrieleyson

[f. 211v] Ut oculos misericordie tue super nos reducere digneris te rogamus
Ut obsequium servitutis nostre racionabile facias te rogamus
Ut mentes nostras ad celestia desideria erigas te rogamus
Ut miserias pauperum et captivorum intueri et relevare digneris te rogamus
Ut iter famulorum tuorum in salutis tue prosperitate disponas te rogamus
Ut regularibus disciplinis nos instruere digneris te rogamus
Ut omnibus fidelibus (defunctis) requiem eternam dones te rogamus
Ut remissionem omnium peccatorum nostrorum nobis donare digneris te rogamus
Ut nos exaudire digneris te rogamus
Fili Dei te rogamus audi nos ii
Agnus Dei qui tollis peccata mundi parce nobis Domine
Agnus Dei qui tollis peccata mundi exaudi nos Domine
Agnus Dei qui tollis peccata mundi miserere nobis (Domine)
Christe audi nos ii
Kyrieleyson
Christeleyson
Kyrieleyson

L Oxford, Wadham College A.13.7 (A.5.28), fols. 187r–192v c. **1350**

[f. 187r] Kyrieleyson
Christeleyson
Christe audi [f. 187v] nos
Pater de celis Deus miserere nobis
Fili redemptor mundi Deus miserere nobis
Spiritus sancte Deus miserere nobis
Sancta trinitas unus Deus miserere nobis
Sancta Maria ora pro nobis
Sancta Dei genetrix ora pro nobis
Sancta virgo virginum ora
Sancte Michael ora
Sancte Gabriel ora
Sancte Raphael ora
Omnes sancti angeli et archangeli orate pro nobis
Omnes sancti beatorum spirituum ordines orate pro nobis
Sancte Iohannes baptista ora
Omnes sancti patriarche et prophete orate pro nobis
[f. 188r] Sancte Petre ora
Sancte Paule ora
Sancte Andrea ora
Sancte Iohannes ora
Sancte Iacobe ora
Sancte Philippe ora
Sancte Bartholomee ora
Sancte Mathee ora
Sancte Thoma ora
Sancte Iacobe ora
Sancte Symon ora
Sancte Thaddee
Sancte Mathia ora
Sancte Barnaba ora
Sancte Luca ora
Sancte Marce ora
Omnes sancti apostoli et euangeliste orate pro nobis
[f. 188v] Omnes sancti discipuli domini orate
Omnes sancti innocentes orate
Sancte Stephane ora
Sancte Clemens ora
Sancte Alexander ora
Sancte Syxte ora
Sancte Laurenti ora
Sancte Vincenti ora
Sancte Georgi ora
Sancte Corneli ora
Sancte Cypriane ora
Sancte Dionisi cum sociis tuis ora
Sancte Maurici cum sociis tuis ora
Sancte Eustachi cum sociis tuis ora
Sancte Cyriace cum sociis tuis ora
Sancte Fabiane ora
Sancte Sebastiane ora
Sancte Christofore ora
[f. 189r] Sancte Albane ora

LI London, British Library Add. 49622, fols. 226v–227v **c. 1380–1400**

[f. 226v] Kyrieleyson
Christeleyson
(Christe) audi nos ii
(Pater) de celis Deus miserere nobis
Fili redemptor mundi Deus miserere nobis[130]
Spiritus sancte Deus miserere nobis
Sancta trinitas unus Deus miserere nobis
Sancta Maria ora pro nobis
Sancta Dei genetrix ora
Sancta virgo virginum ora
Sancte Michael ora
Sancte Gabriel ora
Sancte Raphael ora
Omnes sancti angeli et archangeli orate
Omnes sancti beatorum spirituum ordines orate (pro nobis)
Sancte Iohannes baptista ora
Omnes sancti patriarche et prophete ora
Sancte Petre ii ora
Sancte Paule ora
Sancte Andrea ora
Sancte Iohannes ora
Sancte Iacobe ora
Sancte Philippe orra
Sancte Bartholomee ora
Sancte Mathee ora
Sancte Thoma ora
Sancte Iacobe ora
Sancte Symon ora
Sancte Thadee ora
Sancte Mathia ora
Sancte Barnaba ora
Sancte Luca ora
Sancte Marce ora
Omnes sancti apostoli et evangeliste orate (pro nobis)
Omnes sancti discipuli domini orate
Omnes sancti innocentes orate
Sancte Stephane ora
Sancte Clemens ora
Sancte Alexander ora
Sancte Sixte ora
Sancte Laurenti ora
Sancte Vincenti ora
Sancte Georgi ora
Sancte Corneli ora
Sancte Cypriane ora
Sancte Dyonisi cum sociis tuis ora
Sancte Maurici cum sociis tuis ora
Sancte Eustachi cum sociis tuis ora
Sancte Cyriace cum sociis tuis ora
–
Sancte Sebastiane ora
Sancte Christofore ora
Sancte Albane ora

L	LI
Sancte Osuualde ora	Sancte Oswalde ora
Sancte Eadmunde ora	Sancte Edmunde ora
Sancte Ælfege ora	Sancte Ælphege ora
Sancte Thoma ora	Sancte Thoma ora
Sancte Blasi ora	Sancte Blasi ora
Sancte Uuilleme ora	Sancte Willelme ii ora
Omnes sancti martyres orate	Omnes sancti martires orate
Sancte Silvester ora	Sancte Silvester ora
Sancte Marcialis ora	Sancte Marcialis ora
Sancte Taurine ora	Sancte Taurine ora
Sancte Hylari ora	Sancte Hillari ora
Sancte Martine ora	Sancte Martine ora
Sancte Ambrosi ora	Sancte Ambrosi ora
Sancte Augustine ora	Sancte Augustine ora
Sancte Ieronime ora	Sancte Ieronime ora
Sancte Basili ora	[f. 227r] Sancte Basili ora
Sancte Gregori ora	Sancte Gregori ora
[f. 189v] Sancte Augustine cum sociis tuis ora	Sancte Augustine cum sociis tuis ora
Sancte Nicholae ora	Sancte Nicholae ora
Sancte Audoene ora	Sancte Audoene ora
Sancte Dunstane ora	Sancte Dunstane ora
Sancte Cuthberte ora	Sancte Cuthberte ora
Sancte Felix ora	Sancte ffelix ora
Sancte Iuliane ora	Sancte Iuliane ora
Sancte Bonite ora	Sancte Bonite ora
Sancte Edmunde ora	Sancte Edmunde ora
Sancte Benedicte ora	Sancte Benedicte ii ora
Sancte Maure ora	Sancte Maure ora
Sancte Leonarde ora	Sancte Leonarde ora
Sancte Paule ora	Sancte Paule ora
Sancte Antoni ora	Sancte Antoni ora
Sancte Egidi ora	Sancte Egidi ora
Sancte Noethe ora	Sancte Neote ora
Omnes sancti confessores orate[127]	Omnes sancti confessores orate
Omnes sancti monachi et here[f. 190r]mite orate pro nobis[128]	Omnes sancti monachi et heremite orate (pro nobis)
Sancta Maria Magdalene ora	Sancta Maria Magdalena ora
–	Sancta Anna ii ora
Sancta Maria Egypciaca ora	Sancta Maria Egypciaca ora
Sancta Petronilla ora	Sancta Petronilla ora
Sancta Felicitas ora	Sancta ffelicitas ora
Sancta Perpetua ora	Sancta Perpetua ora
Sancta Agatha ora	Sancta Agatha ora
Sancta Agnes ora	Sancta Agnes ora
Sancta Lucia ora	Sancta Lucia ora
Sancta Cecilia ora	Sancta Cecilia ora
Sancta Anastasia ora	Sancta Anastasia ora
Sancta Scolastica ora	Sancta Scolastica ora
Sancta Margareta ora	Sancta Margareta ora
Sancta Austroberta ora	Sancta Austroberta ora
Sancta Christina ora	Sancta Christina ora
Sancta Katerina ora	Sancta Katerina ora
Sancta Honorina ora	Sancta Honorina ora
Sancta Fides ora	Sancta ffides ora
[f. 190v] Sancta Euphemia ora	Sancta Euphemia ora
Sancta Praxedis ora	Sancta Praxedis ora
Sancta Etheldreda ora	Sancta Etheldreda ora
Sancta Mildreda ora	Sancta Mildreda ora

Sancta Osida ora
Omnes sancte virgines orate
Omnes sancti orate pro nobis
Propicius esto parce nobis Domine
Propicius esto libera nos Domine
Ab omni malo libera nos Domine
Ab insidiis diaboli libera
A dampnacione perpetua libera
Ab imminentibus peccatorum nostrorum periculis libera (nos Domine)
Ab infestacionibus demonum libera
A spiritu fornicacionis libera
Ab appetitu inanis glorie libera
Ab omni inmundicia mentis et corporis libera (nos Domine)
[f. 191r] Ab ira et odio et omni mala voluntate libera (nos Domine)
Ab immundis cogitacionibus libera
A cecitate cordis libera
A fulgure et tempestate libera
A subitanea et eterna morte libera
Per misterium sancte incarnacionis tue libera
Per passionem et crucem tuam libera
Per gloriosam resurreccionem tuam libera
Per admirabilem ascencionem tuam libera
Per graciam sancti spiritus paracliti libera
In hora mortis succurre nobis Domine
In die iudicii libera nos Domine
Peccatores te rogamus audi nos
Ut pacem nobis dones te rogamus audi nos
Ut misericordia et pietas tua nos custodiat te rogamus (audi nos)
[f. 191v] Ut eccleciam tuam regere et defensare digneris te rogamus
Ut dompnum apostolicum et omnes gradus ecclecie in sancta religione conservare digneris te rogamus (audi nos)
Ut regibus et principibus nostris pacem et veram concordiam atque victoriam donare digneris te rogamus
Ut episcopos et abbates nostros et omnes congregaciones illis commissas in sancta religione conservare digneris te rogamus
Ut congregaciones omnium sanctorum in tuo sancto servicio conservare digneris te rogamus
Ut cunctum populum christianum precioso sanguine tuo redemptum conservare digneris te rogamus
Ut omnibus benefactoribus nostris sempiterna bo[f. 192r]na retribuas te rogamus
Ut animas nostras et parentum nostrorum ab eterna dampnacione eripias te rogamus
Ut fructus terre dare et conservare digneris te rogamus
Ut locum istum et omnes habitantes in eo visitare et consolari digneris te rogamus
Ut oculos misericordie tue super nos reducere digneris te rogamus

Sancta Osida ora
Omnes sancti (sic!) virgines orate
Omnes sancti ii orate
Propicius esto parce nobis Domine
Propicius esto libera nos Domine
Ab omni malo libera
Ab insidiis diaboli libera
A dampnatione perpetua libera
Ab iminentibus peccatorum nostrorum periculis libera (nos Domine)
Ab infestacionibus demonum libera
A spiritu fornicacionis libera
Ab appetitu inanis glorie libera
Ab omni imundicia mentis et corporis libera (nos Domine)
Ab ira et odio et omni mala voluntate libera (nos Domine)
Ab inmundis cogitacionibus libera
A cecitate cordis libera
A ffulgure et tempestate libera
A subitanea et eterna morte libera
Per misterium sancte incarnacionis tue libera
Per passionem et crucem tuam libera
Per gloriosam resureccionem tuam libera
Per admirabilem ascensionem tuam libera
[f. 227v] Per gratiam sancti spiritus paracliti libera
In hora mortis succurre nobis Domine
In die iudicii libera
Peccatores te rogamus audi nos
Ut pacem nobis dones ii te rogamus
Ut misericordia et pietas (tua) nos custodiat te rogamus (audi nos)
Ut ecclesiam tuam regere et defensare digneris te rogamus
Ut dompnum apostolicum et o(mnes) g(radus) (ecclesie) i(n) s(sancta) r(eligione) c(onservare) d(igneris)[131] te rogamus (audi nos)
Ut regibus et principibus nostris pacem et veram concordiam atque victoriam donare digneris (te rogamus)
Ut episcopos et abbates nostros et omnes congregaciones illis commissas in sancta religione conservare digneris te rogamus
Ut congregaciones omnium sanctorum in tuo sancto servicio conservare digneris te rogamus
Ut cunctum populum christianum precioso sanguine tuo redemptum conservare digneris te rogamus
Ut omnibus benefactoribus nostris sempiterna bona retribuas te rogamus
Ut animas nostras et parentum nostrorum ab eterna dampnacione eripias te rogamus
Ut fructus terre dare et conservare digneris te rogamus
Ut locum istum et omnes habitantes in eo visitare et consolari digneris te rogamus
Ut oculos misericordie tue super nos reducere digneris te rogamus

NORWICH

Ut obsequium servitutis nostre racionabile facias te rogamus
Ut mentes nostras ad celestia desideria erigas te rogamus
Ut miserias pauperum et captivorum intueri et relevare digneris te rogamus
Ut iter famulorum tuorum in salutis tue prosperitate disponas te rogamus
Ut regularibus disciplinis nos instruere digneris te rogamus
Ut omnibus fi[f. 192v]delibus defunctis requiem eternam dones te rogamus
Ut remissionem omnium peccatorum nostrorum nobis donare digneris te rogamus
Ut nos exaudire digneris te rogamus
Fili Dei te rogamus audi nos
Agnus Dei qui tollis peccata mundi parce nobis Domine
Agnus Dei qui tollis peccata mundi exaudi (nos) Domine
Agnus Dei qui tollis peccata mundi miserere[129] nobis
Christe audi nos ii
Kyrieleyson
Christeleyson
Kyrieleyson

L and LI

Ut obsequium servitutis nostre racionabile facias te rogamus
Ut mentes nostras ad celestia desideria erigas te rogamus
Ut miserias pauperum et captivorum intueri et relevare digneris te rogamus
Ut iter famulorum tuorum in salutis tue prosperitate disponas te rogamus
Ut regularibus disciplinis nos instruere digneris te rogamus
Ut omnibus fidelibus defunctis requiem eternam dones te rogamus
Ut remissionem omnium peccatorum nostrorum nobis donare digneris te rogamus
Ut nos exaudire digneris te rogamus
Fili Dei ii te rogamus
Agnus Dei qui tollis peccata mundi parce nobis Domine
Agnus Dei qui tollis peccata mundi exaudi nos Domine
Agnus Dei qui tollis peccata mundi miserere nobis
Christe audi nos ii
Kyrieleyson
Christeleyson
Kyrieleyson

LII Oxford, Bodleian Library lat.liturg.f.19, fols. 222v–228v c. 1380–1400

[f. 222v] Kyrieleyson
Christeleyson
Christe audi nos
Pater de celis Deus miserere nobis
Fili redemptor mundi Deus miserere nobis
Spiritus sancte Deus miserere nobis
Sancta trinitas unus Deus miserere nobis
Sancta Maria ora pro nobis
[f. 223r] Sancta Dei genetrix ora
Sancta virgo virginum ora
Sancte Michael ora
Sancte Gabriel ora
Sancte Raphael ora
Omnes sancti angeli et archangeli orate pro nobis
Omnes sancti beatorum spirituum ordines orate pro nobis
Sancte Iohannes baptista ora
Omnes sancti patriarche et prophete orate
Sancte Petre ora
Sancte Paule ora
Sancte Andrea ora
Sancte Iohannes ora
Sancte Iacobe ora
[f. 223v] Sancte Philippe ora
Sancte Bartholomee ora
Sancte Mathee ora
Sancte Thoma ora
Sancte Iacobe ora
Sancte Simon ora
Sancte Thadee ora
Sancte Mathia ora
Sancte Barnaba ora
Sancte Luca ora
Sancte Marche ora
Omnes sancti apostoli et euangeliste orate
Omnes sancti discipuli domini orate
Omnes sancti innocentes orate
Sancte Stephane ora
Sancte Clemens ora
[f. 224r] Sancte Alexander ora
Sancte Sixte ora
Sancte Laurenti ora
Sancte Vincenti ora
Sancte Georgi ora
Sancte Corneli ora
Sancte Cipriane ora
Sancte Dionisi cum sociis tuis ora
Sancte Maurici cum sociis tuis ora
Sancte Eustachi cum sociis tuis ora
Sancte Ciriace cum sociis tuis ora
Sancte Sebastiane ora
Sancte Christofore ora
Sancte Albane ora
Sancte Oswalde ora
Sancte Edmunde ora

LIII Woolhampton, Douai Abbey 6, fols. 156r–160v c. 1450

[f. 156r] Kyrieleyson
Christeleyson
Christe audi nos
Pater de celis Deus miserere nobis
Fili redemptor mundi Deus miserere nobis
Spiritus sancte Deus miserere nobis
Sancta trinitas unus Deus miserere nobis
Sancta Maria ora
Sancta Dei genetrix ora
Sancta virgo virginum ora
Sancte Michael ora
Sancte Gabriel ora
Sancte Raphael ora
Omnes sancti angeli et archangeli orate pro (nobis)
Omnes sancti beatorum spirituum ordines orate (pro nobis)
Sancte Johannes baptista ora
Omnes sancti patriarche et prophete orate
Sancte Petre ora
Sancte Paule ora
Sancte Andrea ora
[f. 156v] Sancte Johannes ora
Sancte Jacobe ora
Sancte Philippe ora
Sancte Bartholomee ora
Sancte Mathee ora
Sancte Thoma ora
Sancte Jacobe ora
Sancte Symon ora
Sancte Thadee ora
Sancte Mathia ora
Sancte Barnaba ora
Sancte Luca ora
Sancte Marce ora
Omnes sancti apostoli et evangeliste orate
Omnes sancti discipuli domini orate
Omnes sancti innocentes orate
Sancte Stephane ora
Sancte Clemens ora
Sancte Alexander ora
Sancte Sixte ora
[f. 157r] Sancte Laurenti ora
Sancte Vincenti ora
Sancte Georgi ora
Sancte Corneli ora
Sancte Cipriane ora
Sancte Dyonisi cum sociis tuis ora pro (nobis)
Sancte Maurici cum sociis tuis ora pro (nobis)
Sancte Eustachi cum sociis tuis ora pro (nobis)
Sancte Ciriace cum sociis tuis ora pro (nobis)
Sancte Sebastiane ora
Sancte Christofore ora
Sancte Albane ora
Sancte Oswalde ora
Sancte Edmunde ora

Sancte Elphege ora
[f. 224v] Sancte Thoma ora
Sancte Blasi ora
Sancte Willelme ora
Omnes sancti martires orate
Sancte Silvester ora
Sancte Marcialis ora
Sancte Taurine ora
Sancte Hillari ora
Sancte Martine ora
Sancte Ambrosi ora
Sancte Augustine ora
Sancte Ieronime ora
Sancte Basili ora
Sancte Gregori ora
Sancte Augustine cum sociis tuis ora
Sancte Nicholae ora
Sancte Audoene ora
[f. 225r] Sancte Dunstane ora
Sancte Cuthberte ora
Sancte Felix ora
Sancte Iuliane ora
Sancte Bonite ora
Sancte Edmunde ora
Sancte Benedicte ora
Sancte Maure ora
Sancte Leonarde ora
Sancte Paule ora
Sancte Antoni ora
Sancte Egidi ora
Sancte Neothe ora
Omnes sancti confessores orate
Omnes sancti monachi et heremite orate (pro nobis)
Sancta Maria Magdalene ora
[f. 225v] Sancta Anna ora
Sancta Maria Egipciaca ora
Sancta Petronilla ora
Sancta ffelicitas ora
Sancta Perpetua ora
Sancta Agatha ora
Sancta Agnes ora
Sancta Lucia ora
Sancta Cecilia ora
Sancta Anastasia ora
Sancta Scolastica ora
Sancta Margareta ora
Sancta Austroberta ora
Sancta Christina ora
Sancta Katerina ora
Sancta Honorina ora
Sancta ffides ora
[f. 226r] Sancta Euphemia ora
Sancta Praxedis ora
Sancta Etheldreda ora
Sancta Mildreda ora
Sancta Ositha ora
Omnes sancte virgines orate

Sancte Elphege ora
Sancte Thoma ora
Sancte Blasi ora
Sancte Willelme ora
Omnes sancti martires orate pro nobis
Sancte Silvester ora
[f. 157v] Sancte Marcialis ora
Sancte Taurine ora
Sancte Hillari ora
Sancte Martine ora
Sancte Ambrosi ora
Sancte Augustine ora
Sancte Jeronime ora
Sancte Basili ora
Sancte Gregori ora
Sancte Augustine cum sociis tuis ora pro (nobis)
Sancte Nicholae ora
Sancte Audoene ora
Sancte Dunstane ora
Sancte Cuthberte ora
Sancte Felix ora
Sancte Juliane ora
Sancte Bonite ora
Sancte Edmunde ora
Sancte Benedicte ora
Sancte Maure ora
[f. 158r] Sancte Leonarde ora
Sancte Paule ora
Sancte Antoni ora
Sancte Egidi ora
Sancte Neote ora
Omnes sancti confessores orate pro nobis
Omnes sancti monachi et heremite orate (pro nobis)
Sancta Maria Magdalene ora
Sancta Anna ora
Sancta Maria Egypciaca ora
Sancta Petronilla ora
Sancta ffelicitas ora
Sancta Perpetua ora
Sancta Agatha ora
Sancta Agnes ora
Sancta Lucia ora
Sancta Cecilia ora
Sancta Anastasia ora
Sancta Scolastica ora
Sancta Margareta ora
[f. 158v] Sancta Austroberta ora
Sancta Christina ora
Sancta Katerina ora
Sancta Honorina ora
Sancta Fides ora
Sancta Euphemia ora
Sancta Praxedis ora
Sancta Etheldreda ora
Sancta Mildreda ora
Sancta Osida ora
Omnes sancte virgines orate pro nobis

Omnes sancti ii[132] orate
Propicius esto parce nobis Domine
Propicius esto libera nos Domine
Ab omni malo libera nos Domine
Ab insidiis diaboli libera
A dampnacione perpetua libera
Ab iminentibus peccatorum nostrorum periculis libera (nos Domine)
Ab infestacionibus demonum libera
A spiritu fornicacionis libera
Ab appetitu inanis glorie libera
[f. 226v] Ab omni immundicia mentis et corporis libera (nos Domine)
Ab ira et odio et omni mala voluntate libera (nos Domine)
Ab inmundis cogitacionibus libera
A cecitate cordis libera
A fulgure et tempestate libera
A subitanea et eterna morte libera
Per misterium sancte incarnacionis tue libera
Per passionem et crucem tuam libera
Per gloriosam resurreccionem tuam libera
Per admirabilem ascensionem tuam libera
Per graciam sancti spiritus paracliti libera
[f. 227r] In hora mortis succurre nobis Domine
In die iudicii libera nos Domine
Peccatores te rogamus audi nos
Ut pacem nobis dones te rogamus audi nos
Ut misericordia et pietas tua nos custodiat te rogamus (audi nos)
Ut ecclesiam tuam regere et defensare digneris te rogamus
Ut dompnum[133] apostolicum et omnes gradus ecclesie in sancta religione conservare digneris te rogamus (audi nos)
Ut regibus et principibus nostris pacem et veram concordiam atque victoriam donare digneris te rogamus
Ut episcopos et abbates nostros et omnes congregaciones [f. 227v] illis commissas in sancta religione conservare digneris te rogamus
Ut congregaciones omnium sanctorum in tuo sancto servicio conservare digneris te rogamus
Ut cunctum populum christianum precioso sanguine tuo redemptum conservare digneris te rogamus
Ut omnibus benefactoribus nostris sempiterna bona retribuas te rogamus
Ut animas nostras et parentum nostrorum ab eterna dampnacione eripias te rogamus
Ut fructus terre dare et conservare digneris te rogamus
Ut locum istum et omnes habitantes in eo visitare et consolari digneris te rogamus
[f. 228r] Ut oculos misericordie tue super nos reducere digneris te rogamus
Ut obsequium servitutis nostre racionabile facias te rogamus

Omnes sancti orate pro nobis
Propicius esto parce nobis Domine
Propicius esto libera nos Domine
Ab omni malo libera nos Domine
Ab insidiis diaboli libera nos Domine
A dampnacione perpetua libera
Ab imminentibus peccatorum nostrorum periculis libera (nos Domine)
Ab infestacionibus demonum libera
A spiritu fornicacionis libera
[f. 159r] Ab appetitu inanis glorie libera
Ab omni inmundicia mentis et corporis libera (nos Domine)
Ab ira et odio et omni mala voluntate libera nos Domine
Ab inmundis cogitacionibus libera
A cecitate cordis libera
A fulgure et tempestate libera
A subitanea et eterna morte libera
Per misterium sancte incarnationis tue libera
Per passionem et crucem tuam libera
Per gloriosam resurreccionem tuam libera
Per admirabilem ascensionem tuam libera
Per graciam sancti spiritus paracliti libera
In hora mortis succurre nobis Domine
In die iudicii libera
Peccatores te rogamus audi nos
Ut pacem nobis dones te rogamus
Ut misericordia et pietas tua nos custodiat te rogamus (audi nos)
Ut ecclesiam tuam regere (et) defensare [f. 159v] digneris te rogamus audi nos
Ut dompnum apostolicum et omnes gradus ecclesie in sancta religione conservare digneris te rogamus (audi nos)
Ut regibus et principibus nostris pacem et veram concordiam atque victoriam donare digneris te rogamus
Ut episcopos et abbates nostros et omnes congregaciones illis commissas in sancta religione conservare digneris te rogamus
Ut congregaciones omnium sanctorum in tuo sancto servitio conservare digneris te rogamus
Ut cunctum populum christianum precioso sanguine tuo redemptum conservare digneris te rogamus
Ut omnibus benefactoribus nostris sempiterna bona retribuas te rogamus
Ut animas nostras et parentum nostrorum ab eterna dampnacione eripias te rogamus
Ut fructus terre dare et conservare digneris te rogamus
Ut locum istum et omnes habitantes in eo [f. 160r] visitare et consolari digneris te rogamus
Ut oculos misericordie tue super nos reducere digneris te rogamus
Ut obsequium servitutis nostre rationabile facias te rogamus

Ut mentes nostras ad celestia desideria erigas te rogamus
Ut miserias pauperum et captivorum intueri et relevari (sic!) digneris te rogamus
Ut iter famulorum tuorum in salutis tue prosperitate disponas te rogamus
Ut regularibus disciplinis nos instruere digneris te rogamus
Ut omnibus fidelibus defunctis requiem eternam dones te rogamus
Ut remissionem omnium peccatorum nostrorum nobis donare digneris te rogamus
Ut nos exaudire [f. 228v] digneris te rogamus
Fili Dei te rogamus[134] (audi nos)
Agnus Dei qui tollis peccata mundi parce nobis Domine
Agnus Dei qui tollis peccata mundi exaudi nos Domine
Agnus Dei qui tollis peccata mundi miserere nobis
Christe audi nos
Kyrieleyson
Christeleyson
Kyrieleyson

Ut mentes nostras ad celestia desideria erigas te rogamus
Ut miserias pauperum et captivorum intueri et relevare digneris te rogamus
Ut iter famulorum tuorum in salutis tue prosperitate disponas te rogamus
Ut regularibus disciplinis nos instruere digneris te rogamus
Ut omnibus fidelibus defunctis requiem eternam dones te rogamus
Ut remissionem omnium peccatorum nostrorum nobis donare digneris te rogamus
Ut nos exaudire digneris te rogamus
Fili Dei te rogamus audi nos
Agnus Dei qui tollis peccata mundi [f. 160v] parce nobis Domine
Agnus Dei qui tollis peccata mundi exaudi nos Domine
Agnus Dei qui tollis peccata mundi miserere nobis
Christe audi nos
Kyrieleyson
Christe eleyson
Kyrieleyson

Peterborough, Benedictine Abbey of St Peter, St Paul and St Andrew

LIV London, British Library Arundel 230, fols. 157v–160r c. 1160–80

[f. 157v] Kyrie (e)leison
Christe (e)leison
Christe audi nos
Pater de celis Deus miserere nobis
Fili redemptor mundi Deus miserere nobis
Spiritus sancte Deus miserere nobis
Sancta trinitas unus Deus miserere nobis
[f. 158r] Sancta MARIA ORA pro nobis
Sancta Dei genetrix ora
Sancta virgo virginum ora
Sancte Michael ora
Sancte Gabriel ora
Sancte Raphael ora
Omnes sancti angeli et archangeli orate pro nobis
Omnes sancti beatorum spirituum ordines orate (pro nobis)
Sancte Iohannes baptista ora
Omnes sancti patriarche et prophete orate
Sancte PETRE ii ora
Sancte Paule ora
Sancte Andrea ora
Sancte Iacobe ora
Sancte Iohannes ora
Sancte Thoma ora
Sancte Iacobe ora
Sancte Philippe ora
Sancte Bartholomee ora
Sancte Mathee ora
Sancte Symon ora
Sancte Tadee ora
Sancte Mathia ora
Sancte Barnaba ora
Sancte Marce ora
Sancte Luca ora
Sancte Marcialis ora
Omnes sancti apostoli et euuangeliste orate
Omnes sancti discipuli domini orate
Omnes sancti innocentes orate
Sancte Stephane ora
Sancte Osuualde ii ora
Sancte Clemens
Sancte Sixte ora
Sancte Corneli ora
Sancte Cipriane ora
Sancte Laurenti ora
Sancte Vincenti ora
[f. 158v] Sancte Fabiane ora
Sancte Sebastiane ora
Sancte Florentine ora
Sancte Iohannes ora
Sancte Paule ora
Sancte Christofore ora

LV Cambridge, Fitzwilliam Museum 12, fols. 218r–221v c. 1220–22

[f. 218r] Kyrieleyson
Christeleyson
Christe audi nos
Pater de celis Deus miserere nobis
Fili redemptor mundi Deus miserere nobis
Spiritus sancte Deus miserere (nobis)
Sancta trinitas unus Deus miserere (nobis)
Sancta Maria ora
Sancta Dei genetrix ora pro nobis
Sancta virgo virginum ora pro nobis
Sancte Michael ora
Sancte Gabriel ora
Sancte Raphael ora
Omnes sancti angeli et archangeli orate pro nobis
Omnes sancti beatorum spirituum ordines orate pro (nobis)
Sancte Iohannes baptista ora
Omnes sancti patriarche et prophete orate pro nobis
Sancte Petre ora
Sancte Paule ora
Sancte Andrea ora
[f. 218v] Sancte Iacobe ora
Sancte Iohannes ora
Sancte Thoma ora
Sancte Iacobe ora
Sancte Philippe ora
Sancte Bartholomee (ora)
Sancte Mathee ora
Sancte Symon ora
Sancte Taddee ora
Sancte Mathia ora
Sancte Barnaba ora
Sancte Marce ora
Sancte Luca ora
Sancte Marcialis ora
Omnes sancti apostoli et euuangeliste orate
Omnes sancti discipuli domini orate pro nobis
Omnes sancti innocentes orate
Sancte Stephane ora
Sancte Osuualde ora
Sancte Clemens ora
Sancte Syxte ora
Sancte Corneli ora
Sancte Cipriane ora
Sancte Laurenti ora
Sancte Vincenti ora
Sancte Fabiane ora
Sancte Sebastiane (ora)
Sancte Florentine (ora)
Sancte Iohannes ora
Sancte Paule ora
Sancte Christofore ora

Sancte Georgi ora	[f. 219r] Sancte Georgi ora
Sancte Gervasi ora	Sancte Gervasi ora
Sancte Prothasi ora	Sancte Prothasi ora
Sancte Dionisi cum sociis tuis ora	Sancte Dionisi cum sociis (tuis ora)
Sancte Maurici cum socis tuis ora	Sancte Maurici cum sociis (tuis ora)
Sancte Eustachi cum sociis tuis ora	Sancte Eustachi cum sociis (tuis ora)
Sancte Ypolite cum sociis tuis ora	Sancte Ypolite cum sociis (tuis ora)
Sancte Albane ora	Sancte Albane ora
Sancte Edmunde ora	Sancte Edmunde ora
Sancte Elphege ora	Sancte Alfege ora
–	Sancte Thoma ora
Omnes sancti martyres orate	Omnes sancti martyres orate pro nobis
Sancte Silvester ora	Sancte Silvester ora
Sancte Hilari ora	Sancte Ylari ora
Sancte Martine ora	Sancte Martine ora
Sancte Gregori ora	Sancte Gregori ora
Sancte Adeluuolde ii ora	Sancte Athelwolde (ora)
Sancte Ambrosi ora	Sancte Ambrosi ora
Sancte Augustine ora	Sancte Augustine (ora)
Sancte Ieronime ora	Sancte Ieronime ora
Sancte Germane ora	Sancte Germane ora
Sancte Remigi ora	Sancte Remigi ora
Sancte Vedaste ora	Sancte Vedaste ora
Sancte Audoene ora	Sancte Audoene ora
Sancte Nicolae ora	Sancte Nicholae ora
Sancte Benedicte ii ora	Sancte Benedicte ora
Sancte Maure ora	Sancte Maure ora
Sancte Augustine cum sociis tuis ora	Sancte Augustine (cum sociis tuis ora)
Sancte Cuthberte ora	Sancte Cuthberte ora
Sancte Guthlace ora	Sancte Guthlace ora
Sancte Vuilfride ora	Sancte Wilfride ora
Sancte Suithune ora	Sancte Suithune ora
Sancte Dunstane ora	Sancte Dunstane ora
Sancte Iohannes ora	Sancte Iohannes ora
Sancte Aidane ora	Sancte Aidane ora
Sancte Botulphe ora	[f. 219v] Sancte Botulfe ora
–	Sancte Egidi ora
–	Sancte Leonarde ora
–	Sancte Iuliane ora
Omnes sancti confessores orate (pro nobis)	Omnes sancti confessores orate pro (nobis)
[f. 159r] Omnes sancti monachi et heremite orate pro nobis	Omnes sancti monachi et heremite (orate pro nobis)
Sancta Maria Magdalena ora	Sancta Maria Madalena ora
–	Sancta Maria Egypciaca (ora)
Sancta Felicitas ora	Sancta Felicitas ora
Sancta Perpetua ora	Sancta Perpetua ora
Sancta Petronilla ora	Sancta Petronilla (ora)
Sancta Kyneburga ora	Sancta Kyneburga (ora)
Sancta Kynesuuitha ora	Sancta Kynesuitha (ora)
Sancta Tibba ora	Sancta Tibba ora
Sancta Scolastica ora	Sancta Scolastica (ora)
Sancta Agatha ora	Sancta Agatha ora
Sancta Agnes ora	Sancta Agnes ora
Sancta Cecilia ora	Sancta Cecilia ora
Sancta Lucia ora	Sancta Lucia ora
Sancta Katerina ora	Sancta Katerina ora
Sancta Anastasia ora	Sancta Anastasia (ora)
Sancta Christina ora	Sancta Christina ora

Sancta Iuliana ora
Sancta Margareta ora
Sancta Sabina ora
Sancta Etheldritha ora
Sancta Sexburga ora
Sancta Vuerburga (ora)
Omnes sancte virgines orate
Omnes sancti ii orate[135]
Propicius esto parce nobis Domine
Ab omni malo libera nos Domine
Ab insidiis diaboli libera
A damnatione perpetua libera
Ab imminentibus peccatorum nostrorum periculis libera
Ab infestacionibus demonum libera
A spiritu fornicationis libera
Ab appetitu inanis glorie libera
Ab omni inmundicia mentis et corporis libera
Ab ira et odio et omni mala voluntate libera
Ab immundis cogitationibus libera
[f. 159v] A cecitate cordis libera
A fulgure et tempestate libera
A subitanea morte libera
Per misterium sancte incarnationis tue libera (nos Domine)
Per passionem et crucem tuam libera
Per gloriosam resurrectionem tuam libera
Per admirabilem ascensionem tuam libera
Per graciam sancti spiritus paraclyti libera
In hora mortis succurre nobis Domine
In die iudicii libera ii
Peccatores te rogamus audi nos
Ut pacem nobis dones te rogamus
Ut misericordia et pietas tua nos custodiat te rogamus
Ut ecclesiam tuam regere et defensare digneris te rogamus
Ut domnum apostolicum et omnes gradus ecclesie in sancta religione conservare digneris te rogamus
Ut regi nostro et principibus nostris pacem et veram concordiam atque victoriam dones te rogamus (audi nos)
Ut episcopos et abbates nostros et omnes congregationes illis commissas in sancta religione conservare digneris te rogamus
Ut congregationes omnium sanctorum in tuo sancto servicio conservare digneris te rogamus
Ut cunctum populum christianum precioso sangui[f. 160r]ne tuo redemptum conservare digneris te rogamus
Ut locum istum et omnes habitantes in eo visitare et consolari digneris te rogamus
Ut omnibus benefactoribus nostris sempiterna bona retribuas te rogamus audi nos te rogamus
Ut animas nostras et parentum nostrorum ab eterna damnatione eripias te rogamus audi nos
Ut fructus terre dare et conservare digneris te rogamus

Sancta Iuliana ora
Sancta Margareta ora
Sancta Sabina ora
Sancta Etheldrida ora
Sancta Sexburga ora
Sancta Werburga ora
Omnes sancte virgines orate pro (nobis)
Omnes sancti orate
Propitius esto parce nobis Domine
[f. 220r] Ab omni malo libera nos Domine
Ab insidiis diaboli libera
A dampnatione perpetua libera
Ab imminentibus peccatorum nostrorum periculis libera
Ab infestationibus demonum libera
A spiritu fornicationis libera
Ab appetitu inanis glorie libera
Ab omni immunditia mentis et corporis libera
Ab ira et odio et omni mala voluntate libera
Ab immundis cogitationibus (libera)
A cecitate cordis libera
A fulgure et tempestate libera
A subitanea morte libera
Per misterium sancte incarnationis tue libera (nos Domine)
Per passionem et crucem tuam libera
Per gloriosam resurrectionem tuam (libera)
Per admirabilem ascensionem tuam libera
Per gratiam sancti spiritus para[f. 220v]clyti libera
In hora mortis succurre nobis Domine
In die iudicii libera
Peccatores te rogamus audi nos
Ut pacem nobis dones te rogamus
Ut misericordia et pietas tua nos custodiat te rogamus
Ut ecclesiam tuam regere et defensare digneris te rogamus
Ut dompnum apostolicum et omnes gradus ecclesie in sancta religione conservare digneris te rogamus
Ut regi nostro et principibus nostris pacem et veram concordiam atque victoriam dones te rogamus (audi nos)
Ut episcopos et abbates nostros et omnes congregationes illis commissas in sancta religione conservare digneris te rogamus
Ut congregationes omnium sanctorum in tuo sancto servitio conservare digneris (te rogamus)
[f. 221r] Ut cunctum populum christianum precioso sanguine tuo redemptum conservare digneris te rogamus
Ut locum istum et omnes habitantes in eo visitare et consolari digneris te rogamus
Ut omnibus benefactoribus nostris sempiterna bona retribuas te rogamus
Ut animas nostras et parentum nostrorum ab eterna dampnatione eripias te rogamus
Ut fructus terre dare et conservare digneris te rogamus

Ut oculos misericordie tue super nos reducere digneris te rogamus
Ut obsequium servitutis nostre rationabile facias te rogamus
Ut mentes nostras ad celestia desideria erigas te rogamus
Ut miserias pauperum et captivorum intueri et relevare digneris te rogamus[136]
Ut famulorum iter tuorum[137] in salutis tue prosperitate disponas te rogamus audi nos te rogamus
Ut inimicos sancte Dei ecclesie comprimere digneris te rogamus
Ut cunctis fidelibus defunctis requiem eternam donare digneris te rogamus
Ut nos exaudire digneris te rogamus
Fili Dei te rogamus ii
Agnus Dei (qui tollis peccata mundi) parce nobis Domine
Agnus Dei (qui tollis peccata mundi) exaudi nos Domine
Agnus Dei (qui tollis peccata mundi) miserere nobis
Christe audi nos
Kyrieleison
Christeleison
Kyrieleison

Ut oculos misericordie tue super nos reducere digneris te rogamus
Ut obsequium servitutis nostre rationabile facias te rogamus
Ut mentes nostras ad celestia desideria erigas te rogamus
Ut miserias pauperum et captivorum intueri et relevare digneris te rogamus
Ut iter fa[f. 221v]mulorum tuorum in salutis tue prosperitate disponas te rogamus (audi nos te rogamus)
Ut inimicos sancte Dei ecclesie comprimere digneris te rogamus
Ut cunctis fidelibus defunctis requiem eternam donare digneris te rogamus
Ut nos exaudire te rogamus
Fili Dei te rogamus
Agnus Dei qui tollis peccata mundi parce nobis Domine
Agnus Dei qui tollis peccata mundi exaudi nos Domine
Agnus Dei qui tollis peccata mundi miserere nobis
Christe audi nos
Kyrieleyson
Christeleyson
Kyrieleyson

LVI London, Society of Antiquaries 59, fols. 221r–224r c. 1214–22

[f. 221r] K[yrieleyson[138]
Christeleyson
Christe audi nos
Pater de celis Deus miserere nobis
Fili redemptor mundi Deus miserere nobis
Spiritus sancte Deus miserere nobis
Sancta trinitas unus[139] ......
Sancta Maria ora
Sancta Dei genetrix ora
Sancta virgo virginum ora
Sancte Michael ora
Sancte Gabriel ora
Sancte Raphael ora
Omnes sancti angeli et archangeli orate
Omnes (sancti) beatorum spirituum[140] (ordines orate pro nobis)
Sancte Iohannes baptista ora
Omnes sancti patriarche et prophete orate
[f. 221v] Sancte Petre ora[141]
Sancte Paule ora]
Sancte Andrea ora
Sancte Iacobe ora
Sancte Iohannes ora
Sancte Thoma ora
Sancte Iacobe ora
Sancte Phylippe ora
Sancte Bartholomee (ora)
Sancte Mathee ora
Sancte Symon ora
Sancte Taddee ora
Sancte Mathia ora
Sancte Barnaba ora
Sancte Marce ora
Sancte Luca ora
Omnes sancti apostoli et evangeliste orate (pro nobis)
Omnes sancti discipuli (domini orate pro nobis)[142]
(Omnes sancti innocentes orate pro nobis)[143]
Sancte Stephane ora
Sancte Osuualde ii ora[144]
Sancte Clemens ora
Sancte Syxte ora
Sancte Corneli ora
Sancte Cipriane ora
Sancte Laurenti ora
Sancte Vincenti ora
Sancte Fabiane ora
Sancte Sebastiane ora
Sancte Florentine ora
Sancte Iohannes ora
Sancte Paule ora
Sancte Christofore ora
Sancte Georgi ora
Sancte Gervasi ora
Sancte Prothasi ora

LVII Brussels, Bibliothèque Royale 9961/62, fols. 89r–90v c. 1300

[f. 89r] Kyrie elyson
Christe eleyson
Christe audi nos
Pater de celis Deus miserere nobis
Fili redemptor mundi Deus miserere nobis
Spiritus sancte Deus miserere nobis
Sancta trinitas unus Deus miserere nobis
Sancta Maria ora pro nobis
Sancta Dei genetrix ora
Sancta virgo virginum ora
Sancte Michael ora
Sancte Gabriel ora
Sancte Raphael ora
Omnes sancti angeli et archangeli orate pro nobis
Omnes sancti beatorum spirituum ordines orate pro nobis
Sancte Iohannes baptista ora
Omnes sancti patriarche et prophete orate pro nobis
Sancte Petre ii ora
Sancte Paule ora
Sancte Andrea ora
Sancte Iacobe ora
Sancte Iohannes ora
Sancte Thoma ora
Sancte Iacobe ora
Sancte Philippe ora
[f. 89v] Sancte Bartholomee ora
Sancte Mathee ora
Sancte Symon ora
Sancte Thaddee ora
Sancte Mathia ora
Sancte Barnaba ora
Sancte Marce ora
Sancte Luca ora
Omnes sancti apostoli et evangeliste orate pro nobis
Omnes sancti discipuli domini orate pro nobis
Omnes sancti innocentes orate pro nobis
Sancte Stephane ora
Sancte Oswalde ora
Sancte Clemens ora
Sancte Sixte ora
Sancte Corneli ora
Sancte Cipriane ora
Sancte Laurenti ora
Sancte Vincenti ora
Sancte Fabiane ora
Sancte Sebastiane ora
Sancte Florentine ora
Sancte Iohannes ora
Sancte Paule ora
Sancte Cristophore ora
Sancte Georgi ora
Sancte Gervasi ora
Sancte Prothasi ora

Sancte Dionisi cum sociis tuis (ora)	Sancte Dyonisi cum sociis tuis ora
[f. 222r] Sancte Maurici cum sociis tuis (ora)	Sancte Maurici cum sociis tuis ora
Sancte Eustachi cum sociis (tuis ora)	Sancte Eustachi cum sociis ora
Sancte Ypolite cum sociis (tuis ora)	Sancte Ypolite cum sociis tuis ora
Sancte Albane ora	Sancte Albane ora
Sancte Edmunde ora	Sancte Edmunde ora
Sancte Elphege ora	Sancte Elphege ora
Sancte Thoma ii[145] ora[146]	–
Omnes sancti martyres orate pro nobis	Omnes sancti martyres orate
Sancte Silvester ora	Sancte Silvester ora
Sancte Hilari ora	Sancte Ylari ora
Sancte Martine ora	Sancte Martine ora
Sancte Gregori ora	Sancte Gregori ora
Sancte Atehwolde ii[147] (ora)	Sancte Adelwolde ora
Sancte Ambrosi ora	Sancte Ambrosi ora
Sancte Augustine ora	Sancte Augustine ora
Sancte Ieronime ora	Sancte Jeronime ora
Sancte Germane ora	Sancte Germane ora
Sancte Remigi ora	Sancte Remigi ora
Sancte Vedaste ora	Sancte Vedaste ora
Sancte Audoene ora	Sancte Audoene ora
Sancte Nicholae ora	Sancte Nicholae ora
Sancte Benedicte ii[148] ora	Sancte Benedicte ii ora
Sancte Maure ora	Sancte Maure ora
Sancte Augustine cum sociis (tuis ora)	Sancte Augustine cum sociis tuis ora
Sancte Cuthberte ora	Sancte Cuthberte ora
Sancte Guthlace ora	Sancte Guthlace ora
Sancte Vuilfred ora	Sancte Wilfride ora
Sancte Suithune ora	Sancte Suithune ora
Sancte Dunstane ora	Sancte Dunstane ora
Sancte Iohannes ora	Sancte Iohannes ora
Sancte Aidane ora	Sancte Aydane ora
Sancte Botulphe ora	[f. 90r] Sancte Botulphe ora
Sancte Egidi ora	Sancte Egidi ora
Sancte Leonarde ora	Sancte Leonarde ora
Sancte Iuliane ora	Sancte Iuliane ora
Sancte Wulfstane ora[149]	Sancte Wlstane ora
Sancte Hugo ora	Sancte Hugo ora
Sancte Edmunde ora	Sancte Edmunde ora
Omnes sancti confessores orate pro nobis	Omnes sancti confessores orate
Omnes sancti monachi et heremite (orate pro nobis)	Omnes sancti monachi et heremite orate pro nobis
[f. 222v] Sancta Maria Magda(lena ora)	Sancta Maria Magdalena ora
Sancta Maria Egyptia(ca ora)	Sancta Maria Egyptiaca ora
Sancta Felicitas ora	Sancta Felicitas ora
Sancta Perpetua ora	Sancta Perpetua ora
Sancta Petronilla ora	Sancta Petronilla ora
Sancta Kyneburga ora	Sancta Kyneburga ora
Sancta Kyneswitha ora	Sancta Kyneswitha
Sancta Tibba ora	Sancta Tybba ora
Sancta Scolastica ora	Sancta Scolastica ora
Sancta Agatha ora	Sancta Agatha ora
Sancta Agnes ora	Sancta Agnes ora
Sancta Cecilia ora	Sancta Cecilia ora
Sancta Lucia ora	Sancta Lucia ora
Sancta Katerina ora	Sancta Katerina ora
Sancta Anastasia ora	Sancta Anastasia ora
Sancta Christina ora	Sancta Christina ora

Sancta Iuliana ora
Sancta Margaretha ora
Sancta Sabina ora
Sancta Atheldrida ora
Sancta Sexburga ora
Sancta Werburga ora
Omnes sancte virgines (orate)
Omnes sancti orate pro nobis[150]
Propitius esto parce nobis Domine
Ab omni malo libera
Ab insidiis diaboli (libera)
A dampnatione perpetua libera
Ab imminentibus peccatorum nostrorum periculis libera
Ab infestationibus demonum libera
A spiritu fornicationis libera
Ab appetitu inanis glorie libera
Ab omni immun[f. 223r]ditia mentis et corporis libera
Ab ira et odio et omni mala voluntate libera
Ab inmundis cogitationibus libera
A cecitate cordis libera
A fulgure et tempestate libera
A subitanea morte libera
Per misterium sancte incarnationis tue libera (nos Domine)
Per passionem et crucem tuam libera (nos Domine)
Per gloriosam resurrectionem tuam libera (nos Domine)
Per admirabilem ascensionem tuam libera (nos Domine)
Per gratiam sancti spiritus paracliti libera (nos Domine)
In hora mortis succurre nobis Domine
In die iudicii libera ii
Peccatores te rogamus audi nos
Ut pacem nobis dones te rogamus
Ut misericordia et pietas tua nos custodiat te rogamus
Ut ecclesiam tuam regere et defensare digneris (te rogamus)
Ut dompnum apostolicum et omnes gradus ecclesie in sancte religione conservare digneris (te rogamus)[151]
Ut regi nostro et principibus nostris pacem et [f. 223v] veram concordiam atque victoriam dones te rogamus (audi nos)
Ut episcopos et abbates nostros et omnes congregationes illis commissas in sancta religione conservare digneris te rogamus
Ut congregationes omnium sanctorum in tuo sancto servitio conservare digneris te rogamus
Ut cunctum populum christianum precioso sanguine tuo (redemptum) conserva(re digneris te rogamus)
Ut locum istum et omnes habitantes in eo visitare et consolari digneris te rogamus

Sancta Iuliana ora
Sancta Margareta ora
Sancta Sabina ora
Sancta Etheldritha ora
Sancta Sexburga ora
Sancta Werburga ora
Omnes sancte virgines orate
Omnes sancti orate pro nobis
Propitius esto parce nobis Domine
Ab omni malo libera nos Domine
Ab insidiis diaboli libera nos Domine
A dampnatione perpetua libera
Ab imminentibus peccatorum nostrorum periculis libera
Ab infestationibus demonum libera
A spiritu fornicationis libera
Ab appetitu inanis glorie libera
Ab omni immunditia in mentis et corporis libera
Ab ira et odio et omni mala voluntate libera
Ab immundis cogitationibus libera
A cecitate cordis libera
A fulgure et tempestate libera
A subitanea morte libera
Per mysterium sancte incarnationis tue libera nos Domine
Per passionem et crucem tuam libera nos Domine
Per gloriosam resurrectionem tuam libera nos Domine
Per admirabilem ascensionem tuam libera nos Domine
Per gratiam sancti spiritus paracliti libera nos Domine
In hora mortis succurre nos Domine
[f. 90v] In die iudicii libera nos Domine
Peccatores te rogamus audi nos
Ut pacem nobis dones te rogamus audi nos
Ut misericordia et pietas tua nos custodiat te rogamus
Ut ecclesiam tuam regere et defendare digneris te rogamus
Ut dompnum apostolicum et omnes gradus ecclesie in sancta religione conservare digneris (te rogamus)
Ut regi nostro et principibus nostris pacem et veram concordiam atque victoriam dones te rogamus audi nos
Ut episcopos et abbates nostros et omnes congregationes illis commissas in sancta religione conservare digneris te rogamus
Ut congregationes omnium sanctorum in tuo sancto servicio conservare digneris te rogamus
Ut cunctum populum christianum precioso sanguine tuo redemptum conservare digneris te rogamus
Ut locum istum et omnes habitantes in eo visitare et consolari digneris te rogamus

Ut omnibus benefactoribus nostris sempiterna bona retribuas te rogamus
Ut animas nostras et parentum nostrorum ab eterna dampnatione eripias te rogamus
Ut fructus terre dare et conservare digneris te rogamus
Ut oculos misericordie tue super nos reducere digneris (te rogamus)
Ut obsequium servitutis nostre rationabile facias te rogamus
Ut mentes nostras ad celestia desideria erigas te rogamus
Ut miserias pauperum et cap[f. 224r]tivorum intueri et relevare digneris te rogamus
Ut iter famulorum tuorum in salutis tue prosperitate disponas te rogamus
Ut inimicos sancte Dei ecclesie comprimere digneris te rogamus
Ut cunctis fidelibus defunctis requiem eternam donare digneris te rogamus
Ut nos exaudire te rogamus audi (nos)
Fili Dei te rogamus aud(i nos) ii[152]
Agnus Dei qui tollis peccata mundi parce nobis (Domine)
Agnus Dei qui tollis peccata mundi exaudi nos[153] (Domine)
Agnus Dei qui tollis peccata mundi miserere (nobis)
Christe audi nos
Kyrieleison
Christeleyson
Kyrieleison

Ut omnibus benefactoribus nostris sempiterna bona retribuas te rogamus audi (nos)
Ut animas nostras et parentum nostrorum ab eterna dampnatione eripias te rogamus
Ut fructus terre dare et conservare digneris te rogamus
Ut oculos misericordie tue super (nos) reducere digneris te rogamus
Ut obsequium servitutis nostre rationabile facias te rogamus
Ut mentes nostras ad celestia desideria erigas te rogamus
Ut miserias pauperum et captivorum intueri et relevare digneris te rogamus
Ut iter famulorum tuorum in salutis tue prosperitate disponas te rogamus audi (nos)
Ut inimicos sancte Dei ecclesie comprimere digneris te rogamus
Ut cunctis fidelibus defunctis requiem eternam donare digneris te rogamus
Ut nos exaudire digneris te rogamus
Fili Dei te rogamus audi nos ii
Agnus Dei qui tollis peccata mundi parce nobis Domine
Agnus Dei (qui tollis peccata mundi) exaudi nos Domine
Agnus Dei (qui tollis peccata mundi) miserere nobis
Christe audi nos
Kyrieleyson
Christe eleyson
Kyrieleyson

LVIII Cambridge, Corpus Christi College 53, fols. 165v–169r c. 1310–20

[f. 165v] Kyrieleyson
Christeleyson
Christe audi nos
Pater de celis Deus miserere nobis
Fili redemptor mundi Deus miserere nobis
Spiritus sancte Deus miserere nobis
Sancta trinitas unus Deus miserere nobis
Sancta Maria ora pro nobis
Sancta Dei genetrix ora[154]
Sancta virgo virginum ora
Sancte Michael ora
Sancte Gabriel ora
Sancte Raphael ora
Omnes sancti angeli et archangeli orate pro nobis
[f. 166r] Omnes sancti beatorum spirituum ordines orate pro (nobis)
Sancte Iohannes baptista ora
Omnes sancti patriarche et prophete orate pro nobis
Sancte Petre ii ora
Sancte Paule ora
Sancte Andrea ora
Sancte Iacobe ora
Sancte Iohannes ora
Sancte Thoma ora
Sancte Iacobe ora
Sancte Pilippe ora
Sancte Bartholomee ora
Sancte Mathee ora
Sancte Symon ora
Sancte Taddee ora
Sancte Mathia ora
Sancte Barnaba ora
Sancte Marce ora
Sancte Luca ora
Omnes sancti apostoli et evangeliste orate pro (nobis)
Omnes sancti discipuli domini orate pro nobis
Omnes sancti innocentes orate
Sancte Stephane ora
Sancte Osuualde ora ii[155]
Sancte Clemens ora
Sancte Sixte ora
Sancte Corneli ora
Sancte Cypriane ora
Sancte Laurenti ora
Sancte Vincenti ora
[f. 166v] Sancte Fabiane ora
Sancte Sebastiane ora
Sancte Florentine ora
Sancte Iohannes ora
Sancte Paule ora
Sancte Christofore ora
Sancte Georgi ora
Sancte Gervasi ora
Sancte Prothasi ora

LIX Oxford, Bodleian Library Barlow 22, fols. 184r–187r c. 1320–30

[f. 184r] Kyrieleyson
Christeleyson
Christe audi nos
Pater de celis Deus miserere nobis
Fili redemptor mundi Deus miserere nobis
Spiritus sancte Deus miserere nobis
Sancta trinitas unus Deus miserere nobis
Sancte Maria ora pro nobis
Sancta Dei genetrix ora
Sancta virgo virginum (ora)
Sancte Michael ora
Sancte Gabriel ora
Sancte Raphael ora
Omnes sancti angeli et archangeli orate
Omnes sancti beatorum spirituum ordines orate (pro nobis)
Sancte Iohannes baptista ora
Omnes sancti patriarche et prophete orate pro nobis
Sancte Petre ii ora
Sancte Paule ora
Sancte Andrea ora
[f. 184v] Sancte Iacobe ora
Sancte Iohannes ora
Sancte Thoma ora
Sancte Iacobe ora
Sancte Philippe ora
Sancte Bartholomee ora
Sancte Mathee ora
Sancte Simon ora
Sancte Thaddee ora
Sancte Mathia ora
Sancte Barnaba ora
Sancte Marce ora
Sancte Luca ora
Omnes sancti apostoli et euangeliste orate (pro nobis)
Omnes sancti discipuli domini orate
Omnes sancti innocentes orate
Sancte Stephane ora
Sancte Oswalde ii ora
Sancte Clemens ora
Sancte Sixte ora
Sancte Corneli ora
Sancte Cipriane ora
Sancte Laurenti ora
Sancte Vincenti ora
Sancte Fabiane ora
Sancte Sebastiane ora
Sancte Florentine ora
Sancte Iohannes ora
Sancte Paule ora
Sancte Christofore ora
Sancte Georgi ora
Sancte Gervasi ora
Sancte Protasi ora

Sancte Dionisi cum sociis tuis (ora)
Sancte Maurici cum sociis tuis (ora)
Sancte Eustachi cum sociis tuis (ora)
Sancte Ypolite cum sociis tuis (ora)
Sancte Albane ora
Sancte Edmunde ora
Sancte Elphege ora
Sancte Thoma ora[156]
Omnes sancti martires (orate)
Sancte Silvester ora
Sancte Ylari ora
Sancte Martine ora
Sancte Gregori ora
Sancte Atheluuolde ora
Sancti Ambrosi ora
Sancte Augustine ora
Sancte Ieronime ora
Sancte Germane ora
Sancte Remigi ora
Sancte Vedaste ora
Sancte Audoene ora
Sancte Nicholae ora
Sancte Benedicte ora
Sancte Maure ora
Sancte Augustine cum sociis tuis (ora)
[f. 167r] Sancte Cuthberte ora
Sancte Guthlace ora
Sancte Uuilfride ora
Sancte Suithune ora
Sancte Dunstane ora
Sancte Iohannes ora
Sancte Aidane ora
Sancte Botulphe ora
Sancte Egidi ora
Sancte Leonarde ora
Sancte Iuliane ora
Sancte Uulstane ora
Sancte Hugo ii ora
Sancte Edmunde ora
Omnes sancti confessores orate
Omnes sancti monachi et heremite orate pro nobis
Sancta Maria Magdalene (ora)
Sancta Maria Egipciaca ora pro nobis
Sancta Felicitas ora
Sancta Perpetua ora
Sancta Petronilla ora
Sancta Kyneburga ora
Sancta Kyneswitha ora
Sancta Tibba ora
Sancta Scolastica ora
Sancta Agatha ora
Sancta Agnes ora
Sancta Cecilia ora
Sancta Lucia ora
Sancta Katerina ora
Sancta Anastasia ora
Sancta Christina ora
[f. 167v] Sancta Iuliana ora

Sancte Dionisi cum sociis tuis ora
Sancte Maurici cum sociis tuis ora
Sancte Eustachi cum sociis tuis ora
[f. 185r] Sancte Ypolite cum sociis tuis ora
Sancte Albane ora
Sancte Edmunde ora
Sancte Elphege ora
Sancte Thoma[158] ora
Omnes sancti martires orate
Sancte Silvester ora
Sancte Hilari ora
Sancte Martine ora
Sancte Gregori ora
Sancte Æduuolde ii ora[159]
Sancte Ambrosi ora
Sancte Augustine ora
Sancte Ieronime ora
Sancte Germane ora
Sancte Remigi ora
Sancte Vedaste ora
Sancte Audoene ora
Sancte Nicholae ora
Sancte Benedicte ii ora
Sancte Maure ora
Sancte Augustine cum sociis tuis ora
Sancte Cuthberte ora
Sancte Guthlace ora
Sancte Wilfride ora
Sancte Suuithune ora
Sancte Dunstane ora
Sancte Iohannes ora
Sancte Aidane ora
Sancte Botulphe ora
Sancte Egidi ora
Sancte Leonarde ora
Sancte Iuliane ora
Sancte Wlstane ora
Sancte Hugo ora
Sancte Edmunde ora
Omnes sancti confessores orate
[f. 185v] Omnes sancti monachi et heremite orate
Sancta Maria Magdalena ora
Sancta Maria Egypciaca ora
Sancta Felicitas ora
Sancta Perpetua ora
Sancta Petronilla ora
Sancta Kyneburga ora
Sancta Kynesuuida ora
Sancta Tibba ora
Sancta Scolastica ora
Sancta Agatha ora
Sancta Agnes ora
Sancta Cecilia ora
Sancta Lucia ora
Sancta Katerina ora
Sancta Anastasia ora
Sancta Cristina ora
Sancta Iuliana ora

Sancta Margareta ora
Sancta Sabina ora
Sancta Etheldritha ora
Sancta Sexburga ora
Sancta Werburga ora
Omnes sancte virgines orate pro nobis
Omnes sancti ii orate
Propicius esto parce nobis Domine
Ab omni malo libera nos Domine
Ab insidiis diaboli libera nos Domine
A dampnatione perpetua libera nos Domine
Ab iminentibus peccatorum nostrorum periculis libera (nos Domine)
Ab infestationibus demonum libera
A spiritu fornicacionis libera
Ab appetitu inanis glorie libera
Ab omni immundicia mentis et corporis libera
Ab ira et odio et omni mala voluntate libera
Ab inmundis cogitationibus libera
A cecitate cordis libera
A fulgure et tempestate libera
A subitanea morte libera
Per mysterium sancte incarnacionis tue libera
[f. 168r] Per passionem et crucem tuam libera
Per gloriosam resurreccionem tuam libera
Per admirabilem ascensionem tuam libera
Per gratiam sancti spiritus paracliti libera
In hora mortis succurre nobis Domine
In die iudicii libera
Peccatores te rogamus audi nos
Ut pacem nobis dones te rogamus
Ut misericordia et pietas tua nos custodiat te rogamus
Ut ecclesiam tuam regere et defensare digneris te rogamus
Ut dompnum apostolicum et omnes gradus ecclesie[157] in sancta religione conservare digneris te rogamus
Ut regi nostro et principibus nostris pacem et veram concordiam atque victoriam dones te rogamus
–
Ut episcopos et abbates nostros et omnes congregationes illis commissas in sancta religione conservare digneris te rogamus
Ut congregaciones omni[f. 168v]um sanctorum in tuo sancto servicio conservare digneris te rogamus
Ut cunctum populum christianum precioso sanguine tuo redemptum conservare digneris te rogamus
Ut loca nostra et omnes habitants in eis visitare et consolari digneris (te rogamus)
Ut omnibus benefactoribus nostris sempiterna bona retribuas te rogamus
Ut animas nostras et parentum nostrorum ab eterna dampnacione eripias te rogamus
Ut fructus terre dare et conservare digneris te rogamus

Sancta Margareta ora
Sancta Sabina ora
Sancta Etheldreda ora
Sancta Sexburga ora
Sancta Werburga ora
Omnes sancte virgines orate
Omnes sancti ii orate
Propicius esto parce nobis Domine
Ab omni malo libera
Ab insidiis diaboli libera
A dampnacione perpetua libera
Ab iminentibus peccatorum nostrorum periculis libera (nos Domine)
Ab infestac(i)onibus demonum libera
A spiritu fornicacionis libera
[f. 186r] Ab appetitu inanis glorie libera
Ab omni inmundicia mentis et corporis libera
Ab ira et odio et omni mala voluntate libera
Ab inmundis cogitacionibus libera
A cecitate cordis libera
A fulgure et tempestate libera
A subitanea morte libera
Per misterium sancte incarnacionis tue libera
Per passionem et crucem tuam libera
Per gloriosam resurreccionem tuam libera
Per admirabilem ascensionem tuam libera
Per graciam sancti spiritus paracliti libera
In hora mortis succurre nobis Domine
In die iudicii libera nos Domine
Peccatores te rogamus audi nos
Ut pacem nobis dones te rogamus
Ut misericordia et pietas tua nos custodiat te rogamus
Ut ecclesiam tuam regere et defensare digneris te rogamus
Ut dompnum apostolicum[160] et omnes gradus ecclesie in [f. 186v] sancta religione conservare digneris te rogamus
Ut regi nostro et principibus nostris pacem et veram concordiam atque victoriam donare digneris (te rogamus)
Ut episcopos et abbates nostros et omnes congregaciones illis commissas in sancta religione conservare digneris te rogamus
Ut congregaciones omnium sanctorum in tuo sancto servicio conservare digneris te rogamus
Ut cunctum populum christianum precioso sanguine tuo redemptum conservare digneris te rogamus
Ut locum istum et omnes habitantes in eo visitare et consolari digneris te rogamus
Ut omnibus benefactoribus nostris sempiterna bona retribuas te rogamus
Ut animas nostras et parentum nostrorum ab eterna dampnacione eripias te rogamus
Ut fructus terre dare et conservare digneris te rogamus

Ut oculos misericordie tue super nos reducere digneris te rogamus
Ut obsequium servitutis nostre racionabile facias te rogamus
Ut mentes nostras ad celestia desideria erigas te rogamus
Ut miserias pauperum et captivorum intueri et relevare digneris (te rogamus)
Ut iter famulorum tuorum in salutis tue prosperitate disponas te rogamus
Ut inimicos sancte Dei ecclesie comprimere digneris te rogamus
[f. 169r] Ut cunctis fidelibus defunctis requiem eternam donare digneris te rogamus
Ut nos exaudire digneris (te rogamus)
Fili Dei te rogamus
Agnus Dei qui tollis peccata mundi parce nobis Domine
Agnus Dei qui tollis peccata mundi exaudi nos Domine
Agnus Dei qui tollis peccata mundi miserere nobis
Christe audi nos
Kyrieleyson
Christeleyson
Kyrieleyson

Ut oculos misericordie tue super nos reducere d(igneris) te rogamus
[f. 187r] Ut obsequium servitutis nostre racionabile facias te rogamus audi nos
Ut mentes nostras ad celestia desideria erigas te rogamus
Ut miserias pauperum et captivorum intueri et relevare digneris te rogamus
Ut iter famulorum tuorum in salutis tue prosperitate disponas te rogamus
Ut inimicos sancte Dei ecclesie comprimere digneris te rogamus
Ut cunctis fidelibus defunctis requiem eternam donare digneris te rogamus
Ut nos exaudire digneris te rogamus
Fili Dei te rogamus audi nos ii
Agnus Dei qui tollis peccata mundi parce nobis Domine
Agnus Dei qui tollis peccata mundi exaudi nos Domine
Agnus Dei qui tollis peccata mundi miserere nobis
Christe audi nos
Kyrieleyson
Christeleyson
Kyrieleyson

LX Oxford, Bodleian Library Gough liturg. 17, fols. 154r–158r c. 1425–50

[f. 154r] Kyrieleyson
Christeeleyson
Christe audi nos
Pater de celis Deus miserere nobis
Fili redemptor mundi Deus miserere nobis
Spiritus sancte Deus miserere nobis
Sancta trinitas unus Deus miserere nobis
[f. 154v] Sancta Maria ora
Sancta Dei genetrix ora
Sancta virgo virginum ora
Sancte Michael ora
Sancte Gabriel ora
Sancte Raphael ora
Omnes sancti angeli et archangeli orate
Omnes sancti beatorum spirituum ordines orate
(pro nobis)
Sancte Iohannes baptista ora
Omnes sancti patriarche et prophete orate
Sancte Petre ii ora
Sancte Paule ora
Sancte Andrea ora
Sancte Jacobe ora
Sancte Johannes ora
Sancte Thoma ora
Sancte Jacobe ora
Sancte Philippe ora
Sancte Bartholomee ora
Sancte Mathee ora
Sancte Symon ora
Sancte Thaddee ora
Sancte Mathia ora
[f. 155r] Sancte Barnaba ora
Sancte Marce ora
Sancte Luca ora
Omnes sancti apostoli et euuangeliste orate
Omnes sancti discipuli domini orate
Omnes sancti innocentes orate
Sancte Stephane ora
Sancte Oswalde ii ora
Sancte Clemens ora
Sancte Syxte ora
Sancte Corneli ora
Sancte Cipriane ora
Sancte Laurenti ora
Sancte Vincenti ora
Sancte ffabiane ora
Sancte Sebastiane ora
Sancte fflorentine ora
Sancte Johannes ora
Sancte Paule ora
Sancte Christofore ora
Sancte Georgi ora
Sancte Gervasi ora
Sancte Prothasi ora
[f. 155v] Sancte Dionisi cum sociis tuis ora
Sancte Maurici cum sociis tuis ora
Sancte Eustachi cum sociis tuis ora
Sancte Ypolite cum sociis tuis ora
Sancte Albane ora
Sancte Edmunde ora
Sancte Elphege ora
Sancte Thoma ii ora
Omnes sancti martires orate
Sancte Silvester ora
Sancte Illari ora
Sancte Martine ora
Sancte Gregori ora
Sancte Athelwolde ii ora
Sancte Ambrosi ora
Sancte Augustine ora
Sancte Ieronime ora
Sancte Germane ora
Sancte Remigi ora
Sancte Vedaste ora
Sancte Audoene ora
Sancte Nicholae ora
Sancte Benedicte ii ora
[f. 156r] Sancte Maure ora
Sancte Augustine cum sociis tuis ora
Sancte Cuthberte ora
Sancte Guthlace ora
Sancte Wilfride ora
Sancte Swythune ora
Sancte Dunstane ora
Sancte Iohannes ora
Sancte Aydane ora
Sancte Botulphe ora
Sancte Egidi ora
Sancte Leonarde ora
Sancte Juliane ora
Sancte Wlstane ora
Sancte Hugo ora
Sancte Edmunde ora
Sancte Cedda ora
Omnes sancti confessores orate
Omnes sancti monachi et heremite orate
Sancta Anna ora
Sancta Maria Magdalena ora
Sancta Maria Egypciaca ora
Sancta ffelicitas ora
[f. 156v] Sancta Perpetua ora
Sancta Petronilla ora
Sancta Kyneburga ora
Sancta Kyneswytha ora
Sancta Tibba ora
Sancta Scolastica ora
Sancta Agatha ora
Sancta Agnes ora
Sancta Cecilia ora
Sancta Lucia ora
Sancta Katerina ora
Sancta Anastasia ora

Sancta Christina ora
Sancta Juliana ora
Sancta Margareta ora
Sancta Sabina ora
Sancta Etheldreda ora
Sancta Sexburga ora
Sancta Werburga ora
Sancta ffredeswyda ora
Sancta Ermenilda ora
Omnes sancte virgines orate
Omnes sancti ii orate
[f. 157r] Propicius esto parce nobis Domine
Ab omni malo libera nos Domine
Ab insidiis diaboli libera
A dampnacione perpetua libera
Ab imminentibus peccatorum nostrorum periculis
libera (nos Domine)
Ab infestacionibus demonum libera
A spiritu fornicacionis libera
Ab appetitu inanis glorie libera
Ab omni inmundicia mentis et corporis libera
Ab ira et odio et omni mala voluntate libera
Ab inmundis cogitacionibus libera
A cecitate cordis libera
A fulgure et tempestate libera
A subitanea morte libera
Per misterium sancte incarnacionis tue libera
Per passionem et crucem tuam libera
Per gloriosam resurreccionem tuam libera
Per admirabilem ascensionem tuam libera
Per graciam sancti spiritus paracliti libera
In hora mortis succurre nobis Domine
In die iudicii libera ii
Peccatores te rogamus audi nos
Ut pacem nobis dones te rogamus
Ut misericordia et pietas tua nos custodiat te
rogamus
Ut ecclesiam tuam regere et defensare
digneris te rogamus
Ut dompnum apostolicum et omnes gradus ecclesie
in sancta religione conservare digneris te
rogamus
Ut regi nostro et principibus nostris pacem et
veram concordiam atque [f. 157v] victoriam
dones te rogamus
Ut episcopos et abbates nostros et omnes
congregaciones illis commissas in sancta religione
conservare digneris te rogamus
Ut congregaciones omnium sanctorum in tuo sancto
servicio conservare digneris te rogamus
Ut cunctum populum christianum precioso sanguine
tuo redemptum conservare digneris te rogamus
Ut loca nostra et omnes habitantes in eis
visitare et consolari digneris te rogamus
Ut omnibus benefactoribus nostris sempiterna bona
retribuas te rogamus
Ut animas nostras et parentum nostrorum ab eterna
dampnacione eripias te rogamus
Ut fructus terre dare et conservare digneris te
rogamus
Ut oculos misericordie tue super nos reducere
digneris te rogamus
Ut obsequium servitutis nostre racionabile
facias te rogamus
Ut mentes nostras ad celestia desideria erigas te
rogamus
Ut miserias pauperum et captivorum intueri et
relevare digneris te rogamus
Ut iter et actus famulorum tuorum in salutis tue
prosperitate disponas te rogamus
Ut inimicos sancte Dei ecclesie comprimere digneris
te rogamus
Ut cunctis fidelibus defunctis requiem
eternam donare digneris te rogamus
Ut nos exaudire [f. 158r] digneris te rogamus
Fili Dei te rogamus audi nos ii
Agnus Dei qui tollis peccata mundi parce nobis
Domine
Agnus Dei qui tollis peccata mundi exaudi nos
Domine
Agnus Dei qui tollis peccata mundi miserere nobis
Christe audi nos
Kyrieleyson
Christeeleyson
Kyrieleyson

NOTES ON THE EDITIONS

1 'dompnum apostolicum' has been erased.
2 This 'ii' and all the other 'ii' markings are in rubric.
3 The pages with the earlier part of the litany are lacking. As in no. IV all the double invocations 'ii' are in rubric.
4 'dompnum apostolicum' has been erased.
5 'Thoma' has been erased.
6 The spelling may be as 'Athra' with a character looking more like a 'thorn' than a 'b'. The same character is used for 'Editha' and 'Martha'.
7 'Thoma' has been erased.
8 In error for 'Iuniane'.
9 In error for 'circumcisionem'.
10 'liberantem' seems to be the reading.
11 'domnum apostolicum' has been erased.
12 The final page of the litany is lacking from the manuscript.
13 This is likely to be a scribal error for 'Albane'. Anselm is not a martyr.
14 'Edmunde' has been rewritten.
15 This is a repetition by the original scribe of the Edmund entry.
16 This saint, whom it has not been possible to identify, might be in error for 'Iovinianus' or 'Iovinus'.
17 This must be an error for 'Gregore'.
18 The letter 'y' has a dot over it throughout this text.
19 In error for 'Ut'.
20 In error for 'Ut'.
21 This very odd spelling probably has resulted from the scribe thinking the saint to be Gregory.
22 The fragment breaks off at this point.
23 The 'ii' in rubric has perhaps been added.
24 In error for 'Jurmine'.
25 All the 'ii's seem to have been added by the same hand that added 'Saba'.
26 'Thoma' has been erased.
27 'Saba ora' is an interlinear addition.
28 'dompnum apostolicum et' has been erased.
29 This petition, indicated by an insert mark, is added in the top border.
30 'Thoma' has been erased.
31 Added beside the Nicholas entry.
32 The scribe originally wrote 'Romane' but erases 'm' and writes 'n'.
33 'Wlstane, Ricarde, Hugo' is added in the margin.
34 Added beside 'Maure'.
35 The entries 'Leonarde, Egidii, Iuliane, Edwarde, Omnes sancti confessores, Omnes sancti monachi' are written in continuous text, not one entry to a line, over four lines of erased text.
36 This entry and that for Anne are written over erasures.
37 'Etheldreda, Mildreda, Edburga, Prisca' is written over two lines of erasure.
38 'domnum apostolicum' has been erased.
39 The next two lines have been erased.
40 Two blank lines at this point following Brigid; it is unclear as to whether these are erasures or just blank spaces.
41 The 'II' for double invocations is added in this and all other entries (Alphege, Dunstan, Benedict, All Saints, Fili Dei) in a paler ink. 'Thoma' has been erased.
42 Written over an erasure in a later hand.
43 Not in sequence, but added by a later hand close to that of the added 'Herasme', at the bottom of the column after 'Omnes sancti martires' with a siglum signifying insertion.
44 Added between the lines.
45 The entries for Wulfstan, Richard of Chichester and Hugh of Lincoln are not in sequence but added at the bottom of the column after 'Sancte Yrenei' but with no siglum signifying point of insertion.
46 Entry added in the margin.
47 Julian and Ethelbert are not in the sequence but added in a later hand at the bottom of the column with a siglum for insertion.
48 Added in the side margin in a later hand.
49 Written in a later hand over an erasure.
50 Added in the side margin in a later hand.
51 The 'II' is in rubric for Alphege, Dunstan and All Saints.
52 'domnum apostolicum' has been erased.
53 'Pro aeris serenitate' is in rubric.
54 Erased in error for Thomas Becket.
55 'Thoma' has been erased.
56 In error for 'Ronane'.
57 'Tempore vacationis ..... archiepicopo futuro' in rubric.
58 'Pro aeris serenitate' in rubric.
59 The last three words have been rewritten.
60 Added at the end of the line.
61 'Thoma' has been erased.
62 'dompnum apostolicum' has been erased.
63 It is exceptional to have the plural 'orate' rather than 'ora' corresponding to the singular 'Sancte' in this and the next three entries. This also occurs for the same entries in Oxford, Bodleian Barlow 32.
64 'Thoma' has been erased.
65 'dompnum apostolicum'has been erased.
66 Added in the bottom margin in a near contemporary hand with two red lines signifying the position in the litany where the petition is to be inserted.
67 All the 'II' markings are in rubric.
68 This and the next three sections in square brackets have been cut out, probably because there were illuminated capital letters. This elaborately illuminated Breviary was drastically mutilated in the 1920s, one of the most dreadful acts of vandalism of a manuscript in recent times. On this see Alexander 1974 and Sandler 1983 and 1986. Fragments of the manuscript are in several collections.
69 The reading of this missing petition might also be 'Christe exaudi nos'.

70 For this and the next three entries 'pro nobis' has been rewritten.
71 The text is lacking here and for the next six entries because it is the verso of the cut out part at the beginning of the litany.
72 The following page with the final section of the litany is missing from the leaves in Oxford. This final section of the litany is f. 72r in the fragment in San Francisco.
73 Added at the side in a fourteenth-century hand.
74 Added at the side in a fourteenth-century hand.
75 This entry has been rewritten by a later scribe, perhaps in the thirteenth century.
76 Added at the side in a fourteenth-century hand.
77 Added at the side in a fourteenth-century hand.
78 Added at the side in the same fourteenth-century hand as Patrick and Francis.
79 Added in a fourteenth-century hand in the top margin with a siglum for insertion. The text is cut off after these words.
80 Added in the margin.
81 'orate' written in error.
82 'dompnum apostolicum' has been erased.
83 Presumably 'Petronilla' is intended.
84 After Martin an insertion siglum refers to an addition of 'Meinarde' which is recorded in a note in the bottom border. This was inserted after the book had left England.
85 The 'W' is a 'wyn'.
86 The 'W' is a 'wyn'.
87 From this point onward the c. 1300 Hand I corrector rewrites parts of entries as indicated in italics.
88 'Thoma ora' has been erased.
89 At this entry the Hand II corrector of c. 1375–1400 rewrites the names of the saints.
90 The 'O' in this and a subsequent entry was probably for 'Omnes' in the previous text of the litany, which has been rewritten.
91 For 'sancte'.
92 The complete text is rewritten by Hand II from now on.
93 'dompnum apostolicum' has been erased.
94 'Thoma' has been erased.
95 'dompnum apostolicum' has been erased.
96 In most cases there is a dot over the 'y' character.
97 'Thoma' has been erased.
98 Interlinear addition in a fourteenth-century hand.
99 'dompnum apostolicum' has been erased.
100 'Thoma' has been erased.
101 The 'ii' is added.
102 The 'ii' is added by the same hand as for Wistan.
103 The 'ii' is perhaps added but might be by the original hand.
104 The 'ii' is probably added.
105 'dompnum apostolicum' has been erased.
106 This petition has been written out twice.
107 The 'ii' is added in the same hand as for Wistan.
108 'ora' is written twice.
109 'Thoma' has been erased.
110 Added with insertion siglum 'a'.
111 Added with insertion siglum 'b'.
112 Added with insertion siglum 'c'.
113 'dompnum apostolicum' has been erased.
114 This petition had been omitted by the scribe in the first writing out and had to be inserted in the bottom margin with an insert mark signifying where it is to be inserted.
115 The text ends at this point without any petitions for the virgins, or any litany collects.
116 The scribe seems to have written 'Ambrosi' because he was familiar with that saint, and not with 'Ambi', which is clearly the reading in the earlier manuscript. Although there is an Ambrose who is a martyr he is very obscure and the reading 'Ambi' has to stand.
117 'dompnum apostolicum' has been erased.
118 The usual word here is 'reducere'.
119 Wulfstan and the next entry, Congar, are added in the margin at this point by a hand close to, or perhaps the same as, the main scribe.
120 Anne is added by a much later hand.
121 This entry has been added in the margin, but in the hand close to the original scribe.
122 Added by a different scribe to the addition of Taurinus.
123 This entry has been added in the margin by the same hand as Felix.
124 This entry has been added above the top line of text in a later hand than earlier additions.
125 Added over an erasure by the same hand as Mary Magdalene. The original entry was probably of Mary Magdalene.
126 The 'ii' is added.
127 This line has been rewritten in a hand close to that of the original scribe.
128 This line has been rewritten.
129 'miserere' is repeated.
130 The rubricator or illuminator never entered the capital letters at the beginning of each invocation.
131 This contraction of this petition, and some subsequent ones, to only the first initial of most of the words is exceptional. For the subsequent petitions the text has been expanded without indicating the initials, as in the case of this 'Ut dompnum apostolicum' petition.
132 The 'ii' is added.
133 'dompnum' has been erased.
134 'te rogamus' is added.
135 The 'ii' seems to be an addition.
136 'digneris te rogamus' is added.
137 The scribe has noted that the wrong word order was written by putting an 'a' over 'iter' and a 'b' over 'famulorum'.
138 The sections in square brackets up to 'Paule ora' have been erased, but are mostly legible.
139 The remaining text is illegible.
140 From this point on this line is illegible.
141 This entry and that for Paul are almost completely illegible.
142 After 'discipuli' the remaining text has been erased.
143 This petition is almost completely illegible.
144 The 'ii' is added in a later hand.
145 The 'ii' is an addition.
146 'Thoma' has been erased.
147 The 'ii' is an addition.
148 The 'ii' is an addition.
149 The next three entries, for Wulfstan, Hugh and Edmund, have been added in the margin in the second half of the thirteenth century, but subsequently erased.
150 This whole entry has been erased.
151 The whole of this entry has been erased.

152 The 'ii' is added.
153 The words 'exaudi nos' have been rewritten.
154 This petition is added at the foot of the page with a sign to indicate where it is to be inserted.
155 The 'ii' is added in the margin.
156 This entry has been erased.
157 All the first seven words of this petition have been erased.
158 'Thoma' has been erased.
159 The 'ii' is added.
160 'dompnum apostolicum' has been rewritten.

LIST OF SAINTS OF SPECIAL SIGNIFICANCE IN THE LITANIES IN VOLUME I

Relics and cults will be commented on in the General Introduction and the List of Saints in Volume II, with additions of other significant saints in the texts in Volume II.

Abra
Adrian of Canterbury
Aidan
Ailwin (Eilwin)
Alban
Aldate
Aldhelm
Alphege of Canterbury
Alphege of Winchester
Ambi (unidentified – Gloucester)
Anne
Anselm of Canterbury
Arildis
Audoenus
Augustine of Canterbury
Austroberta
Barloc
Beccanus
Bede
Benedict Biscop
Benignus (Beonna)
Bernard of Clairvaux
Besilius
Birinus
Blandina
Boisil
Bonitus
Botulph
Brandan (Brendan)
Brigid of Kildare
Brithwald
Bruno
Cadoc
Canute
Carilef
Celumpna (unidentified – Gloucester)
Ceolfrid
Chad
Chananus (Cannan, Kananc or Kenan)
Columba the Virgin
Columban
Congar
Consortia
Corentin
Credanus
Cuthbert
Cuthburga
David
Declan
Decuman
Deusdedit
Disciola
Dunstan
Ebba
Edburga of Bicester
Edburga of Winchester
Edith of Polesworth
Edith of Wilton
Edmund the Confessor (of Abingdon)
Edmund the Martyr
Edor (unidentified, Hedda? – Chertsey)
Edward the Confessor
Edward the Martyr
Edwold
Egwin
Erkengota
Erkenwald
Ermenilda
Ethelbert of Hereford
Ethelbert of Kent
Ethelburga
Etheldreda
Ethelwold
Felix of Dunwich
Florentia
Florentinus
Forannan
Frideswide
Fursey
Gerald of Aurillac

Gerald de Sales Cadouin
Geremarus
Gildas
Gilbert of Sempringham
Godebert
Godric of Finchale
Grimbald
Gulbert (unidentified – Gloucester)
Gundleius (Gwynnllyw)
Guthlac
Hedda
Helena
Hilda
Hildelith
Honorina
Honorius of Canterbury
Hugh of Cluny
Hugh of Grenoble
Hugh of Lincoln
Iltut
Indract
Iovacus (Iovinianus or Iovinus)
Ivo
Iwi
Jambert
John of Beverley
Joseph of Arimathea
Judoc
Jurmin
Justus of Canterbury
Juthwara
Kenelm
Kyneburga of Gloucester
Kyneburga of Peterborough
Kyneswitha
Laurence of Canterbury
Letardus
Leutfred
Machutus
Malachy of Armagh
Maiolus
Margaret of Scotland
Marinus
Martial
Mellitus
Melor
Milburga
Mildred
Modwenna
Nectan
Neot
Nothelm
Oda (Odo) of Canterbury
Odilo
Odo of Cluny
Odulf
Olaf
Osith of Aylesbury
Osith of Chich
Osmund
Oswald the Bishop
Oswald the Martyr
Oswin
Paternus of Avranches
Paternus of Llanbadarn Fawr
Patrick
Paul Aurelian (Paulinus of Wales)
Paulinus of York
Peter of Tarentaise
Petroc
Philibert
Porcharius
Radegund
Richard of Chichester
Robert of Arbrissel
Robert of Molesme
Robert of Newminster
Roger of London
Ronan
Saba
Salvius
Sampson
Sativola
Severa
Sexburga
Simeon (unidentified – Chester)
Supplicianus (Simplicianus)
Swithun
Tatwin
Taurinus
Teliaus (Teilo)
Thaïs
Theodore of Canterbury
Thomas of Canterbury
Thomas of Hereford
Tibba
Tortitha
Urith of Chittlehampton
Ursinus
Venera(nda)
Vigor
Vulganus (Wlganus)

Walburga
Werburga
Wilfrid
William of Bourges
William of Norwich
William of York
Winifred
Winwaloe
Wistan
Withburga
Wlfhilda (Wulfhilda)
Wlganus (Vulganus)
Wlmarus (Wulmarus)
Wlsinus (Ulsinus)
Wulfran
Wulfstan

BIBLIOGRAPHY

Manuscript Sources

Nicholas Roscarrock, *Lives of the Saints* Cambridge, University Library Add. 3041 c. 1621

Printed Sources

Abrams 1993
L. Abrams, 'St Patrick and Glastonbury Abbey: nihil ex nihilo fit?', in *St Patrick A.D. 493–1993*, ed. D. N. Dumville, Woodbridge, 1993, pp. 233–42

Adkin 1990
N. Adkin, 'The Proem of Henry of Avranches "Vita Sancti Guthlaci"', *Analecta Bollandiana*, 108, 1990, pp. 349–55

Alexander 1974
J. J. G. Alexander, 'English Early Fourteenth-Century Illumination: Recent Acquisitions', *Bodleian Library Record*, 9, 1974, pp. 72–80

Alexander and Temple 1985
J. J. G. Alexander and E. Temple, *Illuminated Manuscripts in Oxford College Libraries, the University Archives and the Taylor Institution*, Oxford, 1985

Anderson 1964
M. D. Anderson, *A Saint at Stake. The Strange Death of William of Norwich 1144*, London, 1964

Antiphonaire Worcester 1922
Antiphonaire monastique de Worcester, Paléographie Musicale, 12, 1922

Armitage Robinson 1927
J. Armitage Robinson, 'Mediaeval Calendars of Somerset', *Somerset Record Society*, 42, 1927, pp. 141–83

Armitage Robinson 1927–28
J. Armitage Robinson, 'St Cungar and St Decuman', *Journal of Theological Studies*, 29, 1927–28, pp. 137–40

Arnold-Foster 1899
F. Arnold-Foster, *Studies in Church Dedications*, 3 vols., London, 1899

Avril and Stirnemann 1987
F. Avril and P. D. Stirnemann, *Manuscrits enluminés d'origine insulaire VIIe–XXe siècle*, Bibliothèque Nationale, Paris, 1987

Ayres 1969
L. M. Ayres, 'A Tanner Manuscript in the Bodleian Library and Some Notes on English Painting of the Late Twelfth Century', *Journal of the Warburg and Courtauld Institutes*, 32, 1969, pp. 41–54

Backaert 1950/1951
M. Backaert, 'L'évolution du calendrier cistercien', *Collectanea Ordinis Cisterciensium Reformatorum*, 12, 1950, pp. 81–94, 302–16; 13, 1951, pp. 107–27

Baker 1910
A. T. Baker, 'Vie de saint Richard, évêque de Chichester', *Revue des langues romanes*, 53, 1910, pp. 245–396

Baker 1911
A. T. Baker, 'An Anglo-French Life of St Osith', *Modern Language Review*, 6, 1911, pp. 476–504

Baker 1929
A. T. Baker, 'La Vie de saint Edmund, archevêque de Cantorbéry', *Romania*, 55, 1929, pp. 332–81

Baker and Bell 1947
A. T. Baker and A. Bell, *Saint Modwenna*, Oxford, 1947

Bannister 1910
H. M. Bannister, 'Signs in Kalendarial Tables', in *Mélanges offerts à M. Émile Châtelain par ses élèves et ses amis,* Paris, 1910, pp. 141–9

Barker-Benfield 2008
B. C. Barker-Benfield, *St Augustine's Abbey, Canterbury*, Corpus of British Medieval Library Catalogues, 13, 3 vols., London, 2008

Barlow 1970
F. Barlow, *Edward the Confessor*, London, 1970

Bartlett 1995
R. Bartlett, 'The Hagiography of Angevin England', *Thirteenth Century England*, 5, 1995, pp. 37–52

Bartlett 2002
R. Bartlett, *Geoffrey of Burton, Life and Miracles of St Modwenna*, Oxford, 2002

Bartlett 2003
R. Bartlett, *The Miracles of St Aebbe of Coldingham and St Margaret of Scotland*, Oxford, 2003

Battifol 1903
P. Battifol, *La légende de Sainte Thaïs*, Paris, 1903

Bazire 1953
J. Bazire, *The Metrical Life of Robert of Knaresborough*, Early English Text Society o.s. 228, 1953

Bell 1995
D. N. Bell, *What Nuns Read: Books and Libraries in Medieval English Nunneries*, Kalamazoo, 1995

Benoit 2001
J.-L. Benoit, 'Autour des tombeaux de Saint Edme à Pontigny au milieu du XIIIe siècle', *Bulletin de la Société des Sciences Historiques et Naturelle de l'Yonne*, 133, 2001, 33–70

Bepler, Kidd and Geddes 2008
J. Bepler, P. Kidd and J. Geddes, *The St Albans Psalter (Albani Psalter)*, Simbach am Inn, 2008

Bethell 1970
D. Bethell, 'The Lives of St Osyth of Essex and St Osyth of Aylesbury', *Analecta Bollandiana*, 88, 1970, pp. 75–127

Bethell 1971
D. Bethell, 'The Miracles of St Ithamar', *Analecta Bollandiana*, 89, 1971, pp. 421–7

Bethell 1972
D. Bethell, 'The Making of a Twelfth-Century Relic Collection', *Studies in Church History*, 8, 1972, pp. 61–72

Beyer 1887
A. Beyer, 'Die Londoner Psalterhandschrift Arundel 230', *Zeitschrift für romanische Philologie*, 11, 1887, pp. 513–34

Beyer 1888
A. Beyer, 'Die Londoner Psalterhandschrift Arundel 230', *Zeitschrift für romanische Philologie*, 12, 1888, pp. 1–56

Binski and Panayotova 2005
P. Binski and S. Panayotova (eds.), *The Cambridge Illuminations. Ten Centuries of Book Production in the Medieval West*, exhibition catalogue, Fitzwilliam Museum, Cambridge, London, 2005

Binski and Zutshi 2011
P. Binski and P. Zutshi, *Western Illuminated Manuscripts, a Catalogue of the Collection in Cambridge University Library*, Cambridge, 2011

Bishop 1885
E. Bishop, 'English Hagiology', *Dublin Review*, 44, 1885, pp. 123–54

Black 1845
W. H. Black, *Catalogue of the Ashmolean Manuscripts*, Oxford, 1845

Blair 1987
J. Blair, 'Saint Frideswide Reconsidered', *Oxoniensia*, 52, 1987, pp. 71–127

Blair 2002a
J. Blair, 'A Saint for Every Minster? Local Cults in Anglo-Saxon England', in *Local Saints and Local Churches in the Early Medieval West*, ed. A. Thacker and R. Sharpe, Oxford, 2002, pp. 455–94

Blair 2002b
J. Blair, 'A Handlist of Anglo-Saxon Saints', in *Local Saints and Local Churches in the Early Medieval West*, ed. A. Thacker and R. Sharpe, Oxford, 2002, pp. 495–565

Blanton 2007
V. Blanton, *Signs of Devotion. The Cult of St Aethelthryth in Medieval England 695–1615*, University Park, 2007

Blurton 2008
H. Blurton, 'Reliquia: Writing Relics in Anglo-Norman Durham', in *Cultural Diversity in the British Middle Ages*, ed. J. J. Cohen, New York, 2008, pp. 39–56

Boardman, Davies and Williamson 2009
S. Boardman, J. R. Davies and E. Williamson (eds.), *Saints' Cults in the Celtic World*, Woodbridge, 2009

Boardman and Williamson 2010
S. Boardman and E. Williamson (eds.), *The Cult of Saints and the Virgin Mary in Medieval Scotland*, Woodbridge, 2010

Boffey and Edwards 2005
J. Boffey and A. S. G. Edwards, *A New Index of Middle English Verse*, London, 2005

Boinet 1921
A. Boinet, *Les manuscrits à peintures de la bibliothèque Sainte-Geneviève à Paris*, Paris, 1921

Bolton 1959
W. F. Bolton, 'Latin Revisions of Felix's "Vita Sancti Guthlaci"', *Mediaeval Studies*, 21, 1959, pp. 36–52

Bolton and Hedström 2010
T. Bolton and I. Hedström, 'A Newly Discovered Manuscript of a Twelfth-Century Bury St Edmunds Litany of the Saints, and its Re-use in Vadstena Abbey, Sweden, in the Late Middle Ages', *Scriptorium*, 64, 2010, pp. 287–300

Boyle 1976
A. Boyle, 'Some Saints' Lives in the Breviary of Aberdeen', *Analecta Bollandiana*, 94, 1976, pp. 95–106

Boyle 1978
A. Boyle, 'Interpolation in Scottish Calendars', *Analecta Bollandiana*, 96, 1978, pp. 277–98

Brady 1963
J. D. Brady, 'The Derivation of the English Monastic Office-Books as Seen in the Core of the *Liber Responsalis*', M. Litt. Cambridge, 1963

Braswell 1971
L. Braswell, 'St Edburga of Winchester, a Study of her Cult A.D. 950–1500', *Mediaeval Studies*, 33, 1971, pp. 292–333

Brittain 1925
F. Brittain, *St Radegund, Patroness of Jesus College, Cambridge*, Cambridge, 1925

Brooke 1963
C. N. L. Brooke, 'St Peter of Gloucester and St Cadoc of Llancarfan', in *Celt and Saxon. Studies in the Early British Border*, ed. N. K. Chadwick, Cambridge, 1963, pp. 258–322

Brou 1949
L. Brou, *Psalter Collects*, Henry Bradshaw Society, 83, 1949

Brown 1932
C. Brown, *English Lyrics of the Thirteenth Century*, Oxford, 1932

Bull 1912–13
E. Bull, 'The Cultus of Norwegian Saints in England and Scotland', *Saga-Book of the Viking Society*, 8, 1912–13, pp. 135–48

Butler 1986a
L. Butler, 'Church Dedications and the Cults of Anglo-Saxon Saints in England', in *The Anglo-Saxon Church: Papers on History, Architecture and Archaeology in Honour of Dr H. M. Taylor*, ed. L. A. S. Butler and R. K. Morris, London, 1986, pp. 44–50

Butler 1986b
L. Butler, 'Two Twelfth-Century Lists of Saints' Resting Places', *Analecta Bollandiana*, 105, 1986, pp. 87–103

Cahn and Marrow 1978
W. Cahn and J. Marrow, 'Medieval and Renaissance Manuscripts at Yale: a Selection', *Yale University Library Gazette*, 52, 1978, pp. 174–283

Caldwell 2001
J. Caldwell, 'St Ethelbert, King and Martyr: his Cult and Office in the West of England', *Plainsong and Medieval Music*, 10, 2001, pp. 39–46

Callahan 1976
D. F. Callahan, 'The Sermons of Adémar of Chabannes and the Cult of St Martial of Limoges', *Revue Bénédictine*, 86, 1976, pp. 251–95

Carley and Howley 1998
J. P. Carley and M. Howley, 'Relics at Glastonbury in the Fourteenth Century: an Annotated Edition, British Library, Cotton Titus D.VII, fols. 2r–13v', *Arthurian Literature*, 16, 1998, pp. 83–129 (also in *Glastonbury Abbey and the Arthurian Tradition*, ed. J. P. Carley, Woodbridge, 2001, pp. 569–616)

Carter 2009
M. Carter, 'Renaissance, Reformation, Devotion and Recusancy in Sixteenth-Century Yorkshire: a Missal printed for the Cistercian rite in Cambridge University Library', *Transactions of the Cambridge Bibliographical Society*, 14 pt. 2, 2009, pp. 127–46

Cartwright 2003
J. Cartwright (ed.), *Celtic Hagiography and Saints' Cults*, Cardiff, 2003

Cartwright 2008
J. Cartwright, *Feminine Sanctity and Spirituality in Medieval Wales*, Cardiff, 2008

Castelli 1961
G. B. Castelli, 'Un processional anglais du XIVe siècle', *Ephemerides Liturgicae*, 75, 1961, pp. 281–326

Catalogue of Additions 1894
Catalogue of Additions to the Manuscripts in the British Museum in the Years MDCCCLXXXVIII–MDCCCXCIII, London, 1894

Catalogue of Additions 1967
Catalogue of Additions to the Manuscripts 1931–1935, The British Museum, London, 1967

Catalogue of Additions 1970
Catalogue of Additions to the Manuscripts 1936–1945, The British Museum, London, 1970

Catalogue of Additions 1993
Catalogue of Additions to the Manuscripts 1986–1990, The British Library, London, 1993

Catalogue of Additions 1995
Catalogue of Additions to the Manuscripts 1976–1980, The British Library, London, 1995

Catalogue of Additions 2000
Catalogue of Additions to the Manuscripts 1956–1965, The British Library, London, 2000

Catalogue of Arundel Manuscripts 1834
Catalogue of Manuscripts in the British Museum, n.s. I, pt. 1, The Arundel Manuscripts, London, 1834

Catalogue of Burney Manuscripts 1840
Catalogue of Manuscripts in the British Museum, n.s. I, pt. 2, The Burney Manuscripts, London, 1840

Catalogue of Harleian Manuscripts 1808–12
Catalogue of the Harleian Manuscripts in the British Museum, London, 1808–12

Caviness 1979
M. H. Caviness, 'Conflicts between Regnum and Sacerdotium as Reflected in a Canterbury Psalter of c. 1215', *Art Bulletin*, 61, 1979, pp. 38–58

Chadd 1986
D. F. L. Chadd, 'Liturgy and Liturgical Music: the Limits of Uniformity', in *Cistercian Art and Architecture in the British Isles*, ed. C. Norton and D. Park, Cambridge, 1986, pp. 299–314

Chanter 1914
J. F. Chanter, 'St Urith of Chittlehampton: A Study of an Obscure Devon Saint', *Reports and Transactions of the Devonshire Association*, 46, 1914, pp. 290–308

Clark 1963
G. N. Clark, 'The Legend of St Rumbold', *Northamptonshire Past and Present*, 3, 1963, pp. 131–5

Clark 1979
C. Clark, 'Notes on a *Life* of Three Thorney Saints, Thancred, Torhtred and Tova', *Proceedings of the Cambridge Antiquarian Society*, 69, 1979, pp. 45–62

Coates 1999
A. Coates, *English Medieval Books. The Reading Abbey Collections from Foundation to Dispersal*, Oxford, 1999

Cockerell 1907
S. C. Cockerell, *The Gorleston Psalter*, London, 1907

Cockerell and James 1926
S. C. Cockerell and M. R. James, *Two East Anglian Psalters at the Bodleian Library, Oxford. The Ormesby Psalter. The Bromholm Psalter*, Roxburghe Club, Oxford, 1926

Colker 1965
M. Colker, 'Texts of Jocelyn of Canterbury which Relate to the History of Barking Abbey', *Studia Monastica*, 7, 1965, pp. 383–460

Corner 1985
D. J. Corner, 'The *Vita Cadoci* and a Cotswold-Severn Chambered Cairn', *Bulletin of the Board of Celtic Studies*, 32, 1985, pp. 49–67

Corona 2002
G. Corona, 'Saint Basil in Anglo-Saxon Exeter', *Notes and Queries*, 247, 2002, pp. 316–20

Costen 2003
M. Costen, 'Pit-falls and Problems: Sources for the Study of Saints' Cults in the Diocese of Bath and Wells', in *Saints of Europe. Studies towards a Survey of Cults and Culture*, ed. G. Jones, Donington, 2003, pp. 92–102

CPR Edward III
Calendar of the Patent Rolls preserved in the Public Record Office, Edward III, vol. IX, A.D. 1350–1354, London, 1907

Cubitt 2002
C. Cubitt, 'Universal and Local Saints in Anglo-Saxon England', in *Local Saints and Local Churches in the Early Medieval West*, ed. A. Thacker and R. Sharpe, Oxford, 1982, pp. 423–54

Dalarun 2006
J. Dalarun *et al.*, *Les deux vies de Robert d'Arbrissel, fondateur de Fontevraud*, Turnhout, 2006

Davies 2002
J. R. Davies, 'The Saints of South Wales and the Welsh Church', in *Local Saints and Local Churches in the Early Medieval West*, ed. A. Thacker and R. Sharpe, Oxford, 1982, pp. 361–96

Dean and Boulton 1999
R. J. Dean and M. B. M. Boulton, *Anglo-Norman Literature. A Guide to Texts and Manuscripts*, Anglo-Norman Text Society, Occasional Publications, 3, London, 1999

de Brimont 1884
T. de Brimont, *Saint Ursin, son apostolat dans le Berry et son culte*, Bourges, 1884
de Hamel 2010

C. de Hamel, *Gilding the Lilly. A Hundred Medieval and Illuminated Manuscripts in the Lilly Library*, South Bend, 2010

Delisle 1880
L. Delisle, *Mélanges de paléographie et de bibliographie*, Paris, 1880

de Valous 1970
G. de Valous, *Le monachisme clunisien des origines au XVe siècle*, 2 vols., Paris, 1970

Dewick 1895
E. S. Dewick, 'On a MS Psalter formerly Belonging to the Abbey of Bury St Edmund's', *Archaeologia*, 54, 1895, pp. 399–410

Dickins 1945
B. Dickins, 'The Cult of St Olave in the British Isles', *Saga Book of the Viking Society*, 42, 1945, pp. 53–80

Diverres 1984
A. D. Diverres, 'The Life of St Melor', in *Medieval French Textual Studies in Memory of T. B. W. Reid*, ed. I. Short, London, 1984, pp. 41–53

Doble 1930
G. H. Doble, *St Nectan, St Keyne and the Children of Brychan in Cornwall*, Exeter, 1930

Doble 1933
G. H. Doble, 'Some Remarks on the Exeter Martyrology', *Buckfast Abbey Chronicle*, 3 no. 4, 1933, pp. 252–69

Doble 1934
G. H. Doble, 'Saint Yvo, Bishop and Confessor, Patron of the Town of St Ives', *Laudate*, 12 no. 47, 1934, pp. 149–56

Doble 1939
G. H. Doble, 'The Relics of St Petroc', *Antiquity*, 13, 1939, pp. 403–15

Doble 1940
G. H. Doble, *Saint Patern, Bishop and Confessor, Patron of Llanbadarn*, Exeter, 1940

Doble 1942a
G. H. Doble, 'Saint Indract and Saint Dominic', *Somerset Record Society Collectanea*, 57, 1942, pp. 1–24

Doble 1942b
G. H. Doble, 'The Leominster Relic List', *Transactions of the Woolhope Naturalists' Field Club*, 31, 1942, pp. 58–65

Doble 1944a
G. H. Doble, *Saint Iltut*, Cardiff, 1944

Doble 1944b
G. H. Doble, 'The Celtic Saints in the Glastonbury Relic Lists', *Somerset and Dorset Notes and Queries*, 24, 1944, pp. 86–9

Doble 1945
G. H. Doble, 'Saint Congar', *Antiquity*, 19, 1945, pp. 32–43, 85–95

Doble 1960–97
G. H. Doble, *The Saints of Cornwall*, 6 vols., Chatham and Oxford, 1960–97

Doble 1970
G. H. Doble, *Lives of the Welsh Saints*, Cardiff, 1970

Doyle 1997
A. I. Doyle, 'Stephen Dodesham of Witham and Sheen', in *Of the Making of Books: Medieval Manuscripts, their Scribes and Readers: Essays presented to M. B. Parkes*, ed. P. R. Robinson and R. Zim, Aldershot, 1997, pp. 94–115

Doyle 2011
A. I. Doyle, 'William Darker: the Work of an English Carthusian Scribe', in *Medieval Manuscripts, their Makers and Users. A Special Issue of Viator in Honor of Richard and Mary Rouse*, Turnhout, 2011, 213–24

Edwards 1961–64
A. J. M. Edwards, 'An Early Twelfth-Century Account of the Translation of St Milburga of Much Wenlock', *Transactions of the Shropshire Archaeological Society*, 57, 1961–64, pp. 134–51

Emden 1968
R. B. Emden, *Donors of Books to St Augustine's Canterbury*, Oxford Bibliographical Society Occasional Publications, 4, Oxford, 1968

Esposito 1913
M. Esposito, 'La Vie de Sainte Wulfhilde par Goscelin de Cantorbéry', *Analecta Bollandiana*, 32, 1913, pp. 10–26

Farmer 1955
D. H. Farmer, 'The Canonisation of St Hugh of Lincoln', *Lincolnshire Architectural and Archaeological Society Reports*, 6, 1955, pp. 86–117

Farmer 1985
D. H. Farmer, 'Some Saints of East Anglia', in *East Anglian and Other Studies presented to Barbara Dodwell*, ed. M. Barber, P. McNulty and P. Noble, Reading Medieval Studies, 11, 1985, pp. 33–7

Farmer 2003
D. Farmer, *The Oxford Dictionary of the Saints*, 5th edn, Oxford, 2003

Fell 1971
C. E. Fell, *Edward, King and Martyr*, Leeds, 1971

Feltoe 1922
C. L. Feltoe, *Three Canterbury Kalendars*, London, 1922

Field 1902
J. E. Field, *St Berin the Apostle of Wessex*, London, 1902

Fletcher 1911
J. M. J. Fletcher, 'Some Saxon Saints of Wimborne', *Proceedings of the Dorset Natural History and Antiquarian Field Club*, 32, 1911, pp. 199–212

Fletcher 1913
J. M. J. Fletcher, 'The Marriage of St Cuthburga, who was afterwards foundress of the Monastery at Wimborne', *Proceedings of the Dorset Natural History and Antiquarian Field Club*, 34, 1913, pp. 167–85

Folz 1972
R. Folz, 'Naissance et manifestations d'un culte royal: Saint Edmond, roi d'Est Anglie', in *Geschichtsschreibung und geistiges Leben. Festschrift Heinz Löwe zum 65 Geburtstag*, Cologne, 1978, pp. 226–46

Folz 1980
R. Folz, 'Saint Oswald roi de Northumbrie: étude d'hagiographie royale', *Analecta Bollandiana*, 98, 1980, pp. 49–74

Folz 1984
R. Folz, *Les saints rois du Moyen Âge en Occident (VIe–XIIIe siècles)*, Brussels, 1984

Folz 1992
R. Folz, *Les saintes reines du Moyen Âge en Occident (VIe–XIIIe siècles)*, Brussels, 1992

Forbes 1872
A. R. Forbes, *Kalendars of Scottish Saints*, Edinburgh, 1872

Forbes 1874
A. R. Forbes, *Lives of SS Ninian and Kentigern*, Edinburgh, 1874

Foreville 1985
R. Foreville, 'Canterbury et la canonisation des saints au XIIe siècle', in *Essays for Marjorie Chibnall*, ed. D. Greenway, C. Holdsworth and J. Sayers, Cambridge, 1985, pp. 63–75

Förster 1938
M. Förster, 'Die Heilige Sativola oder Sidwell', *Anglia*, 62, 1938, pp. 33–47

Förster 1943
M. Förster, 'Zur Geschichte des Reliquienkultus in Altengland', *Sitzungsberichte der Bayerischen Akademie der Wissenschaften*, 8, 1943

Frere 1894–1932
W. H. Frere, *Bibliotheca musico-liturgica. A Descriptive Handlist of the Musical and Latin-Liturgical MSS. of the Middle Ages preserved in the Libraries of Great Britain and Ireland*, 2 vols., London 1894–32 (repr. Hildesheim, 1967)

Friends of the National Libraries 1932–33
Friends of the National Libraries. Annual Report 1932–33, London, 1933, pp. 20–21

Friis-Jensen and Willoughby 2001
K. Friis-Jensen and J. M. W. Willoughby, *Peterborough Abbey*, Corpus of British Medieval Library Catalogues, 8, London, 2001

Galli 1940–41
R. Galli, 'Un prezioso psalterio della Biblioteca Comunale d'Imola', *Accademie e Bibliothece d'Italia*, 15, 1940–41, pp. 325–38

Gaspar et Lyna 1937
C. Gaspar and F. Lyna, *Les principaux manuscrits à peintures de la Bibliothèque Royale de Belgique*, 2 vols., Paris, 1937

Gerould 1917
G. H. Gerould, 'The Legend of St Wulfhad and St Ruffin at Stone Priory', *Proceedings of the Modern Language Association*, 32, 1917, pp. 323–37

Gillingham 2008
B. Gillingham, *Indices to Cambridge, Fitzwilliam Museum MS 369*, Ottawa, 2008

Gneuss 1968
H. Gneuss, *Hymnar und Hymnen im englischen Mittelalter*, Tübingen, 1968

Good 2009
J. Good, *The Cult of St George in Medieval England*, Woodbridge, 2009

Gordon Duff 1912
E. Gordon Duff, *The English Provincial Printers, Stationers and Bookbinders*, Cambridge, 1912

Görlach 1994a
M. Görlach, *The Kalendre of the Newe Legende of Englande*, Heidelberg, 1994

Görlach 1994b
M. Görlach, 'Middle English Legends 1220–1530', in *Corpus Christianorum, Hagiographies*, I, ed. G. Philippart, Turnhout, 1994, pp. 429–85

Grant 2004
N. Grant, 'John Leland's List of "Places where Saints Rest in England"', *Analecta Bollandiana*, 122, 2004, pp. 373–88

Greening Lamborn 1934
E. Greening Lamborn, 'The Shrine of St Edburg', *Oxfordshire Archaeological Society Reports*, 80, 1934, pp. 43–52

Gribbin 1995
J. A. Gribbin, *Aspects of Carthusian Liturgical Practice in Late Medieval England*, Analecta Cartusiana, 99:33, Salzburg, 1995

Grierson 1940
P. Grierson, 'Grimbald of St Bertin's', *English Historical Review*, 55, 1940, pp. 529–61

Grosjean 1938
P. Grosjean, 'Vita S. Roberti Novi Monasterii in Anglia abbatis', *Analecta Bollandiana*, 56, 1938, pp. 334–60

Grosjean 1939
P. Grosjean, 'Vitae S. Roberti Knaresburgensis', *Analecta Bollandiana*, 57, 1939, pp. 364–400

Grosjean 1940
P. Grosjean, 'De codice hagiographico Gothano', *Analecta Bollandiana*, 58, 1940, pp. 90–103

Grosjean 1941
P. Grosjean, 'Vita S. Ciarani episcopi de Saigii de codice hagiographico Gothano', *Analecta Bollandiana*, 59, 1941, pp. 217–71

Grosjean 1942
P. Grosjean, 'Vie de Saint Cadoc par Caradoc de Llancarfan', *Analecta Bollandiana*, 60, 1942, pp. 35–67

Grosjean 1953
P. Grosjean, 'Vie de Saint Rumon de Tavistock; vie, invention et miracles de Saint Nectan de Hartland', *Analecta Bollandiana*, 71, 1953, pp. 359–414

Grosjean 1956
P. Grosjean, 'Vies et miracles de Saint Petroc', *Analecta Bollandiana*, 74, 1956, pp. 131–88

Grosjean 1960
P. Grosjean, Review of C. H. Talbot, *The Life of St Wulsin of Sherborne by Goscelin*, *Analecta Bollandiana*, 78, 1960, pp. 197–206

Hagerty 1985
R. P. Hagerty, 'The Buckinghamshire Saints Reconsidered 1: St Firmin of North Crawley', *Records of Buckinghamshire*, 27, 1985, pp. 65–71

Hagerty 1987
R. P. Hagerty, 'The Buckinghamshire Saints Reconsidered 2: St Osyth and St Edith of Aylesbury', *Records of Buckinghamshire*, 29, 1987, pp. 125–32

Hagerty 1988
R. P. Hagerty, 'The Buckinghamshire Saints Reconsidered 3: St Rumwold (Rumbold) of Buckingham', *Records of Buckinghamshire*, 30, 1988, pp. 103–10

Harbus 2002
A. Harbus, *Helena of Britain in Medieval Legend*, Woodbridge, 2002

Hardwick and Luard 1856–67
C. Hardwick and H. R. Luard, *A Catalogue of the Manuscripts Preserved in the Library of the University of Cambridge*, 6 vols., Cambridge, 1856–67

Harper 2010
S. Harper, 'Traces of Lost Late Medieval Offices? The Sanctilogium Angliae, Walliae, Scotiae et Hiberniae of John of Tynemouth (fl. 1350)', in *Essays on the History of English Music in Honour of John Caldwell. Sources, Style, Performance, Historiography*, ed. E. Hornby and D. Maw, Woodbridge, 2010, pp. 1–21

Harris 1940
S. M. Harris, *St David in the Liturgy*, Cardiff, 1940

Harris 1946–47
S. M. Harris, 'Liturgical Commemorations of Welsh Saints', *The Faith in Wales*, XIX pt. 2, 1946, pp. 1–6; XIX pt. 3, 1946, pp. 1–8; XX pt. 1, pp. 1–4; XX pt. 2, 1947, pp. 1–7

Harris 1953
S. M. Harris, 'The Kalendar of the Vitae Sanctorum Wallensium', *Journal of the Historical Society of the Church in Wales*, 3, 1953, pp. 3–53

Hart 1869
W. H. Hart (ed.), *Lectionarium Sanctae Mariae virginis, Sancti Thomae Cantuariensis, Sancti Augustini, Sanctae Kyneburgae Gloucestriensis et Sancti Kenani de Hibernia*, London, 1869

Haseloff 1938
G. Haseloff, *Die Psalterillustration im 13. Jahrhundert. Studien zur Geschichte der Buchmalerei in England, Frankreich und den Niederlanden*, Kiel, 1938

Hayward 1998
P. A. Hayward, 'Translation Narratives in Post-Conquest Hagiography and English Resistance to the Norman Conquest', *Anglo-Norman Studies*, 21, 1998, pp. 67–93

Hearne 1727
T. Hearne (ed.), *Adami de Domerham, Historia de Rebus Gestis Glastoniensibus*, 2 vols., London, 1727

Henken 1987
E. R. Henken, *Traditions of Welsh Saints*, Woodbridge, 1987

Henken 1991
E. R. Henken, *The Welsh Saints*, Cambridge, 1991

Hennig 1954
J. Hennig, 'The Place of Irish Saints in Medieval English Calendars', *Irish Ecclesiastical Record*, 88, 1954, pp. 93–106

Heslop 1995
T. A. Heslop, 'The Canterbury Calendars at the Norman Conquest', in *Canterbury and the Norman Conquest: Churches, Saints and Scholars 1066–1109*, ed. R. Eales and R. Sharpe, London, 1995, pp. 53–85

Hiley 2004
D. Hiley, 'Zur englischen Hymnenüberlieferung', in *Der lateinische Hymnus im Mittelalter*, ed. A. Haug, C. März and L. Weker, Kassel, 2004, pp. 199–214

Hiley 2010
D. Hiley, 'The Saints Venerated in Medieval Peterborough as Reflected in the Antiphoner Cambridge, Magdalene College F.4.10', in *Essays on the History of English Music in Honour of John Caldwell. Sources, Style, Performance, Historiography*, ed. E. Hornby and D. Maw, Woodbridge, 2010, pp. 22–46

Hohler 1955
C. Hohler, 'Les saints insulaires dans le missel de l'archevêque Robert', in *Jumièges. Congrès scientifique du XIIIe centenaire*, 2 vols., Paris, 1955, I, pp. 293–303

Hohler 1956
C. Hohler, 'The Durham Services in Honour of St Cuthbert', in *The Relics of Saint Cuthbert*, ed. C. F. Battiscombe, Oxford, 1956, pp. 155–91

Hohler 1966
C. Hohler, 'St Osyth and Aylesbury', *Records of Buckinghamshire*, 18, 1966, pp. 61–72

Holder 1985
S. Holder, 'The Noted Cluniac Breviary-Missal of Lewes: Fitzwilliam Museum Manuscript 369', *Journal of the Plainsong and Mediaeval Music Society*, 8, 1985, pp. 25–32

Holmes 2011
S. M. Holmes, 'Catalogue of liturgical books and fragments in Scotland before 1560', *Innes Review*, 62, 2011, pp. 127–212

Holweck 1924
F. G. Holweck, *A Biographical Dictionary of the Saints*, London, 1924

Horstman 1901
C. Horstman, *Nova Legenda Anglie*, 2 vols., Oxford, 1901

Hourlier and du Moustier 1957
J. Hourlier and B. du Moustier, 'Le calendrier cartusien', *Études grégoriennes*, 2, 1957, pp. 153–61

Hughes 1958
K. Hughes, 'British Museum MS. Cotton Vespasian A.XIV ('Vitae Sanctorum Wallensium'): its purpose and provenance', in *Studies in the Early British Church*, ed. N. K. Chadwick, Cambridge, 1958, pp. 183–200

Hughes 1982
A. Hughes, *Medieval Manuscripts for Mass and Office: A guide to their organization and terminology*, Toronto, 1982

Jackson 1958
K. H. Jackson, 'The Sources of the Life of St Kentigern', in *Studies in the Early British Church*, ed. N. K. Chadwick, Cambridge, 1958, pp. 273–357

James 1895a
M. R. James, *On the Abbey of St Edmund at Bury*, Cambridge Antiquarian Society, Octavo Series, XXVIII, 1895

James 1895b
M. R. James, *A Descriptive Catalogue of the Manuscripts in the Library of Eton College*, Cambridge, 1895

James 1895c
M. R. James, *A Descriptive Catalogue of the Manuscripts in the Fitzwilliam Museum*, Cambridge, 1895

James 1895–96
M. R. James, 'On Paintings formerly in the Choir of Peterborough', *Cambridge Antiquarian Society Communications*, 9, 1895–96, pp. 178–94

James 1899
M. R. James, *A Descriptive Catalogue of the Manuscripts in the Library of Peterhouse*, Cambridge, 1899

James 1900–1904
M. R. James, *A Descriptive Catalogue of Manuscripts in the Library of Trinity College Cambridge*, 3 vols., Cambridge, 1900–1904

James 1902
M. R. James, 'St Urith of Chittlehampton', *Cambridge Antiquarian Society Proceedings*, 1902, pp. 230–4

James 1912
M. R. James, *A Descriptive Catalogue of the Manuscripts in the Library of Corpus Christi College, Cambridge*, 2 vols., Cambridge, 1912

James 1917
M. R. James, 'Two Lives of St Ethelbert', *English Historical Review*, 32, 1917, pp. 214–21

James 1921
M. R. James, *A Peterborough Psalter and Bestiary of the Fourteenth Century*, Roxburghe Club, 1921

James 1926
M. R. James, 'Lists of Manuscripts formerly in Peterborough Abbey Library', *Transactions of the Bibliographical Society*, Supplement 5, 1926

James 1932
M. R. James, *A Descriptive Catalogue of the Manuscripts in the Library of Lambeth Palace*, Cambridge, 1932

Jancey 1982
M. Jancey (ed.), *St Thomas of Cantilupe, Bishop of Hereford*, Hereford, 1982

Janini and Serrano 1969
J. Janini and J. Serrano, *Manuscritos liturgicos de la Biblioteca Nacional*, Madrid, 1969

Jankulak 2000
K. Jankulak, *The Medieval Cult of St Petroc*, Woodbridge, 2000

Johnston 1985
F. R. Johnston, 'The English Cult of St Bridget of Sweden', *Analecta Bollandiana*, 103, 1985, pp. 75–93

Jones 1987
D. Jones, 'The Medieval Lives of Saint Richard of Chichester', *Analecta Bollandiana*, 105, 1987, pp. 105–29

Jones 1999
T. Jones, *The English Saints. East Anglia*, Norwich, 1999

Kauffmann 1975
C. M. Kauffmann, *Romanesque Manuscripts 1066–1190*, A Survey of Manuscripts Illuminated in the British Isles, 3, London, 1975

Kauffmann 2001
C. M. Kauffmann, 'British Library, Lansdowne Ms. 383: the Shaftesbury Psalter?', in *New Offerings, Ancient Treasures. Studies in Medieval Art for George Henderson*, ed. P. Binski and W. Noel, Stroud, 2001, pp. 256–79

Kemp 1970
B. Kemp, 'The Miracles of the Hand of St James translated with an introduction', *Berkshire Archaeological Society*, 65, 1970, pp. 1–19

Kemp 1990
B. Kemp, *The Hand of St James at Reading Abbey*, Reading Medieval Studies, 16, 1990

Ker 1949
N. R. Ker, 'Medieval Manuscripts from Norwich Cathedral Priory', *Transactions of the Cambridge Bibliographical Society*, 1, 1949, pp. 1–28

Ker 1957
N. R. Ker, *Catalogue of Manuscripts Containing Anglo-Saxon*, Oxford, 1957

Ker 1960
N. R. Ker, 'From "above top line" to "below top line": a change in scribal practice', *Celtica*, 5, 1960, pp. 13–16

Ker 1964
N. R. Ker, *Medieval Libraries of Great Britain. A List of Surviving Books*, London, 1964

Ker 1969
N. R. Ker, *Medieval Manuscripts in British Libraries, I, London*, Oxford, 1969

Ker 1977
N. R. Ker, *Medieval Manuscripts in British Libraries, II, Abbotsford–Keele*, Oxford, 1977

Ker 1983
N. R. Ker, *Medieval Manuscripts in British Libraries, III, Lampeter–Oxford*, Oxford, 1983

Ker and Piper 1992
N. R. Ker and A. J. Piper, *Medieval Manuscripts in British Libraries, IV, Paisley–York*, Oxford, 1992

Ker and Watson 1987
N. R. Ker and A. G. Watson, *Medieval Libraries of Great Britain. A List of Surviving Books. Supplement to the Second Edition*, London, 1987

Kerr 1999
B. M. Kerr, *Religious Life for Women c. 1100–c. 1350: Fontevraud in England*, Oxford, 1999

Keuffer 1888
M. Keuffer, *Beschreibendes Verzeichnis der Handschriften der Stadtbibliothek zu Trier*, Trier, 1888

Knowles, Brooke and London 1972
D. Knowles, C. N. L. Brooke and V. C. M. London, *The Heads of Religious Houses, I: England and Wales 940–1216*, Cambridge, 1972

Knowles and Hadcock 1971
D. Knowles and R. Neville Hadcock, *Medieval Religious Houses. England and Wales*, London, 1971

Korhammer 1976
M. Korhammer, *Die monastischen Cantica im Mittelalter*, Munich, 1976

Krüger 2007
A. Krüger, *Litanei-Handschriften der Karolingerzeit*, Hanover, 2007

Lagorio 2001
V. M. Lagorio, 'The Evolving Legend of St Joseph of Glastonbury', in *Glastonbury Abbey and the Arthurian Tradition*, ed. J. P. Carley, Woodbridge, 2001, pp. 55–81

Lapidge 1978
M. Lapidge, 'Dominic of Evesham, "Vita S. Ecgwini episcopi et confessoris" ', *Analecta Bollandiana*, 96, 1978, pp. 65–104

Lapidge 1979a
M. Lapidge, 'Byrhtferth and the "Vita Sancti Ecgwini" ', *Mediaeval Studies*, 41, 1979, pp. 331–53

Lapidge 1979b
M. Lapidge, 'The Digby-Gotha Recension of the Life of St Ecgwine', *Vale of Evesham Historical Society Research Papers*, 7, 1979, pp. 39–56

Lapidge 1982
M. Lapidge, 'The Cult of St Indract at Glastonbury', in *Ireland in Early Medieval Europe. Studies in Memory of Kathleen Hughes*, ed. D. Whitelock, R. McKitterick and D. Dumville, Cambridge, 1982, pp. 179–212

Lapidge 1984
M. Lapidge, 'A Tenth-Century Metrical Calendar from Ramsey', *Revue Bénédictine*, 94, 1984, pp. 326–69

Lapidge 1991
M. Lapidge, *Anglo-Saxon Litanies of the Saints*, Henry Bradshaw Society, 106, 1991

Lapidge 1996
M. Lapidge, 'Byrhtferth and Oswald', in *St Oswald of Worcester, Life and Influence*, ed. N. Brooks and C. Cubitt, London, 1996, pp. 64–83

Lapidge 2000
M. Lapidge, 'A Metrical Vita S. Iudoci from Tenth-Century Winchester', *Journal of Medieval Latin*, 10, 2000, pp. 251–306

Lapidge 2003
M. Lapidge, *The Cult of St Swithun*, Oxford, 2003

Lapidge 2005
M. Lapidge, 'Acca of Hexham and the Origin of the *Old English Martyrology*', *Analecta Bollandiana*, 123, 2005, pp. 29–78

Lapidge 2009
M. Lapidge, *Byrhtferth of Ramsey. The Lives of St Oswald and St Ecgwine*, Oxford, 2009

Lapidge and Love 2001
M. Lapidge and R. C. Love, 'The Latin Hagiography of England and Wales (600–1550)', in *Corpus Christianorum, Hagiographies*, III, ed. G. Philippart, Turnhout, 2001, pp. 203–325

Lapidge and Winterbottom 1991
M. Lapidge and M. Winterbottom, *Wulfstan of Winchester, The Life of St Aethelwold*, Oxford, 1991

Lasko and Morgan 1973
P. Lasko and N. J. Morgan (eds.), *Medieval Art in East Anglia 1300–1520*, exhibition catalogue, Castle Museum, Norwich, 1973

Lawrence 1960
C. H. Lawrence, *St Edmund of Abingdon; a Study in Hagiography and History*, Oxford, 1960

Legg 1900
J. W. Legg, 'Liturgical Notes on the Sherborne Missal', *Transactions of the St Paul's Ecclesiological Society*, 4, 1900, pp. 1–31

Leroquais 1934
V. Leroquais, *Les Bréviaires manuscrits des bibliothèques publiques de la France*, 5 vols., Paris, 1934

Leroquais 1935
V. Leroquais, *Le Bréviaire-Missel du prieuré clunisien de Lewes*, Paris, 1935

Leroquais 1940–41
V. Leroquais, *Les Psautiers manuscrits latins des bibliothèques publiques de France*, Mâcon, 1940–41

Lewis 1937
L. S. Lewis, *St Joseph of Arimathea at Glastonbury*, London, 1937

Licence 2004
T. Licence, 'Suneman and Wulfric: Two Forgotten Saints of St Benedict's Abbey at Holme in Norfolk', *Analecta Bollandiana*, 122, 2004, pp. 361–72

Licence 2006
T. Licence, 'Goscelin of St Bertin and the Life of St Eadwold of Cerne', *Journal of Medieval Latin*, 16, 2006, pp. 182–207

Liebermann 1889
F. Liebermann, *Die Heiligen Englands*, Hanover, 1889

Liveing 1906
H. G. D. Liveing, *Records of Romsey Abbey*, Winchester, 1906

Love 1996
R. C. Love, *Three Eleventh-Century Anglo-Latin Saints' Lives: Vita S. Birini, Vita et Miracula S. Kenelmi, Vita S. Rumwoldi*, Oxford, 1996

Love 2004
R. C. Love, *The Hagiography of the Female Saints of Ely, Goscelin of St Bertin*, Oxford, 2004

Luxford 2002a
J. M. Luxford, 'Saint Margaret of Holm: New Evidence Concerning a Norfolk Benedictine Cult', *Norfolk Archaeology*, 44, 2002, pp. 111–19

Luxford 2002b
J. M. Luxford, 'The Cerne Abbey Relic Lists', *Notes and Queries for Somerset and Dorset*, 35, 2002, pp. 103–7

Luxford 2003
J. M. Luxford, 'The Cranborne Abbey Relic List', *Notes and Queries for Somerset and Dorset*, 35, 2003, pp. 239–42

Luxford 2005
J. M. Luxford, *The Art and Architecture of English Benedictine Monasteries 1300–1540, a Patronage History*, Woodbridge, 2005

Luxford 2008
J. M. Luxford, 'Precept and Practice: the Decoration of English Carthusian Books', in *Studies in Carthusian Monasticism in the Late Middle Ages*, ed. J. M. Luxford, Turnhout, 2008, pp. 225–68

Luxford 2011
J. M. Luxford, 'The Charterhouse of St Anne, Coventry', in *Coventry: Medieval Art, Architecture and Archaeology in the City and its Vicinity*, ed. L. Monckton and R. K. Morris, British Archaeological Association Conference Transactions, 23, Leeds, 2011, pp. 240–66

McClure 1984
J. McClure, 'Bede and the Life of Ceolfrid', *Peritia*, 3, 1984, pp. 71–84

McLeod 1980
W. McLeod, 'Alban and Amphibal: some extant Lives and a lost Life', *Mediaeval Studies*, 42, 1980, pp. 407–30

Macquarrie 1986
A. Macquarrie, 'The Career of St Kentigern of Glasgow: Vitae, Lectiones and Glimpses of Fact', *Innes Review*, 37, 1986, pp. 3–24

Macquarrie 1994
A. Macquarrie, 'Medieval Scotland', in *Corpus Christianorum Hagiographies*, I, ed. G. Philippart, Turnhout, 1994, pp. 487–501

Macquarrie 2010
A. Macquarrie, 'Scottish Saints' Legends in the Aberdeen Breviary', in *The Cult of Saints and the Virgin Mary in Medieval Scotland*, ed. S. Boardman and E. Williamson, Woodbridge, 2010, pp. 143–58

Macqueen 1980
J. Macqueen, 'Myth and Legend of Lowland Scottish Saints', *Scottish Studies*, 24, 1980, pp. 1–21

Macqueen 1990
J. Macqueen, *St Nynia*, Edinburgh, 1990

MacRoberts 1973
D. MacRoberts, 'The Death of St Kentigern of Glasgow', *Innes Review*, 24, 1973, pp. 43–50

Madan 1895–1953
F. Madan *et al.*, *Summary Catalogue of Western Manuscripts in the Bodleian Library*, 7 vols., Oxford, 1895–1953

Malden 1901
A. R. Malden, *The Canonisation of St Osmund*, Salisbury, 1901

Mayr-Harting 1981
H. Mayr-Harting, 'St Wilfrid in Sussex', in *Studies in Sussex Church History*, ed. M. J. Kitch, London, 1981, pp. 1–17

Mayr-Harting 1985
H. Mayr-Harting, 'Functions of a Twelfth-Century Shrine: the Miracles of St Frideswide', in *Studies in Medieval History Presented to R. H. C. Davis*, ed. Mayr-Harting and R. I. Moore, London, 1985, pp. 193–206

Mearns 1913
J. Mearns, *Early Latin Hymnaries*, Cambridge, 1913

Mearns 1914
J. Mearns, *The Canticles of the Christian Church Eastern and Western in Early and Medieval Times*, Cambridge, 1914

Michael 1987
M. A. Michael, 'The Artists of Walter of Milemete's Treatise', PhD thesis, Westfield College, University of London, 1987

Millar 1914–20
E. G. Millar, 'Les manuscrits à peintures des bibliothèques de Londres', *Bulletin de la Société pour Réproductions des Manuscrits à Peintures*, 4, 1914–20, pp. 83–149

Morgan 1978
N. J. Morgan, 'Psalter Illustration for the Diocese of Worcester in the Thirteenth Century', *Medieval Art and Architecture at Worcester Cathedral*, British Archaeological Association Conference Transactions 1975, Leeds, 1978, pp. 91–104

Morgan 1981
N. J. Morgan, 'Notes on the Post-Conquest Calendar, Litany and Martyrology of Winchester Cathedral Priory, with a Consideration of Winchester Diocese Calendars of the Pre-Sarum Period', in *The*

Vanishing Past: Studies of Medieval Art, Liturgy and Metrology presented to Christopher Hohler, ed. A. Borg and A. Martindale, Oxford, 1981, pp. 133–71

Morgan 1982
N. J. Morgan, *Early Gothic Manuscripts I, 1190–1250*, Survey of Manuscripts Illuminated in the British Isles, IV.1, London, 1982

Morgan 1988
N. J. Morgan, *Early Gothic Manuscripts II, 1250–1285*, Survey of Manuscripts Illuminated in the British Isles, IV.2, London, 1988

Morgan 1999
N. J. Morgan, 'Texts and Images of Marian Devotion in English Twelfth-Century Monasticism and their Influence on the Secular Church', in *Monasteries and Society in Medieval Britain*, Proceedings of the 1994 Harlaxton Symposium, ed. B. Thompson, Harlaxton Medieval Studies, 6, Stamford, 1999, pp. 117–36

Morgan 2001
N. J. Morgan, 'The Introduction of the Sarum Calendar into the Dioceses of England in the Thirteenth Century', in *Thirteenth Century England VIII, Proceedings of the Durham Conference 1999*, ed. M. Prestwich, R. Britnell and R. Frame, Woodbridge, 2001, pp. 179–206

Morgan 2004
N. J. Morgan, 'Patrons and their Devotions in the Historiated Initials and Full-Page Miniatures of 13th-Century English Psalters', in *The Illuminated Psalter. Studies in the Content, Purpose and Placement of its Images*, ed. F. O. Büttner, Turnhout, 2004, pp. 309–22

Muir and Turner 1998
B. J. Muir and A. J. Turner, *Vita Sancti Wilfridi auctore Eadmero. The Life of Wilfrid by Eadmer*, Exeter, 1998

Munro 1910
J. J. Munro, *The Life of Gilbert of Sempringham*, Early English Text Society o.s. 140, 1910

Napier 1892
A. Napier, 'Eine mittelenglische Compassio Mariae', *Archiv für das Studium der neueren Sprachen*, 88, 1892, pp. 181–85

Nichols, Orr, Scott and Dennison 2000
A. E. Nichols, M. T. Orr, K. L. Scott and L. Dennison, *An Index of Images in English Manuscripts from the Time of Chaucer to Henry VIII c. 1380–c. 1509. The Bodleian Library, Oxford, I: MSS Additional-Digby*, Turnhout, 2000

Nishimura and Nishimura 2007
M. M. Nishimura and D. Nishimura, 'Rabbits, Warrens and Warenne: the Patronage of the Gorleston Psalter', in *Tributes to Lucy Freeman Sandler. Studies in Illuminated Manuscripts*, ed. K. A. Smith and C. H. Krinsky, London and Turnhout, 2007, pp. 205–18

Ó'Riain 2002
P. Ó'Riain, *Four Irish Martyrologies*, Henry Bradshaw Society, 115, 2002

Ó'Riain 2006
P. Ó'Riain, *Feastdays of the Saints. A History of Irish Martyrologies*, Brussels, 2006

Ó'Riain 2008
P. Ó'Riain, *A Martyrology of Four Cities: Metz, Cologne, Dublin, Lund*, Henry Bradshaw Society, 118, 2008

Ó'Riain 2011
P. Ó'Riain, *A Dictionary of Irish Saints*, Dublin, 2011

Olson and Padel 1986
B. L. Olson and O. J. Padel, 'A Tenth-Century List of Cornish Parochial Saints', *Cambridge Medieval Celtic Studies*, 12, 1986, pp. 33–71

Orchard 1995
N. Orchard, 'The Bosworth Psalter and the St Augustine's Missal', in *Canterbury and the Norman Conquest: Churches, Saints and Scholars 1066–1109*, ed. R. Eales and R. Sharpe, London, 1995, pp. 87–94

Orme 1992
N. Orme, *Nicholas Roscarrock's Lives of the Saints: Cornwall and Devon*, Devon and Cornwall Record Society n.s. 35, Exeter, 1992

Orme 2000
N. Orme, *The Saints of Cornwall*, Oxford, 2000

Ottosen 1993
K. Ottosen, *The Responsories and Versicles of the Latin Office of the Dead*, Aarhus, 1993

Owen 1980
A. E. B. Owen, 'Herefrith of Louth, Saint and Bishop: a Problem of Identities', *Lincolnshire History and Archaeology*, 15, 1980, pp. 15–19

Pächt and Alexander 1966
O. Pächt and J. J. G. Alexander, *Illuminated Manuscripts in the Bodleian Library Oxford, 1, German, Dutch, Flemish, French and Spanish Schools*, Oxford, 1966

Pächt and Alexander 1973
O. Pächt and J. J. G. Alexander, *Illuminated Manuscripts in the Bodleian Library Oxford, 3, British, Irish and Icelandic Schools*, Oxford, 1973

Pächt, Dodwell and Wormald 1960
O. Pächt, C. R. Dodwell and F. Wormald, *The St Albans Psalter (Albani Psalter)*, London, 1960

Padel 2002
O. Padel, 'Local Saints and Place-Names in Cornwall', in *Local Saints and Local Churches in the Early Medieval West*, ed. A. Thacker and R. Sharpe, Oxford, 1982, pp. 303–60

Panayotova 2005
S. Panayotova, 'Art and Politics in a Royal Prayerbook', *Bodleian Library Record*, 18, 2005, pp. 440–59

Pantin 1942
W. Pantin, 'The Pre-Conquest Saints of Canterbury', in *For Hilaire Belloc. Essays on his 72nd Birthday*, ed. D. Woodruff, London, 1942, pp. 146–72

Pearce 1973
S. M. Pearce, 'The Dating of Some Celtic Dedications and Hagiographical Traditions in South Western Britain', *Reports and Transactions of the Devonshire Association*, 105, 1973, pp. 95–120

Perman 1961
R. C. D. Perman, 'Henri d'Arci: the Shorter Works', in *Studies in Medieval French presented to Alfred Ewert in Honour of his Seventieth Birthday*, ed. E. A. Francis, Oxford, 1961, pp. 279–321

Pfaff 1992
R. W. Pfaff, 'Lanfranc's Supposed Purge of the Anglo-Saxon Calendar', in *Warriors and Churchmen in the High Middle Ages: Essays presented to Karl Leyser*, ed. T. Reuter, London, 1992, pp. 95–108

Pfaff 2009
R. W. Pfaff, *The Liturgy in Medieval England. A History*, Cambridge, 2009

Pfaff 2010
R. W. Pfaff, 'The Glastonbury Collectar', in *Tributes to Nigel Morgan. Contexts of Medieval Art: Images, Objects and Ideas*, ed. J. M. Luxford and M. A. Michael, London/Turnhout, 2010, 57–64

Phillips 1949
C. S. Phillips, *Canterbury Cathedral in the Middle Ages*, London, 1949

Plummer 1968
J. Plummer, *The Glazier Collection of Illuminated Manuscripts*, New York, 1968

Price 1988
J. Price, 'La Vie de sainte Modwenne; a neglected Anglo-Norman hagiographic text and some implications for English secular literature', *Medium Aevum*, 62, 1988, pp. 172–89

Proctor and Dewick 1893
F. Proctor and E. S. Dewick, *The Martiloge in Englysshe*, Henry Bradshaw Society, 3, 1893

Rackham 2007
O. Rackham, *Transitus beati Fursei. A Translation of the 8th Century Manuscript Life of Saint Fursey*, Norwich, 2007

Reynolds 1881
H. E. Reynolds, *Wells Cathedral. Its Foundation, Constitutional History and Statutes*, Wells, 1881

Rézeau 1983
P. Rézeau, *Les prières aux saints en français à la fin du Moyen Âge*, Geneva, 1983

Richards 1980
M. P. Richards, 'Liturgical Materials for the Medieval Priory of St Neots, Huntingdonshire', *Revue Bénédictine*, 90, 1980, pp. 301–6

Richards 1981
M. P. Richards, 'The Medieval Hagiography of St Neot', *Analecta Bollandiana*, 99, 1981, pp. 259–78
Richards 1985

M. P. Richards, 'Some Fifteenth-Century Calendars of the Rochester Diocese', *Archaeologia Cantiana*, 102, 1985, pp. 71–86

Ridyard 1986
S. Ridyard, 'Condigna Veneratio: Post-Conquest Attitudes to Anglo-Saxon Saints', *Anglo-Norman Studies*, 9, 1986, pp. 180–87

Ridyard 1988
S. Ridyard, *The Royal Saints of Anglo-Saxon England: A Study of West Saxon and East Anglian Cults*, Cambridge, 1988

Roberts 1970
J. Roberts, 'An Inventory of Early Guthlac Materials', *Mediaeval Studies*, 32, 1970, pp. 193–232

Robinson 1988
P. R. Robinson, *Catalogue of Dated and Datable Manuscripts c. 737–1600 in Cambridge Libraries*, 2 vols., Woodbridge, 1988

Robinson 2003
P. R. Robinson, *Catalogue of Dated and Datable Manuscripts c. 888–1600 in London Libraries*, 2 vols., London, 2003

Rogers 1987
N. J. Rogers, 'Fitzwilliam Museum Ms 3–1979: a Bury St Edmunds Book of Hours and the Origin of the Bury Style', in *England in the Fifteenth Century, Proceedings of the 1986 Harlaxton Symposium*, ed. D. Williams, Woodbridge, 1987, pp. 229–43

Rollason 1978
D. W. Rollason, 'Lists of Saints' Resting Places in Anglo-Saxon England', *Anglo-Saxon England*, 7, 1978, pp. 61–93

Rollason 1982
D. W. Rollason, 'The Cults of Murdered Royal Saints in Anglo-Saxon England', *Anglo-Saxon England*, 11, 1982, pp. 1–22

Rollason 1986a
D. W. Rollason, 'Goscelin of Canterbury's Account of the Translation and Miracles of St Mildrith: an Edition with Notes', *Mediaeval Studies*, 48, 1986, pp. 139–210

Rollason 1986b
D. W. Rollason, 'Relic-Cults as an Instrument of Royal Policy c. 900 – c. 1050', *Anglo-Saxon England*, 15, 1986, pp. 91–103

Rollason 1989
D. W. Rollason, *Saints and Relics in Anglo-Saxon England*, Oxford, 1989

Roper 1993
S. E. Roper, *Medieval English Benedictine Liturgy. Studies in the Formation, Structure, and Content of the Monastic Votive Office c. 950–1540*, New York and London, 1993

Round 1923
J. H. Round, 'The Heart of St Roger', *Transactions of the Essex Archaeological Society*, 16, 1923, pp. 1–4

Rushforth 2000
R. Rushforth, 'The Medieval Hagiography of St Cuthburg', *Analecta Bollandiana*, 118, 2000, pp. 291–324

Rushforth 2008
R. Rushforth, *Saints in English Kalendars before A.D. 1100*, Henry Bradshaw Society, 117, 2008

St John Hope 1917
W. St John Hope, 'Recent Discoveries in the Abbey Church of St Austin at Canterbury', *Archaeologia Cantiana*, 32, 1917, pp. 1–26

Salmon 1968
P. Salmon, *Les livres liturgiques latins de la Bibliothèque Vaticane, I, Psautiers, Antiphonaires, Hymnaires, Collectaires, Bréviaires*, Vatican City, 1968

Sandler 1974
L. F. Sandler, *The Peterborough Psalter in Brussels and other Fenland Manuscripts*, London, 1974

Sandler 1983
L. F. Sandler, 'A Fragment of the Chertsey Breviary in San Francisco', *Bodleian Library Record*, 11, 1983, pp. 155–61

Sandler 1986
L. F. Sandler, *Gothic Manuscripts 1285–1385*, A Survey of Manuscripts Illuminated in the British Isles, 5, 2 vols., Oxford, 1986

Sandler and de Hamel 2003
L. F. Sandler and C. de Hamel, *The Peterborough Bestiary*, Lucerne, 2003

Schofield 1927
B. Schofield, 'Muchelney Memoranda. A Breviary of the Abbey in the Possession of J. Meade Falkner', *Somerset Record Society*, 42 1927, pp. vii–xxvii, pp. 1–139

Scholz 1961
B. W. Scholz, 'The Canonization of Edward the Confessor', *Speculum*, 36, 1961, pp. 38–60

Scott 1996
K. L. Scott, *Later Gothic Manuscripts 1390–1490*, Survey of Manuscripts Illuminated in the British Isles, 6, 2 vols., London, 1996

Scott-Stokes 2006
C. Scott-Stokes, *Women's Books of Hours in Medieval England: Selected Texts*, Cambridge, 2006

Shailor 1984
B. A. Shailor, *Catalogue of Medieval and Renaissance Manuscripts in the Beinecke Rare Book and Manuscript Library, Yale University, I: MSS 1–250*, Binghamton, 1984

Shailor 1987
B. A. Shailor, *Catalogue of Medieval and Renaissance Manuscripts in the Beinecke Rare Book and Manuscript Library, Yale University, II: MSS 251–500*, Binghamton, 1987

Shinners 1987/88
J. R. Shinners, 'The Veneration of Saints at Norwich Cathedral in the Fourteenth Century', *Norfolk Archaeology*, 40, 1987/88, pp. 133–44

Short, Careri and Ruby 2010
I. Short, M. Careri and C. Ruby, 'Les Psautiers d'Oxford et de Saint Albans: liens de parenté', *Romania*, 128, 2010, pp. 29–45

Sinclair 1969
K. V. Sinclair, *Descriptive Catalogue of Medieval and Western Manuscripts in Australia*, Sydney, 1969

Sinclair 1979
K. V. Sinclair, *French Devotional Texts of the Middle Ages. A Bibliographic Manuscript Guide*, Westport, 1979

Skelton and Harvey 1986
R. A. Skelton and P. D. A. Harvey, *Local Maps and Plans from Medieval England*, Oxford, 1986

Smith 1983
W. Smith, 'The Calendar of the Amesbury Psalter', *Wiltshire Archaeological and Natural History Magazine*, 78, 1983, 118–19

Smith 1991
W. Smith, 'Sceftonia: An Early Account of Shaftesbury and its Abbey by William of Malmesbury', *Hatcher Review*, 4, 1991, pp. 6–10

Smith 1999
W. Smith, 'Iwi of Wilton, a Forgotten Saint', *Analecta Bollandiana*, 117, 1999, pp. 297–318

Smith 2008
D. M. Smith, *The Heads of Religious Houses, III: England and Wales 1377–1540*, Cambridge, 2008

Smith and London 2001
D. M. Smith and V. C. M. London, *The Heads of Religious Houses, II: England and Wales 1216–1377*, Cambridge, 2001

Sneddon 1978
D. Sneddon, 'The Anglo-Norman Psalters, I: A Note on the Relationship between the Oxford and Arundel Psalters', *Romania*, 99, 1978, pp. 395–9

Stanton 1887
R. Stanton, *A Menology of England and Wales*, London, 1887

Stanton 1892
R. Stanton, *Supplement to the Menology of England and Wales*, London, 1892

Stanton 2001
A. R. Stanton, *The Queen Mary Psalter. A Study of Affect and Audience*, Philadelphia, 2001

STC
A Short-Title Catalogue of Books Printed in England, Scotland and Ireland, and of English Books Printed Abroad 1475–1640, 3 vols., London, 1976–91

Steiner 1993
R. Steiner, 'Marian Antiphons at Cluny and Lewes', in *Music in the Medieval English Liturgy*, ed. S. Rankin and D. Hiley, Oxford, 1993, pp. 175–204

Stenton 1936
F. M. Stenton, 'St Frideswide and her Times', *Oxoniensia*, 1, 1936, pp. 103–12

Stephens and Stephens 1938
G. R. Stephens and W. D. Stephens, 'Cuthman: a Neglected Saint', *Speculum*, 13, 1938, pp. 448–53

Stevenson 1924
F. S. Stevenson, 'St Botolph (Botwulf) and Iken', *Proceedings of the Suffolk Institute of Archaeology*, 18, 1924, pp. 29–52

Summary Catalogue
Summary Catalogue of Western Manuscripts in the Bodleian Library, 7 vols., Oxford, 1895–1953

Talbot 1959
C. H. Talbot, 'The Life of St Wulsin of Sherborne by Goscelin', *Revue Bénédictine*, 49, 1959, pp. 68–85

Tatlock 1938
J. S. P. Tatlock, 'Caradoc of Llancarfan', *Speculum*, 13, 1938, pp. 139–52

Taylor 1912
M. V. Taylor, 'Some Obits of Abbots and Founders of St Werburgh's Abbey, Chester', *Lancashire and Cheshire Record Society*, 64, 1912, pp. 85–103

Thacker and Sharpe 2002
A. Thacker and R. Sharpe (eds.), *Local Saints and Local Churches in the Early Medieval West*, Oxford, 2002

Thiry-Stassin 1994
M. Thiry-Stassin, 'L'hagiographie en Anglo-Normand', in *Corpus Christianorum Hagiographies*, I, ed. G. Philippart, Turnhout, 1994, pp. 407–28

Thomas 1974
I. G. Thomas, 'The Cult of Saints' Relics in Medieval England', PhD thesis, University of London, 1974

Thomas and Howlett 2003
C. Thomas and D. Howlett, 'Vita Sancti Paterni', *Trivium*, 33, 2003

Thompson 2001
J. Thompson, 'St Hybald of Hibaldstow', *Lincolnshire Past and Present*, 45, 2001, pp. 3–7

Thompson and Stevens 1988
P. A. Thompson and E. Stevens, 'Gregory of Ely's Life and Miracles of St Aethelthryth', *Analecta Bollandiana*, 106, 1988, pp. 333–90

Thomson 1982
R. M. Thomson, *Manuscripts from St Albans Abbey 1066–1235*, 2 vols., Woodbridge, 1982

Thomson 1989
R. M. Thomson, *Catalogue of the Manuscripts in Lincoln Cathedral Chapter Library*, Woodbridge, 1989

Thomson 2001
R. M. Thomson, *A Descriptive Catalogue of the Medieval Manuscripts in Worcester Cathedral Library*, Woodbridge, 2001

Todd 1980
J. M. Todd, 'St Bega: Cult, Fact and Legend', *Transactions of the Cumberland and Westmorland Antiquarian and Archaeological Society*, 80, 1980, pp. 23–35

Tolhurst 1926–27
J. B. L. Tolhurst, *The Ordinale and Customary of the Benedictine Nuns of Barking Abbey*, 2 vols., Henry Bradshaw Society, 65–66, 1926–27

Tolhurst 1932–40
J. B. L. Tolhurst, *The Monastic Breviary of Hyde Abbey*, I–V, Henry Bradshaw Society, 69–71, 76, 78, 1932–40

Tolhurst 1942
J. B. L. Tolhurst, *Introduction to the English Monastic Breviaries. The Monastic Breviary of Hyde Abbey*, VI, Henry Bradshaw Society, 80, 1942

Tolhurst 1948
J. B. L. Tolhurst, *The Customary of Norwich Cathedral Priory*, Henry Bradshaw Society, 82, 1948

Toswell 1997
M. J. Toswell, 'St Martial and the Dating of Late Anglo-Saxon Manuscripts', *Scriptorium*, 51, 1997, pp. 3–14

Towill 1978
E. S. Towill, *The Saints of Scotland*, Edinburgh, 1978

Townsend 1991
D. Townsend, 'Anglo-Norman Hagiography and the Norman Transition', *Exemplaria*, 3, 1991, pp. 385–433

Townsend 1994a
D. Townsend, 'Henry of Avranches: "Vita Sancti Oswaldi" ', *Mediaeval Studies*, 56, 1994, pp. 1–65

Townsend 1994b
D. Townsend, 'The "Vita Sancti Birini" of Henry of Avranches (BHL 1364)', *Analecta Bollandiana*, 112, 1994, pp. 309–38

Townsend 1994c
D. Townsend, 'The "Vita Sancti Fremundi" of Henry of Avranches', *Journal of Medieval Latin*, 4, 1994, pp. 1024

Turner 1964
D. H. Turner, 'The Evesham Psalter', *Journal of the Warburg and Courtauld Institutes*, 27, 1964, pp. 23–41

Turner and Muir 2006
A. J. Turner and B. J. Muir, *Lives and Miracles of Saints Oda, Dunstan and Oswald*, Oxford, 2006

van den Gheyn 1905
J. van den Gheyn, *Le Psautier de Peterborough*, Haarlem, 1905

van der Straeten 1964
J. van der Straeten, 'S. Robert de La Chaise-Dieu, sa canonisation, sa date de fête', *Analecta Bollandiana*, 82, 1964, pp. 37–56

van Dijk 1951
S. J. P. van Dijk, *Handlist of the Latin Liturgical Manuscripts in the Bodleian Library Oxford*, 7 vols. (typescript), Bodleian Library, Oxford, 1951

Vauchez 1981
A. Vauchez, *La sainteté en Occident aux derniers siècles du Moyen Âge*, Paris, 1981

VCH *Dorset II*
W. Page (ed.), *The Victoria History of the County of Dorset, II*, London, 1908

Waddell 1973
C. Waddell, 'The Two Saint Malachy Offices from Clairvaux', in *Bernard of Clairvaux. Studies presented to Dom Jean Leclercq*, ed. M. B. Pennington, Washington, 1973, pp. 123–59

Warner 1920
G. F. Warner, *Descriptive Catalogue of Illuminated MSS in the Library of C. W. Dyson Perrins*, London, 1920

Warner and Gilson 1921
G. F. Warner and J. P. Gilson, *Catalogue of Western Manuscripts in the Old Royal and King's Collections*, 4 vols., London, 1921

Watson 1984
A. G. Watson, *Catalogue of Dated and Datable Manuscripts c. 435–1600 in Oxford Libraries*, 2 vols., Oxford, 1984

Watts 1915
G. H. Watts, *A Hand-List of English Books in the Library of Emmanuel College, Cambridge, printed before MDCXLI*, Cambridge, 1915

Webb 1938–40
B. Webb, 'An Early Map and Description of the Inquest on Wildmore Fen in the Twelfth Century', *Reports and Papers of the Lincolnshire Architectural and Archaeological Society* n.s. 2 (o.s. 44), 1938–40, pp. 141–56

West and Scarfe 1984
S. E. West and N. Scarfe, 'Iken, St Botolph, and East Anglian Christianity', *Proceedings of the Suffolk Institute of Archaeology and Natural History*, 35, 1984, pp. 279–301

Whatley 1982
G. Whatley, 'The Middle English St Erkenwald and its Liturgical Context', *Mediaevalia*, 8, 1982, pp. 277–306

Whatley 1989
G. Whatley, *The Saint of London. The Life and Miracles of St Erkenwald*, Binghamton, 1989

Wickham Legg 1891–96
J. Wickham Legg, *Missale ad usum Ecclesie Westmonasteriensis*, 3 vols., Henry Bradshaw Society, 1, 5, 12, 1891–96

Wildhagen 1921
K. Wildhagen, 'Das Kalendarium der Handschrift Vitellius E XVIII', *Texte und Forschungen zur englischen Kulturgeschichte: Festgabe für F. Liebermann*, ed. H. Boehmer *et al.*, Halle, 1921, pp. 68–118

Willetts 2000
P. J. Willetts, *Catalogue of Manuscripts in the Society of Antiquaries of London*, London, 2000

Williams 1939
W. Williams, 'St Robert of Newminster', *Downside Review*, 57, 1939, pp. 137–49

Wilmart 1933
A. Wilmart, 'Les reliques de S. Ouen à Cantorbéry', *Analecta Bollandiana*, 51, 1933, pp. 285–92

Wilmart 1938
A. Wilmart, 'La légende de Ste Édith en prose et vers par le moine Goscelin', *Analecta Bollandiana*, 56, 1938, pp. 5–101, 265–307

Wilson 1608
[J. Wilson], *The English Martyrologe conteyning a Summary of the Lives of the glorious and renowned Saintes of the three Kingdomes of England, Scotland and Ireland ... by a Catholicke Priest*, St Omer, 1608 (repr. *English Recusant Literature 1558–1640*, 232, London, 1975)

Wilson 1893
H. A. Wilson, *Officium Ecclesiasticum Abbatum secundum usum Eveshamiensis Monasterii*, Henry Bradshaw Society, 6, 1893

Wilson 1896
H. A Wilson, *The Missal of Robert of Jumièges*, Henry Bradshaw Society, 11, 1896

Winward 1999
F. Winward, 'The Lives of St Wenefred (BHL 8847–51)', *Analecta Bollandiana*, 117, 1999, pp. 89–132

Wood 1893
Canon Wood, 'A Forgotten Saint', *The Antiquary*, 27, 1893, pp. 202–7, 247–53 (on St Fremund)

Wooding 2009
J. M. Wooding, 'The Medieval and Early Modern Cult of St Brendan', in *Saints' Cults in the Celtic World*, ed. S. Boardman, J. R. Davies and E. Williamson, Woodbridge, 2009, pp. 180–204

Woodruff 1911
C. E. Woodruff, *Catalogue of the Manuscript Books in the Library of Christ Church, Canterbury*, Canterbury, 1911

Wormald 1933
F. Wormald, *English Kalendars before 1100*, Henry Bradshaw Society, 72, 1933

Wormald 1938
F. Wormald, 'The Calendar of the Augustinian Priory of Launceston in Cornwall', *Journal of Theological Studies*, 39, 1938, 1–21

Wormald 1939
F. Wormald, *English Benedictine Kalendars after A.D. 1100, I*, Henry Bradshaw Society, 77, 1939

Wormald 1946a
F. Wormald, *English Benedictine Kalendars after A.D. 1100, II*, Henry Bradshaw Society, 81, 1946

Wormald 1946b
F. Wormald, 'The English Saints in the Litany in Arundel MS 60', *Analecta Bollandiana*, 64, 1946, pp. 72–86

Wormald 1969
F. Wormald, 'Anniversary Address', *Antiquaries Journal*, 49, 1969, pp. 197–201

Wormald 1971
F. Wormald, 'The Liturgical Calendar of Glastonbury Abbey', in *Festschrift Bernhard Bischoff*, ed. J. Autenrieth and F. Brunhölzl, Stuttgart, 1971, pp. 325–45

Wormald 1973
F. Wormald, *The Winchester Psalter*, London, 1973

Wormald and Giles 1982
F. Wormald and P. M. Giles, *A Descriptive Catalogue of the Additional Illuminated Manuscripts in the Fitzwilliam Museum acquired between 1895 and 1979*, 2 vols., Cambridge, 1982

Wyn Evans and Wooding 2007
J. Wyn Evans and J. M. Wooding (eds.), *St David of Wales. Cult, Church and Nation*, Woodbridge, 2007

Zatta, Russell and Wogan-Browne 2005
J. D. Zatta, D. W. Russell and J. Wogan-Browne, 'The Vie Seinte Osith. Hagiography and Politics in Anglo-Norman England', *Papers on Language and Literature*, 41, 2005, pp. 306–444

INDEX OF MANUSCRIPTS IN VOLUMES I AND II